HEYNE
BUSINESS

W0174347

Heyne · Campus

Peter Scott-Morgan, Ph. D., ist Associate Director der Unternehmensberatung Arthur D. Little. Seine Kenntnis der heimlichen Spielregeln wendet er seit Jahren weltweit mit großem Erfolg in der Beratungsarbeit an.

PETER SCOTT-MORGAN

DIE HEIMLICHEN SPIELREGELN

Die Macht der ungeschriebenen Gesetze in Unternehmen

Aus dem Englischen
von Friedrich Mader

WILHELM HEYNE VERLAG
MÜNCHEN

HEYNE BUSINESS
Nr. 22/2025

Titel der amerikanischen Originalausgabe:
UNWRITTEN RULES OF THE GAME
Erschienen 1994 bei McGraw-Hill, Inc.

Umwelthinweis:
Dieses Buch wurde auf
chlor- und säurefreiem Papier gedruckt.

Ungekürzte Taschenbuchausgabe
im Wilhelm Heyne Verlag GmbH & Co. KG, München
Copyright © 1994 by Arthur D. Little, Inc. All rights reserved.
Copyright © der deutschsprachigen Ausgabe 1994
by Campus Verlag GmbH, Frankfurt/Main
Printed in Germany 1996
Umschlagillustration: Bavaria Bildagentur, München/Stock Star
Umschlaggestaltung: Atelier Adolf Bachmann, Reischach
Herstellung: M. Spinola
Satz: Schaber Satz- und Datentechnik, Wels
Druck und Verarbeitung: Presse-Druck, Augsburg

ISBN 3-453-11741-7

Inhalt

Vorwort zur deutschen Ausgabe 9

I. Scheitern im großen Stil 13
Herzinfarkt leicht gemacht 13
Das Unternehmen aufs Spiel setzen –
und verlieren 18
Das Macho-Lemming-Syndrom 19
Das Zerschellen neuer Wellen 20
Die Kulturgeier 23

II. Das Geheimnis, das jeder kennt 27
Die Regel der Regeln 27
Gut, schlecht oder gemein? 30
Aus Erfolgen lernen 35
Die Nadel, der Heuhaufen und der Magnet 36
Management durch Empathie 41

III. Die Wirklichkeit ist extrabreit 43
Neun Fenster auf die Welt 43
Vom Aufstand zur Anarchie 46
Von der Tarnung zur Lähmung 47
Von der Paranoia zur Panik 48
Von der Isolation zur Ohnmacht 49
Vom Machtkampf zum Bürgerkrieg 51
Von der Verschwörung zum Verrat 52
Vom Lippenbekenntnis zum Zynismus 53
Von der Subversion zur Schizophrenie 54
Von der Sabotage zum Selbstmord 55

IV. Der Weg zum Pragmatismus 57

Den Bogen nicht überspannen 57
Barrieren durchbrechen 60
Bitte legen Sie sich auf die Couch 63

V. Ketzer kennen kein Gesetz 67

K etzer 67
E inführung in den Wandel 70
T iefgehender Wandel 73
Z iel: das Ganze 74
E infach, aber einwandfrei 78
R undum motiviert 79
E nergisch realisiert 82
I deal aktiviert 86

VI. Action-Filme 91

Zurück in die Zukunft 91
Krieg der Sterne 95
Die Unbestechlichen 98
Kunde gegen Kunde 101
Gehen und sterben lassen 105
Ein Depot zu weit 108
Robocop 112
Liebling, ich habe rationalisiert 115

VII. Twentieth Century Flops 121

Das Schweigen der Lämmer 122
Der große Bluff 125
Wer einen Tiger reitet 128
Spiel mir das Lied vom Tod 132

VIII. Befreiung 137

Die Schulweisheit hat ausgedient 137
Die Regeln sind tot – lang leben die Regeln! 140
Die heimlichen Spielregeln beherrschen 143
Flagge zeigen 149

Neuer Schwung im neuen Takt 150
Dem Fortschritt voraus 151
Alles, was man über die heimlichen Spielregeln
wissen muß 152
Der Funke der Revolution 157

Ketzerei ist keine Hexerei 161
Ein Leitfaden zum Verständnis der
heimlichen Spielregeln 161
Wie Sie diesen Leitfaden nutzen können 161

A. Das Tor zu einer anderen Dimension 165
Mund halten und zuhören! 165
Nervös, reizbar oder berechnend? 169
Ende gut, alles gut 172

B. Reise ins Unbekannte 175
Vor dem Sturm 175
Schmerz ist der erste Schritt zur Erkenntnis 178
Verirrt in der Wildnis 181
Erste Wegweiser 182

C. Fehler finden 185
Flipcharts ausfüllen 185
Verbindungen knüpfen 192
Fangfragen 196
Das Kaninchen aus dem Hut 199
Das Ruder übernehmen 203

D. Analyse einer fremden Welt 207
Das Ghee-Vermächtnis 207
Worum geht es? 208
Ein kurzer Blick 210
Zuordnung zitierbarer Zitate 216

Epilog 265

Danksagung 267

Dem Einfluß der vier wichtigsten Menschen in meinem Leben verdanke ich es, daß ich dieses Buch einfach schreiben mußte. Und so möchte ich es ihnen in Dankbarkeit und Liebe widmen.

Für *Max,* die mir zeigte, wie man die Gefühle der anderen fühlt. Für *Da,* der mir beibrachte, Chaos durch Vernunft zu entschlüsseln. Für *Rob,* der mich zum Widerstand gegen Ungerechtigkeit ermutigte. Und vor allem für *Francis,* die in mir den Glauben erweckt hat, daß man es mit der Welt aufnehmen und trotzdem gewinnen kann.

Vorwort zur deutschen Ausgabe

Kürzlich sagte ein gestandener und bekannter Vorstandsvorsitzender auf einer der inzwischen landläufigen Topmanagement-Konferenzen: »Während wir hier unsere Probleme als Kosten- und Strukturkrise mit rationalen Argumenten debattieren, ahnen wir doch alle, daß es um ganz andere Zusammenhänge geht!« Wir bei Arthur D. Little machen in einer nicht endenden Folge von Beratungsprojekten die Erfahrung, daß Kostenanalysen, Reorganisationen, neue Strategien und neuerdings auch ›Business Reengineering‹ – so überzeugend sie auf dem Papier auch aussehen – in der Unternehmenswirklichkeit anderen Kräften ausgesetzt sind, die ihren Erfolg zunichte machen können.

Diese anderen Kräfte erleben wir täglich in der Auseinandersetzung mit einzelnen Gesprächspartnern, wenn unsere Logik auf eine hartnäckige Gegenlogik stößt, und als Verantwortliche für Gruppen von Menschen, deren Verhalten ein nur bedingt beeinflußbares Eigenleben zu führen scheint.

Selbst wenn wir das Beste wollen, stoßen wir auf Beharrungskräfte, unvorhergesehene Nebeneffekte und unterschwelliges Mißtrauen, die den Elan beeinträchtigen.

Es gibt zwei Reaktionen darauf. Die eine besteht darin, diese anderen Kräfte, die in der Betriebswirtschaftslehre nicht vorkommen, zu ignorieren, sie den rationalen Unternehmensmodellen und Führungsansätzen zu unterwerfen, wenn nötig mit Gewalt. Dann wird Führen zum Machtkampf, zum mechanistischen Reengineering von Leistungsprozessen. Die andere Reaktion besteht darin, das Unternehmensmodell zu erweitern. Peter Scott-Morgan, der Autor dieses Buches und Mitglied einer weltweiten Task

Force ›Management der Hochleistungsorganisation‹ bei Arthur D. Little, erforschte diesen zweiten Weg und machte überraschende Entdeckungen.

Die ›anderen‹ Kräfte lassen sich, wenn man sich systematisch darum bemüht, ans Tageslicht bringen und verstehen. Sie sind nur ›heimlich‹, weil sie nicht zum offiziellen Repertoire betriebswirtschaftlicher Erklärungs- und Kausalmodelle gehören. Aber obwohl sie meistens nicht in die typischen Maßnahmen einbezogen werden, folgen sie ungeschriebenen Gesetzen, die ebenso real sind wie die geschriebenen – wenn nicht realer.

Wenn Unternehmen diese Kräfte, die auf ihre Mitarbeiter motivierend, machtausübend und handlungsauslösend wirken, außer acht lassen, dann können Konflikte zwischen dem unternehmerisch Gewollten und dem Verhalten der Mitarbeiter entstehen. Wenn sie sie dagegen erkennen, beeinflussen und nutzen, entsteht der Verstärkereffekt, der zu Hochleistung führt.

Inzwischen liegt bei Arthur D. Little ein Schatz an praktischer Erfahrung mit den ›heimlichen Spielregeln‹, den ›ungeschriebenen Gesetzen‹ in den Unternehmen vor, der es uns erlaubt, mit einem erweiterten Unternehmensmodell zu operieren – analytisch in der Erkenntnisphase, konzeptionell in der Gestaltungsphase und proaktiv in der Umsetzungsphase. Und das Ganze spezifisch für jedes einzelne Unternehmen.

Damit ist der Schritt getan vom ›Reengineering‹, das sich auf der Ebene der geschriebenen Gesetze abspielt, auf der der Prozeßgestaltung und der betriebswirtschaftlichen Logik, zum ›Rethinking‹, dem Neudurchdenken aller Kräfte im Unternehmen.

Dazu gehört eine neue Ehrlichkeit. Wir müssen verstehen, was sich in den Köpfen, Herzen und im Bauch der Mitarbeiter wirklich abspielt, was sie motiviert, welches Machtgefüge sie in ihrem Umfeld ausmachen (oft frappierend anders als das offizielle) und was ihr Tun oder Nichttun verursacht.

Dazu müssen wir ihnen vermitteln, daß wir sie auf andere

Weise ernst nehmen denn als manipulierbare und zur Not abschiebbare Ressourcen.

Wenn die lange Zeit versäumten Strukturanpassungen in den Unternehmen nachgeholt werden sollen, muß ein neuer Geist in die Unternehmen einziehen, der auf gemeinsamem Lernen, gleichgerichteter Einsatzbereitschaft, Offenheit und berechtigtem Vertrauen aufbaut. Das, so stellen wir immer wieder fest, ist die Voraussetzung von Innovation und hoher Leistungsfähigkeit zugleich.

Unser Kollege Peter Scott-Morgan, der den Ansatz zur Aktivierung des ›inneren Unternehmens‹ in Europa und in den USA erprobt hat, schrieb sich seine persönliche Faszination über die Wirkung dieses Ansatzes von der Leber. Er hat damit ins Schwarze getroffen.

Möge das Buch auch in Deutschland gerade richtig zu dem Zeitpunkt kommen, wo die Unternehmen wieder nach vorne blicken und ihre Kräfte sammeln und aktivieren wollen für das Neue.

Dr.-Ing. Tom Sommerlatte
Managing Director Europe
Arthur D. Little

I. Scheitern im großen Stil

Herzinfarkt leicht gemacht

Ich erinnere mich noch an das erste Mal, als ich mit dem Vorstandsvorsitzenden eines weltweit tätigen Konsumgüterherstellers zusammensaß. Seit zwei Jahren lief in seinem Unternehmen eine großangelegte Initiative zur Verbesserung der Produktentwicklung. Es stand nicht gut.

Die jüngste Vergangenheit seines Unternehmens ähnelte der vieler anderer Firmen. Die Hauptkonkurrenten hatten in den frühen achtziger Jahren ihre Leistungskraft ständig erhöht, und sein Unternehmen verlor unaufhaltsam Marktanteile. Der Vorstandsvorsitzende reagierte mit Personalabbau und einem Programm des Total Quality Management (TQM), bis sich die Lage zumindest stabilisierte.

Aber er wußte, daß er damit nur eine kleine Atempause gewonnen hatte. Er sah seine Aufgabe darin, die Leistungsfähigkeit seines Unternehmens wesentlich zu steigern. Ganz besondere Sorgen machte ihm dabei die Entwicklung von Neuprodukten. Er wollte aufregendere Produkte, und er wollte sie schneller. Doch er war sich darüber im klaren, daß sich dieses Ziel nur durch eine grundlegende Verbesserung der Kommunikation und Kooperation zwischen allen Fach- und Geschäftsbereichen des Unternehmens erreichen ließ.

Als er sich im Unternehmen umhörte, waren Mitarbeiter aller Ebenen ganz derselben Meinung und zeigten sich von seinem Vorhaben sogar begeistert. Also ermunterte er sie in ihrem Enthusiasmus. Er kannte die Bedeutung visionärer Führung und gab sich auch in dieser Hinsicht große Mühe. Und schließlich erhielt die Initiative auch einen Namen: »Gemeinsam ins nächste Jahrhundert«. Alles schien auf dem besten Wege.

Zwei Jahre später hatte sich die Kampagne als ziemlicher Reinfall erwiesen.

Bei unserem ersten Treffen wirkte der Vorstandsvorsitzende ausgelaugt. Seit über einem Jahr kämpfte er mit aller Macht und mußte dennoch beobachten, wie die Begeisterung erlahmte und von Zynismus verdrängt wurde. Und er machte sich wohl auch allmählich Gedanken um die Sicherheit seines Jobs. Ich entsinne mich, daß es ungefähr eine Stunde dauerte, ehe er sich zum ersten Mal entspannte und seufzend zur Decke blickte.

»Wir haben uns gewaltig angestrengt, um zu einem praktischen Verfahren für die Entwicklung von Neuprodukten zu kommen. Wir haben Mitarbeiter erfolgsbeteiligt, sind auf dem neuesten Stand der Technik, arbeiten in Teams. All diese guten Ansätze. Wir hielten zig Seminare im ganzen Unternehmen.«

»Wir haben alles gemessen und bewertet. Wir machten Veranstaltungen zur Unternehmenskultur. Wir holten Managementgurus. Alles, wie man es uns vorgebetet hat.«

Er lehnte sich nach vorn. »Und erreicht haben wir damit genau das Gegenteil von dem, was wir wollten. Nein, eigentlich ist alles sogar noch schlimmer als vorher. Schlechte Teamarbeit. Keine Kooperation zwischen den Abteilungen, unsere Vorlaufzeiten spotten immer noch jeder Beschreibung. Kein Mensch geht kreative Risiken ein, unsere Produkte sind immer noch einfallslos, sogar langweilig. Dazu kommt jetzt auch noch ein neues Problem – eine chronisch kurzfristige Orientierung.«

Zuletzt klang er völlig frustriert: »Ich verstehe nicht, was in aller Welt wir falsch gemacht haben!«

Er war in den besten Managementansätzen bewandert – und hatte sie auch angewandt. Er hatte erkannt, daß sein Unternehmen Teamwork, Kreativität und langfristigeres Denken benötigte, und dennoch hatte er nichts davon durchsetzen können.

Mit dieser Erfahrung steht er nicht allein da.

Seit vielen Jahren bin ich für Arthur D. Little, Inc. tätig – die älteste und auch eine der größten internationalen Unternehmensberatungen. Bei der Arbeit für eine solch große Consulting-Gesellschaft bekommt man Einblick in die jeweilige Verfassung einer großen Bandbreite von Unternehmen. Man hat Gelegenheit, brancheninterne und umfassende Trends zu erkennen. Und ein – ganz massiver – Trend macht in allen Branchen und Ländern von sich reden:

In jedem Unternehmen, mit dem ich in Berührung komme, läuft irgendeine große Initiative zur Leistungssteigerung. Leitende Manager verbringen immer mehr Zeit mit der Gestaltung und Durchführung solcher Projekte. Sie sollen eine stärkere Konzentration auf die entscheidenden Geschäftstätigkeiten bewirken, eine Abstimmung zwischen den Bedürfnissen der Kunden, der Mitarbeiter und der Kapitaleigner schaffen, entscheidende Abläufe beschleunigen und den Ressourceneinsatz rationalisieren. Aber die meisten Vorstandsvorsitzenden sind von den Ergebnissen enttäuscht. Sie stellen fest, daß das Bemühen um Wandel frustrierend ist und daß sich dieser für ihr Unternehmen, oder auch ihre persönliche Karriere, viel zu langsam vollzieht.

Zum Zeitpunkt dieser Niederschrift haben wir gerade eine umfassende Erhebung bei Vorstandsvorsitzenden in den USA beendet. Fast jedes Unternehmen durchlief gerade ein großangelegtes Veränderungsprogramm – meist mit dem Ziel einer Reduzierung der Gemeinkosten, einer Rationalisierung der Organisation oder einer Umsatzsteigerung; und fast immer als Folge eines Führungswechsels, einer geschäftlichen Neuorientierung, eines stärkeren Konkurrenzdrucks oder finanzieller Zwänge. Über 80 Prozent der Unternehmen sahen bereits ein weiteres umfassendes Revirement auf sich zukommen.

Nur 17 Prozent waren wirklich zufrieden. Nahezu 40 Prozent waren schlicht desillusioniert; oft hatten sie nur spärliche Teilerfolge verzeichnet, oder das ganze Programm dauerte zu lange. Fast 70 Prozent aller Unternehmen räumten unvorhergesehene Probleme und unbeabsichtigte Nebeneffekte ein. Bei 65 Prozent litt die Initiative nach eigenen Angaben darunter, daß sie bei Managern und Mitarbeitern nicht auf genügend Resonanz stieß. Und die anderen entscheidenden Klippen? Revierkämpfe, fehlende Vorbilder in den Führungsetagen und ungenügende Fähigkeiten zur Steuerung des Wandels.

Noch beunruhigender jedoch ist die Reaktion der Vorstandsvorsitzenden auf diese Resultate. Sie wissen nicht, was schiefläuft. Nach dem Ableben der Initiative führen sie eine Obduktion durch, und in neun von zehn Fällen sieht die Strategie in der Theorie immer noch gut aus. Die Projektplanung könnte nicht besser sein. Aber die erhofften Verbesserungen lassen auf sich warten. Also laufen sie weiter gegen eine unsichtbare Wand, oder sie geben auf und greifen nach dem nächsten Modell, von dem sie sich den erwünschten Sprung im Leistungsniveau versprechen. Das wirklich Traurige daran ist, daß man sich allmählich mit der Unvermeidlichkeit von Fehlschlägen abfindet.

Man gewöhnt sich an den Gedanken, daß jeder umfassende Veränderungsversuch auf verborgene Hürden stößt. Scheitern gehört zum Alltag. Man lernt damit zu leben. Man sagt sich: So ist das Leben.

Aber ist es nicht doch seltsam? Wir können an einem Computer in Buchformat zuverlässig auf komplexe Datenmassen zugreifen, via Satellit mit der anderen Seite des Erdballs telefonieren, Millionen von Menschen sicher von einem internationalen Flughafen zum anderen fliegen und tödliche Krankheiten wie Tuberkulose ausrotten. Doch wenn es um die Durchsetzung von Veränderungen in dem genau begrenzten und relativ beherrschbaren Bereich eines Unternehmens geht – dann scheint keiner so recht zu wissen, wie so etwas zu bewerkstelligen ist.

Damit sollten wir uns nicht zufriedengeben. Denn das ist gar nicht notwendig. Am Ende dieses Buches werden Sie verstehen, weshalb. Teil I wird zeigen, daß die gravierendsten Probleme, die nicht nur Ihnen, sondern vielen Führungskräften auf der ganzen Welt bekannt vorkommen dürften, mit den ›weichen‹ Aspekten des Wandels zu tun haben. Teil II kommt auf die ›heimlichen Spielregeln‹ zu sprechen, die ungeschriebenen Gesetze, die das fehlende Glied zum Verständnis dieser Problematik bilden. Dabei geht es nicht nur um die Frage, was schiefläuft, sondern vor allem um das Aufspüren der Ursachen und geeigneter Lösungsansätze.

Mit den Ursachen der neun häufigsten Barrieren, die die Leistungskraft und Wandlungsfähigkeit eines Unternehmens blockieren, befaßt sich Teil III. Die Teile IV und V stellen Managementansätze vor, mit denen sich diese Hürden überwinden lassen. Der anschließende Teil VI präsentiert acht Beispiele von sehr verschiedenen Unternehmen, die es geschafft haben, innerbetriebliche Barrieren zu durchbrechen. Fünf besonders tückische Leistungshemmnisse und die möglichen Abhilfen untersucht Teil VII, und im letzten Teil erfährt man schließlich, wie sich die Beherrschung der heimlichen Spielregeln in die alltägliche Managementarbeit integrieren läßt. Den Abschluß des Buches bildet ein Leitfaden zur Aufdeckung verborgener Verhaltensregeln und zur konsequenten Überwindung der daraus resultierenden Blockaden.

Doch zurück zum Ausgangspunkt. Was passiert in der Geschäftswelt? Weshalb erscheint die Frage nach der möglichen Überwindung verborgener Barrieren, die die notwendigen Veränderungen behindern, dringlicher als je zuvor? Nun, zunächst einmal mußten gegen Ende der achtziger Jahre immer mehr Unternehmen einsehen, daß entgegen allen frommen Wünschen der klassische Ansatz des Total Quality Management (TQM) in funktionsübergreifenden Prozessen wie der Produktentwicklung oder dem Kundendienst nicht zu der angestrebten ›vollkommenen‹ Qualität führte. Manche Unternehmen haben sich sogar schon vom TQM abgekehrt. Dies hinterließ eine Lücke an der Spitze der ›zehn beliebtesten Managementideen‹. Das neue Zauberwort heißt Business Reengineering.

Das Unternehmen aufs Spiel setzen –
und verlieren

Business Reengineering, die Neugestaltung innerbetrieblicher Prozesse, gilt zu Recht als einer der wichtigsten Ansätze zur Leistungsverbesserung in diesem Jahrzehnt. Er stellt sich einer neuen Herausforderung: der Rationalisierung komplexer Unternehmensaktivitäten, die mehrere Abteilungen einschließen. Im Extremfall kann man von einem leeren Blatt Papier ausgehen und die Zusammenhänge betrieblicher Abläufe völlig neu durchdenken. Die daraus resultierende Neustrukturierung kann auf allen Ebenen des Unternehmens zu drastischen Produktivitätsverbesserungen führen.

Man kann verstehen, daß Unternehmen aus aller Welt von dieser Aussicht fasziniert sind und für eine solche Neugestaltung auch beachtliche Ressourcen bereitstellen wollen. Angesichts einer von leidenschaftlichen Befürwortern des neuen Ansatzes ausgelösten Welle der Begeisterung müssen sich Vorstandsvorsitzende sogar regelmäßig vorhalten lassen, daß man seinen Glauben an eine radikale Umgestaltung nur beweist durch »die Bereitschaft, das ganze Unternehmen aufs Spiel zu setzen«.

Und das wäre ja auch alles schön und gut, wenn die Sache funktionieren würde. Aber selbst Mike Hammer und James Champy, zwei der Leitfiguren des Business Reengineering, räumen ein, daß bis zu 70 Prozent aller einschlägigen Anstrengungen zu keinem Ergebnis geführt haben. Und so stehen denn auch nach Meinung der meisten Experten die Erfolgschancen, wenn man sich nicht sehr geschickt anstellt. Die Gründe sind auch hier hauptsächlich im Widerstand der Belegschaft zu suchen. Wer also sein Unternehmen aufs Spiel setzt, der hat gute Chancen, alles zu verlieren.

Trotzdem spreche ich immer wieder mit Vorstandsvorsitzenden, die fest davon überzeugt sind, daß sie keine andere Wahl mehr haben. Wenn sie eine umfassende Neugestaltung ihres Unternehmens nicht durchsetzen können, dann wird dieses über kurz oder lang auf der Strecke bleiben. Die meisten wissen, daß sie praktische Schritte zur Verbesserung der Erfolgschancen ihres Unternehmens ergreifen müssen und nicht lange über gegenwärtige Enttäuschungen lamentieren dürfen.

Doch einige fallen dabei dem Macho-Lemming-Syndrom zum Opfer.

Das Macho-Lemming-Syndrom

Es gibt einen bestimmten Managertypus, der sich in der Vorstellung gefällt, bei einer Erfolgschance von drei zu sieben das Unternehmen aufs Spiel zu setzen, weil er darin eine Herausforderung für seine Männlichkeit sieht.

Wenn dieser Typus überhaupt dazu bereit ist, über Probleme der Mitarbeitermotivation zu diskutieren, unter denen so viele andere Unternehmen zu leiden haben, dann kommt man in den Genuß einer Ansprache über Führungsqualitäten. Von Detailunterschieden einmal abgesehen, hört sich diese meist so an:

»Der springende Punkt ist doch die *Führungsstärke*. Aufgabe des Managers ist es, eine klare Vision zu erarbeiten und sie auch allen klar und deutlich mitzuteilen. Wenn all die anderen auf Probleme stoßen, dann doch nur, weil sie sich nicht die Zeit für Erklärungen nehmen. Sie erklären nicht, was sie wollen und warum das Ganze einen Sinn hat.

Die Mitarbeiter müssen auf mein Urteil vertrauen. Und wenn etwas schiefgeht, wenn es nicht richtig umgesetzt wird, dann sind doch letztlich die Manager schuld. Da sind wir uns doch einig. Die sollen nicht immer alles auf ihre Mitarbeiter schieben und lieber selber ihre Arbeit ordentlich machen!

Ich halte es nicht für angebracht, zuviel Zeit mit solchen ›weichen‹ Fragen zu verschwenden. Man muß sich eben aufraffen und Führungsstärke beweisen. So einfach ist das.«

Und so führen sie, wie alle Macho-Lemminge vor ihnen, ihre Mitarbeiter mit einem aufmunternden Zuruf über den

Klippenrand: »Seid keine Jammerlappen! Ich sehe schon Land. Wir müssen nur hinüberschwimmen.«

Dann stoßen sie auf eine verborgene starke Gegenströmung. Sie können nicht mehr zurück, und alle Lemminge geben ihr Letztes, bis sie schließlich, das Land vor Augen, erschöpft untergehen.

Das Zerschellen neuer Wellen

Eines freilich kann man den im Macho-Lemming-Syndrom befangenen Managern keinesfalls absprechen: Führungsqualitäten sind wesentlich – vielleicht sogar mehr als alles andere. Aber bei großangelegten Veränderungsbemühungen reichen sie allein nicht aus, um verborgene Kräfte der Unternehmenskultur und die divergierenden Interessen der Mitarbeiter zu kompensieren.

Es wäre völlig verfehlt, dem Vorstandsvorsitzenden aus dem Eingangskapitel vorzuwerfen, es fehle ihm an Visionen oder an der Fähigkeit, diese klar und deutlich mitzuteilen. Heutzutage sind die meisten Manager bestens ausgebildet. Und die Ansprache über Führungsstärke hätte vor zehn Jahren vielleicht sogar noch gezogen. Aber inzwischen klingt sie abgedroschen.

Wir müssen uns auf eine neue Herausforderung einstellen, die sich vor einem Jahrzehnt noch im embryonalen Stadium befand. Seit Anfang der achtziger Jahre gab es immer wieder neue Wellen von Managementansätzen: Intrapreneuring, Rationalisierung, Management by walking around, Delegieren, Ein-Minuten-Management, TQM, Teamwork, Reengineering, Kundenorientierung, das lernende Unternehmen. Gemeinsam war all diesen neuen Wellen, daß sie eine stillschweigende Veränderung des Mitarbeiterverhaltens voraussetzen.

Darin unterscheiden sie sich grundsätzlich von den Managementtheorien der siebziger Jahre. Damals ging es um die Abgrenzung eigenständiger strategischer Geschäftseinheiten oder um die Entwicklung von Geschäftsportfolios, die

die größten Wettbewerbsvorteile versprachen. Ein paar einsame Rufer aus der industriellen Soziologie ausgenommen, fiel Verhalten in den Bereich der Personalabteilung.

Ungefähr zur selben Zeit, als das Personal den klangvollen Namen Humanressourcen erhielt, faßten die neuen Ansätze im Managementdenken Fuß. Und eine Welle nach der anderen stieß auf das gleiche Problem. Die Veränderung des Mitarbeiterverhaltens erwies sich als sehr viel schwieriger als vorhergesehen. Meistens ließ sich der Wandel einfach nicht verwirklichen. Entweder folgten die Initiativen einem Leuchtkugelmuster – zunächst strahlte alles vor Begeisterung, bis sich allmählich der Mantel des Vergessens über das Vorhaben senkte; oder aber die Wirkung war begrenzt und nur vorübergehend. Das wirklich Schlimme daran war, daß niemand begriff, was eigentlich los war.

Es waren die Verhaltensbarrieren in den Köpfen der Mitarbeiter, an denen alle Innovationswellen der achtziger Jahre zerschellten und die das deterministisch geprägte Weltbild der Manager ins Wanken brachten.

Und dann, auf dem Höhepunkt einer Phase reichlich hemdsärmeliger Veränderungsversuche in den achtziger Jahren, begann eine Reihe von Managern, ernsthaft und laut über Unternehmenskultur nachzudenken. Der Begriff Unternehmenskultur war erst 1979 von dem Anthropologen Pettigrew geprägt worden. In kürzester Zeit fand er bei Akademikern und Sachverständigen große Anerkennung. Und die Managementliteratur wußte immer häufiger von Beispielen zu berichten, bei denen gute Ansätze des Wandels im Dickicht einer komplexen Unternehmenskultur erstickt waren.

Doch gegen Ende der achtziger Jahre gelangten immer mehr Manager zu der Erkenntnis, daß die bloße Beschwörung der Unternehmenskultur als Innovationshemmnis noch keinen großen Fortschritt bedeutete. Man konnte die Lokalisierung der Fehlerquelle innerhalb der Unternehmenskultur zwar als Diagnose bezeichnen, aber ein Heilmittel hatte man damit noch lange nicht gefunden.

Die Unternehmen entschieden sich in der Regel für eine von vier Möglichkeiten. Die erste hieß Schicksalsergebenheit – man fand sich mit der Langsamkeit der Veränderungen im eigenen Betrieb ab. Manche warteten jahrelang, ehe sie sich überhaupt an eine Veränderung heranwagten, sie warteten, genauer gesagt, auf die Pensionierung einflußreicher Manager und das Verschwinden alter Traditionen. Aber derlei können sich heute nur noch die wenigsten Unternehmen leisten – zu dringend sind die anstehenden Innovationen. John Akers mußte den Stuhl des Vorstandsvorsitzenden von IBM vor allem deshalb räumen, weil er sich nicht schnell genug auf die starken Veränderungswellen einstellen konnte, die das unbewegliche Unternehmen erschütterten.

Andere Unternehmen entschieden sich für die Umgehung der verwurzelten Kultur. Man holte frische Kräfte von außen, die die unangenehme Aufgabe erledigen sollten. Aber die Durchsetzung eines Veränderungsvorhabens ohne Beteiligung des etablierten Managements erwies sich in der Regel nicht nur als kostspielig, sondern unweigerlich auch als wenig dauerhaft.

Die dritte Möglichkeit bestand darin, so lange zu warten, bis das Unternehmen kurz vor dem Untergang stand; dies in der Annahme, die Mitarbeiter seien erst dann zu schneller Anpassung bereit, wenn das Unternehmen selbst auf dem Spiel stand. Das Problem war nur, daß dabei auf wunderbare Weise nicht nur der Widerstand der Mitarbeiter gegen Veränderungen, sondern auch der Handlungsspielraum für die Unternehmensführung schwand. Viele der beteiligten Manager fragten sich zu spät, ob sie nicht schon eher hätten handeln sollen.

Mit der Hinzuziehung selbsternannter Experten auf dem Gebiet der Unternehmenskultur schließlich entschieden sich manche Unternehmen für die langwierige, mühsame und kostspielige vierte Möglichkeit, zu einem Verständnis der eigenen Kultur zu gelangen und diese zu verändern. Vielen Führungsgremien erschien dies als der vernünftigste Weg, um die Grundlagen für zukünftige Innovationen zu schaffen.

Sie ahnten nicht, daß sich dieser Ansatz als besonders schwierig erweisen sollte und daß die Kulturgeier schon auf ihre Beute lauerten.

Die Kulturgeier

Alle Beteiligten traten mit den besten Absichten an, allerdings ohne sich die Frage zu stellen, ob sich auf dem Konzept der Unternehmenskultur, das eigentlich aus der Anthropologie stammt, wirklich etwas Brauchbares aufbauen ließ. Der Zug fuhr los, und alle sprangen auf. Akademiker wechselten das Fach und zogen zusammen mit den Beratern in die Schlacht. Die Modelle nahmen immer komplexere Formen an, aber im Kern blieb der Ansatz derselbe, den die Anthropologen im neunzehnten Jahrhundert zur Analyse der Kultur der von ihnen entdeckten Amazonasstämme angewandt hatten.

Kurz gesagt, die Modelle *beschrieben* die Kultur nur. Manche unterschieden Gruppennormen von Unternehmenswerten; einige suchten nach Ritualen und Artefakten; und andere grenzten Kultur von Klima ab. Auch wenn komplexere Modelle heutzutage den Zusammenhang zwischen Klima, Motivation und Führung aufzuzeigen versuchen, ist ihre vorwiegend deskriptive Orientierung nicht zu übersehen.

Ich erinnere mich noch an meine Begeisterung Mitte der achtziger Jahre für ›Kulturanalysen‹ und ›Klimaindikatoren‹. Aber wenn man dann die Situation haarklein analysiert hatte, stellte sich heraus, daß man damit noch keinen Schritt weiter war. Was sollte man mit den unwiderlegbaren Hinweisen auf fehlenden Teamgeist oder Innovationsmüdigkeit anfangen? Die Modelle gaben kaum Hinweise darauf, wie man weiter vorgehen sollte, um die Situation zu verbessern. Was machte man also? Man versuchte, zum Teamwork hinzuführen, Qualitätsbewußtsein zu fördern und Unternehmenswerte zu vermitteln. Was für eine Zeitverschwendung!

Kürzlich sprach ich auf einem Kongreß mit einer der weltweit führenden Autoritäten auf dem Gebiet des Qualitätsmanagements. Im Vertrauen erzählte er mir von seiner Arbeit mit einigen Unternehmen, die sich in den letzten Jahren wahrscheinlich mehr um die Vermittlung neuer Werte bemüht haben als alle anderen Firmen auf der Welt. Und letztlich, so sagte er, glaube er nicht, daß mit all diesen Anstrengungen irgend etwas bewegt wurde.

Immer mehr Spitzenmanager schließen sich dieser Meinung an. Voller Bitterkeit sprechen sie davon, auf ›Kulturgeier‹ hereingefallen zu sein. Die gewonnenen Erkenntnisse seien zwar interessant, aber meist alles andere als überraschend. Und die auf den Studien aufbauenden Realisierungspläne seien viel zu ›verschwommen‹ und daher unbrauchbar. Heute ist ihre Einstellung gegenüber Fragen der Unternehmenskultur eher zynisch. Schließlich glaubten sie von Anfang an nicht so recht daran, daß sich solche Probleme gezielt lösen lassen. Und in dieser Skepsis sehen sie sich jetzt bestätigt.

Aber damit tut man den Anthropologen unrecht. Im Grunde genommen hat die akademische Anthropologie Kulturen doch immer nur beschrieben und bewertet, um sie zu erhalten, und nie mit der Absicht, sie zu verändern. Die übernommenen und später abgewandelten Modelle *waren nie darauf ausgelegt, als Entwurf für einen Wandel zu fungieren.* Kein Wunder also, daß all die hochfliegenden Erwartungen enttäuscht wurden.

Anthropologisch inspirierte Modelle zur Durchführung einer ›Kulturanalyse‹ sind aus rein deskriptiven Ansätzen abgeleitet, die ohne die Erklärung von Ursache und Wirkung auskommen. Diesen Modellen fehlt es an einem Ansatz zur Durchleuchtung der wirklichen Zusammenhänge.

Obwohl noch niemals ein Unternehmensangehöriger eine detaillierte Analyse über gemeinsame Werte und Überzeugungen, Artefakte und Rollenmodelle, Mythen und Rituale und deren Wechselwirkungen konsultieren mußte, um eine Entscheidung über seine Handlungsweise zu treffen, handeln viele Menschen in Unternehmen auf ähnliche Weise – daher ja auch der Anschein einer Unternehmenskultur.

Vielleicht war man einfach zu spitzfindig, als man auf akademische Konstrukte setzte, die nicht zur Wirklichkeit in den Unternehmen passen. Vielleicht hätte man vor zehn Jahren einfach den direkten Beweggründen für das Handeln von Menschen nachgehen sollen.

Dann hätte man wohl auch herausgefunden, daß es tatsächlich einen pragmatischen und ökonomischen Weg zur Überwindung von Verhaltensbarrieren gibt, die einen effektiven Wandel blockieren. Man hätte begriffen, daß die Erfassung der Unternehmenskultur in den meisten Fällen völlig überflüssig ist. Und dazu hätte man noch ein Geheimnis entdeckt. Ein Geheimnis, das jeder kennt.

II. Das Geheimnis, das jeder kennt

Die Regel der Regeln

Vergessen Sie alles, was Sie je über Unternehmenskultur gelernt haben. Gehen Sie in sich. Welchen ehrlichen Rat würden Sie einem Freund geben, der es in Ihrem Unternehmen zu etwas bringen will? Wie müssen Sie sich im allgemeinen verhalten und weshalb? Wer ist tatsächlich wichtig und warum? Was erwarten Mitarbeiter im allgemeinen von ihrer Arbeit, und was möchten sie vermeiden? Wie sollte man demnach vernünftigerweise handeln, was tun, mit wem Umgang pflegen? Konkret gesprochen, was muß man sich zuschulden kommen lassen, um gekündigt oder bei Beförderungen übergangen zu werden? Um wen braucht man sich nicht weiter zu kümmern? Was sind die ›Spielregeln‹, denen Ihr Freund folgen sollte und an die auch Sie sich halten?

Oder verlassen wir das Arbeitsumfeld. Stellen Sie sich die gleichen Fragen bezüglich Ihrer liebsten Freizeitbeschäftigung. Bezüglich Ihres Familien- und Freundeskreises. Ihres Landes.

Brauchen Sie zur Beantwortung dieser Fragen einen Experten? Natürlich nicht. Und sind die Antworten vergleichsweise naheliegend? Sehr wahrscheinlich, vor allem wenn man an Situationen und Zusammenhänge aus der persönlichen Alltagserfahrung denkt. Können Sie einige der Fragen beantworten, obwohl Sie noch nie bewußt darüber nachgedacht haben? Auch hier lautet die Antwort: wahrscheinlich ja. Man kann die Spielregeln kennen und befolgen, auch ohne daß sie ausdrücklich formuliert wurden.

In jedem Bereich unseres Lebens gibt es solche ungeschriebenen Gesetze. Ob in der Arbeit oder in der Freizeit, im Kreis der Familie oder der Kollegen, in Gesellschaft von

Freunden oder Fremden, wir handeln immer nach bestimmten Regeln. Und wenn man noch etwas weiter überlegt, dann erkennt man, daß Regeln stets in einer von zwei Formen auftreten: als offizielle und als heimliche Spielregeln, als geschriebene und als ungeschriebene Gesetze.

Denken Sie zum Beispiel ans Autofahren in einer Großstadt. Zu den offiziellen Regeln gehört, daß man vor einer Hauptstraße abbremsen, warten und sich beim Einbiegen vorsichtig an die Geschwindigkeit des Verkehrs anpassen soll.

Haben Sie das mal in Boston oder Paris versucht? Niemand wird Sie auf die Hauptstraße lassen. Die Fahrer hinter Ihnen üben sich ungefähr fünf Sekunden lang in Geduld. Dann drücken sie auf die Hupe, kurbeln die Scheibe herunter und gestikulieren.

Die ungeschriebenen Gesetze der Straße besagen: vor einer Hauptstraße jeden Blickkontakt vermeiden, beschleunigen, nicht lange warten und mit genügend Tempo einbiegen, so daß man von den Fahrzeugen auf der Hauptstraße nicht erwischt wird. Wer auf die Hauptstraße kommen will, der muß einfach pragmatisch handeln. Und dazu muß er die heimlichen Spielregeln verstehen.

Auch Unternehmen haben solche ungeschriebenen Gesetze. Und wenn man am Steuer eines Unternehmens sitzt, dann lohnt es sich, sie zu verstehen. Noch nie bin ich einem Topmanager begegnet, der es ohne intuitives Gespür für die heimlichen Spielregeln seines Unternehmens bis zu seiner Führungsposition gebracht hat. Eine erfolgreiche Karriere steht und fällt mit der Beherrschung der heimlichen Spielregeln. Aber nicht nur zukünftige Spitzenkräfte müssen damit umgehen können, sondern auch alle anderen Mitarbeiter.

Doch woher stammen die ungeschriebenen Gesetze der Unternehmen? Im allgemeinen gehen sie von den Führungsetagen aus. Zum einen von den Handlungen und Aussagen der Führungskräfte und zum anderen von dem, was man als die von ihnen geschaffenen oder befolgten geschriebenen Gesetze bezeichnen könnte.

Die Begriffe ›geschriebene Gesetze‹ und ›offizielle Spielregeln‹ gebrauche ich in diesem Buch in einem sehr weit gefaßten Sinne, der alle formellen, offiziellen und besprochenen Unternehmensaspekte abdeckt. Darunter fällt alles von sehr allgemeinen Aussagen über die Vision, den Aufbau und die Politik eines Unternehmens bis hin zu sehr spezifischen Aspekten wie Strategie, Ablauforganisation, Stellenbeschreibungen und Prämiensystem.

Diese weitgefächerten geschriebenen Gesetze setzen zusammen mit dem Verhalten des Topmanagements Signale für das gesamte Unternehmen. Aber danach wirken verschiedene Faktoren auf diese Signale ein, Faktoren, die kein Manager unter Kontrolle hat oder auch nur abschätzen kann: Dinge wie die nationale oder regionale Kultur, die ökonomischen Bedingungen, die Gesetzgebung, Verwaltungsvorschriften, Privatinteressen der Mitarbeiter und bereits existierende heimliche Spielregeln.

All diese Umstände verändern die Signale, bestärken, untergraben, verzerren sie. So tritt neben die geschriebenen Gesetze ein paralleler Komplex ungeschriebener Gesetze, der das Alltagsverhalten der Belegschaft bestimmt. Wichtig ist in diesem Zusammenhang die Erkenntnis, daß sich alle Faktoren, die die ursprünglichen Signale transformieren, jeder unmittelbaren Kontrolle entziehen. Sie lassen sich vorhersehen und ausgleichen, aber verändern lassen sie sich nicht.

Das kann zu einem echten Problem werden. Nehmen wir den Fall eines Vorstandsvorsitzenden, der eine Politik der offenen Tür vertritt. Er nutzt jede Gelegenheit, um seinen Managern mitzuteilen, daß er ihre Ideen und Vorschläge wirklich braucht. Daraus kann sich für seine Mitarbeiter sehr leicht die heimliche Spielregel ergeben: »Die offenen Türen nutzen, um vom Chef gesehen zu werden, aber nur das sagen, was er hören will.« Und wenn der Vorstandsvorsitzende nur ein einziges Mal den Fehler macht, den Überbringer schlechter Nachrichten abzukanzeln, dann bekräftigt er damit die heimliche Spielregel. Seine Mitarbeiter werden ihm die Wahrheit in Zukunft nur noch in homöopathischen Dosen verabreichen.

Den heimlichen Spielregeln entsprechen die ›politischen‹ Manöver innerhalb eines Unternehmens, auch wenn niemand so etwas offen ausspricht. Aber jeder weiß, wie er sich im Bedarfsfall ›taktisch richtig‹ verhalten muß. In den ungeschriebenen Gesetzen spiegelt sich ein aufgeklärtes Eigeninteresse wider.

Und natürlich sind sie so alt wie die Menschheit selbst. Ihre Bedeutung liegt also nicht in dem Wissen um ihre Existenz. Schon oft sind sie ja erkannt und mit einem Etikett versehen worden: ›Winkelzüge‹, ›soziale Normen‹, ›stillschweigendes Einverständnis‹.

Ihre große Bedeutung für den pragmatischen Manager liegt darin, daß sie ihm das Schlüsselinstrument an die Hand geben, mit dessen Hilfe er in seinem Unternehmen etwas bewegen kann. Aber die dafür notwendige Einsicht gewinnt er erst, wenn er noch tiefer bohrt und die heimlichen Spielregeln in ihrer Entfaltung und Interaktion im Geschäftsleben beobachtet.

Gut, schlecht oder gemein?

Jedes Unternehmen hat seine eigenen heimlichen Spielregeln. Und jedes Unternehmen ist das Resultat seiner ungeschriebenen Gesetze. Aber auch wenn ihre Auswirkungen noch so gemein sind, sie selbst sind weder gut noch schlecht. Sie sind einfach angemessen oder unangemessen im Hinblick auf die Zielsetzungen des Unternehmens. Die wirklich ernsthaften Schwierigkeiten entstehen erst, wenn sich die heimlichen Spielregeln wechselseitig verstärken, ohne daß jemand davon Notiz nimmt.

Erinnern Sie sich noch an den Vorstandsvorsitzenden des Konsumgüterunternehmens, dessen Initiative zur Ankurbelung der Produktentwicklung gescheitert war? Ich möchte kurz das interne Umfeld des Betriebs skizzieren und dazu als Beispiel für die Entwicklung ungeschriebener Gesetze aus geschriebenen drei Regeln der Personalpolitik anführen.

Das erste geschriebene Gesetz lautete: »Um Topmanager zu werden, muß man vielseitig sein. Man braucht Erfahrungen aus allen Bereichen des Unternehmens.« Diese offizielle Politik erschien dem Vorstandsvorsitzenden zu Beginn seiner Initiative ideal, da sie fachübergreifendes Können einschloß.

Die zweite offizielle Spielregel zielte auf die oberen zehn Prozent der Manager – die Senkrechtstarter: »Die leistungsstärksten Manager werden von ihren Vorgesetzten schneller befördert.« In der Praxis rückten die Senkrechtstarter alle zwei Jahre auf. Auch dies verbuchte man als eine ausgezeichnete Voraussetzung zur Aktivierung der Produktentwicklung, weil die besten Manager im schnellen Produkterfolg einen potentiellen Karrierevorteil erkennen mußten.

Die dritte Regel ist typisch für viele Unternehmen: »Der entscheidende Leistungsmaßstab für Manager sind Gewinn und Verlust in ihrem Bereich.« Auch dies sah man als förderlich für das Vorhaben an, weil damit das Verantwortungsbewußtsein des einzelnen betont wurde.

Auf dieser Basis schätzte der Vorstandsvorsitzende die Erfolgschancen seiner Initiative sehr zuversichtlich ein. Aber leider sah er nur die eine Seite der Medaille. Hätte er auch einen Blick auf die Kehrseite werfen können, dann hätte er gewußt, daß sein Vorhaben von Anfang an zum Scheitern verurteilt war.

Wir wollen das Versäumte nachholen und uns den heimlichen Spielregeln im Unternehmen zuwenden. Kurz nach meinem ersten Treffen mit dem Vorstandsvorsitzenden wandten meine Kollegen und ich eine – von mir in den achtziger Jahren entwickelte – Methode zur Aufdeckung und Erfassung ungeschriebener Gesetze an. Diese Methode wird im Leitfaden am Ende des Buches vorgestellt. Wir fanden folgendes heraus:

Wo das geschriebene Gesetz vom zukünftigen Topmanager breite Erfahrung verlangte, besagte die heimliche Spielregel: »Die Positionen so schnell wie möglich wechseln, um nach oben zu kommen.« Die Jungmanager erkannten, daß sie in zehn Jahren mindestens ebenso viele Stellen durchlaufen mußten, wenn sie an die Spitze gelangen wollten. Und so hielten sie es denn auch.

Versprach die zweite offizielle Spielregel den leistungsstärksten Managern eine raschere Beförderung durch den Vorgesetzten, so wurde sie zumindest von drei ungeschriebenen Gesetzen ergänzt. Erstens: »Den Boß zufriedenstellen.« Er spricht ja schließlich auch Versetzungen und Beförderungen aus. Zweitens: »Sich von den anderen abheben.« Dann wird man als Spitzenkraft erkannt. Und drittens: »Sich nicht in Fehlschläge verwickeln lassen. Keine Fehler vor den Augen des Chefs.«

Zwei heimliche Spielregeln entsprachen dem Gesetz von der Verantwortlichkeit für Gewinne und Verluste im eigenen Bereich: »Das eigene Revier schützen« und »Auf die eigenen Quartalsergebnisse achten«. Übersicht 1 stellt die offiziellen und die heimlichen Spielregeln dar.

Übersicht 1:   Offizielle und heimliche Spielregeln

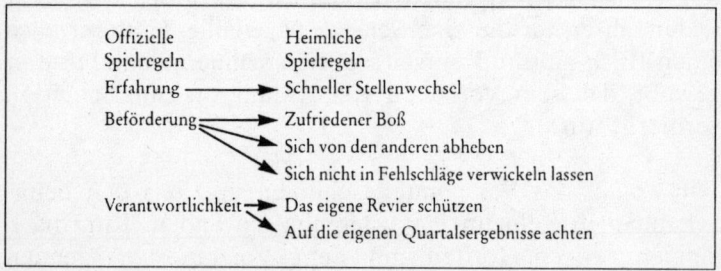

Sehen wir uns nun die gebündelte Wirkung all dieser heimlichen Spielregeln an. Wenn es darum geht, sich gegenüber anderen hervorzutun und sein eigenes Revier zu verteidigen, dann kann die Teamarbeit einfach nicht funktionieren. Tritt dazu noch der Wunsch, stets seinen Chef zufriedenzustellen, der wiederum auf die Grenzen seines eigenen Reviers schielt, dann wird man jeden Anschein mangelnder Loyalität vermeiden, der durch ›überflüssige‹ Zusammenarbeit mit anderen Abteilungen entstehen könnte.

Und auch die chronisch kurzfristige Orientierung – hervorgerufen durch raschen Stellenwechsel und das große Gewicht der Quartalsergebnisse – war nicht so neu, wie der Vorstandsvorsitzende glaubte. Sie zeigte sich nur viel deutlicher vor dem Hintergrund längerfristiger Intentionen und der Hoffnung auf verbesserte Teamarbeit, wie sie zur Intensivierung der Produktentwicklung angestrebt wurden. Aber wer geht schon ein persönliches Risiko ein in einem Unternehmen, in dem die Aufstiegschancen fast gänzlich von anhaltenden kurzfristigen Erfolgen abhängen? Übersicht 2 stellt die Auswirkungen der heimlichen Spielregeln zusammen.

Übersicht 2: Auswirkungen der heimlichen Spielregeln

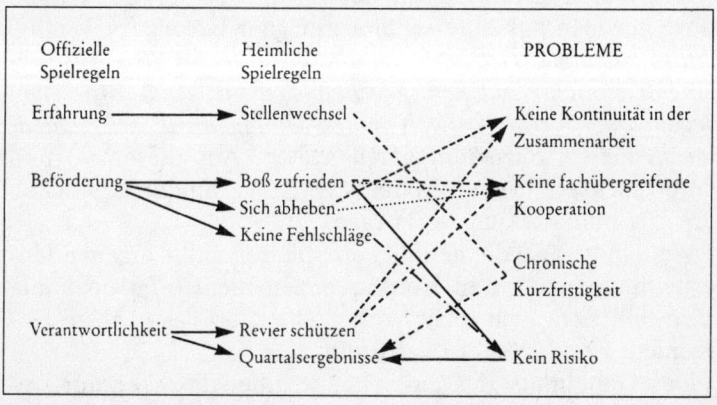

Wie konnte aus diesen scheinbar überaus positiven geschriebenen Gesetzen ein derart schädliches Verhalten entstehen? Ist dies ein typischer Fall oder nur eine Einzelerscheinung? Ich persönlich habe die im Leitfaden am Ende des Buches geschilderte Methodik in zahlreichen Unternehmen der USA, Europas, Lateinamerikas und des Fernen Ostens angewandt. Meine Kollegen haben sie weltweit übernommen. Und wir stoßen immer wieder auf ähnliche verborgene Konflikte. Die Einzelheiten sehen anders aus, und die heimlichen Spielregeln einiger Unternehmen unterscheiden sich selbstverständlich erheblich voneinander. Aber in allen Fällen führen ungeschriebene Gesetze, die aus vermeintlich klaren geschriebenen Gesetzen und dem Verhalten der Führungsetagen entstanden sind, zu großen Behinderungen für Innovationsanstrengungen.

Doch zurück zu unserem Konsumgüterunternehmen. Erst der Blick auf die heimlichen Spielregeln ermöglichte eine sinnvolle Erklärung der beobachteten Konflikte. Die ungeschriebenen Gesetze liefern *das fehlende Glied in der Kausalkette*. Jetzt können wir in den vom Vorstandsvorsitzenden ausgemachten ›Problemen‹ unbeabsichtigte Nebeneffekte erkennen, die aus Widersprüchen zwischen den geschriebenen Gesetzen und seinem Innovationsvorhaben entstanden sind.

Eine der Lehren, die wir aus unserer Arbeit der letzten Jahre gezogen haben, erscheint mir ganz besonders wichtig: *Unbeabsichtigte Nebeneffekte, die selbst die größten Anstrengungen zunichte machen, ergeben sich meist aus offiziellen Regeln oder Verhaltensweisen des Managements, die scheinbar in keiner Beziehung dazu stehen.* Aus diesem Grund bleibt auch erfahrenen Managern die Verbindung zwischen Ursache und Wirkung verborgen.

Wenn man also die heimlichen Spielregeln im eigenen Unternehmen samt ihren Konsequenzen nicht erfassen kann, dann läßt sich auch nicht vorhersehen, ob das nächste Revirement zum Scheitern verurteilt ist.

Das Geheimnis, das jeder kennt, über das aber nur wenige richtig nachgedacht haben, liegt nicht in der Existenz ungeschriebener Gesetze oder in ihrem konkreten Inhalt. Das eigentliche Geheimnis ist in der logischen Kausalkette zu suchen, die man von spezifischen Problemen des Unternehmens *über heimliche Spielregeln* bis zu den offiziellen Spielregeln und dem Verhalten des Managements zurückverfolgen kann.

Aus Erfolgen lernen

Noch eine Erkenntnis haben wir in den letzten Jahren gewonnen, aber eine weit tröstlichere. Die nämlich, daß heimliche Spielregeln die Pläne der Unternehmensspitze nicht immer vereiteln. Ganz im Gegenteil, unbeabsichtigte Nebeneffekte können sich mitunter sehr positiv bemerkbar machen. Sie bleiben zwar unbeabsichtigt und ungeklärt, aber zumindest wirken sie als Katalysator des Wandels und nicht als Barriere.

Es gibt ein führendes Finanzinstitut in den USA, das sehr zufrieden ist mit seiner Sonderabteilung für wohlhabende Privatkunden. Praktisch ohne geschriebene Gesetze und Unterweisung hat diese Abteilung ein überaus effektives Verhalten entwickelt. Und zufrieden ist nicht nur die Geschäftsleitung, sondern vor allem auch die Kundschaft. Doch jetzt möchte der Vorstandsvorsitzende diese wunderbare ungeschriebene Kultur auf einen anderen Teil der Bank ausdehnen. Und er weiß nicht, wie er das anstellen soll. Dazu muß er nämlich erst einmal herausfinden, welche heimlichen Spielregeln in der Abteilung für wohlhabende Privatkunden eigentlich zu diesem Wettbewerbsvorteil führen.

Die Beherrschung der ungeschriebenen Gesetze bietet einen Ansatz zur Wiederholung von Erfolgen. Die Aufdeckung heimlicher Spielregeln ermöglicht nicht nur ein Verständnis der Ursachen von Rückschlägen in einem Teil des Unternehmens, sondern sie macht auch den Blick frei für Erfolgsfaktoren im anderen.

Entsprechendes gilt für ›Benchmarking‹, das Nachahmen erfolgreicher Vorbilder. Viele Unternehmen machen die leidvolle Erfahrung, daß sie die Erfolgsmodelle herausragender Konkurrenten nicht einfach kopieren können. Erst müssen sie begreifen, weshalb es dort so gut läuft und unter welchen Bedingungen es im eigenen Haus auch funktionieren könnte. Und das läßt sich nur durch Erforschen der heimlichen Spielregeln herausfinden. Damit stellt sich natürlich zunächst die Frage, wie man sie denn überhaupt aufdeckt.

Die Nadel, der Heuhaufen
und der Magnet

Seit den Anfängen meines methodischen Ansatzes in den achtziger Jahren höre ich immer wieder die Frage: »Okay, wo liegt das Geheimnis? Was können wir gegen die heimlichen Spielregeln in unserem Haus unternehmen?« Eigentlich ist es ein ganz einfaches Geheimnis, das im Fortgang des Buches erklärt wird. Im wesentlichen handelt es sich dabei um eine Technik zur systematischen Aufdeckung, Erfassung und Veränderung *ausschließlich* jener ungeschriebenen Gesetze, die mit spezifischen Problemen im Unternehmen in Zusammenhang stehen.

Man kann seine Kräfte bündeln. Vielleicht möchten Sie den Kundendienst oder die Leistungsfähigkeit im Verkauf verbessern, Vorlaufzeiten verkürzen, die Bürokratie eindämmen oder die fachübergreifende Zusammenarbeit fördern? Oder aber Sie möchten eine Verfahrensneugestaltung durchsetzen, und die Manager sperren sich dagegen, weil sie sich bedroht fühlen? Es reicht aus, nur die für das Vorhaben relevanten heimlichen Spielregeln aufzudecken. Die Offenlegung aller heimlichen Spielregeln mag zwar von akademischem Interesse sein, hat jedoch nach meinen Erfahrungen keinen praktischen Nutzen.

Den Hebel gilt es bei jenen Fragen anzusetzen, die den Führungskräften Kopfzerbrechen bereiten. Der Vorstandsvorsitzende unseres Konsumgüterunternehmens beispielsweise machte sich Gedanken über eine Verbesserung der Produktentwicklung. Das muß der Ausgangspunkt sein. Dann hören wir uns an, was eine sorgfältig ausgewählte Gruppe von Mitarbeitern zu diesem Thema zu sagen hat. Dabei werden sie unweigerlich auch von den heimlichen Spielregeln erzählen, die sich hemmend auf den betroffenen Bereich auswirken.

Aber um sich in ihrem Redefluß nicht auf die Suche nach der berühmten Nadel im Heuhaufen begeben zu müssen, sondern das Entscheidende herauszuhören, brauchen wir einen Magneten. Oder genauer gesagt, drei Magneten.

Den ersten Magneten bilden die motivierenden Kräfte. Wofür stehen die Leute am Morgen auf? Was ist für sie eine Belohnung? Und was wollen sie andererseits vermeiden? Was fürchten sie als Bestrafung?

Man trägt also eine Liste mit den Dingen zusammen, bei denen die Gesprächspartner auf Touren kommen. Und zwar wirklich und nicht nur, weil man es von ihnen erwartet. Beispiele wären spannende Arbeit, Geld, Aufstiegschancen, Respekt oder einfach ein sicherer Arbeitsplatz.

In unserem Konsumgüterunternehmen fühlten sich die Mitarbeiter besonders stark von den Aufstiegschancen motiviert. Viele waren überaus ehrgeizig und wollten ganz nach oben kommen, wie sich schon in den ersten Gesprächen zeigte. Dafür brauchten sie breitgefächerte Erfahrung im Unternehmen. Es besteht daher eine direkte Verbindung zwischen der motivierenden Kraft ›Aufstiegschancen‹ und dem ungeschriebenen Gesetz ›Rascher Stellenwechsel‹, wie Übersicht 3 zeigt.

Übersicht 3: Verbindung zwischen den motivierenden Kräften und den heimlichen Spielregeln am Beispiel »Aufstiegschancen«

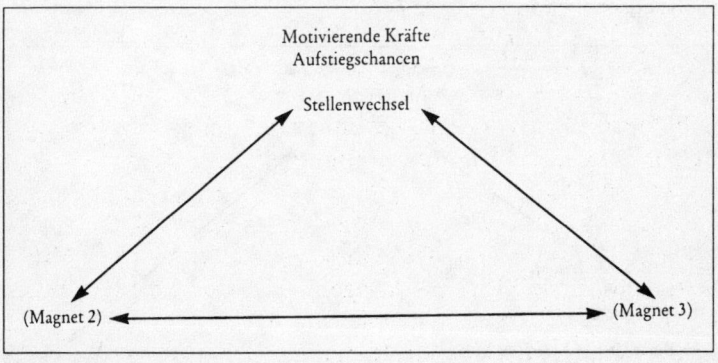

Aber es zählt natürlich nicht nur, *was* den Leuten wichtig ist, sondern auch, *wer* wichtig ist. Wer hat die Macht, das von ihnen als wichtig Eingeschätzte zu realisieren? Der zweite Magnet trägt also den Namen ›machtausübende Kräfte‹, wie Übersicht 4 zeigt. Gemeint sind damit die Leute, die Belohnungen und Bestrafungen aussprechen können. Dieser Begriff enthält in gebündelter Form die Machtstruktur des Unternehmens, so wie sie von den Mitarbeitern wahrgenommen wird.

Die entscheidenden machtausübenden Kräfte in unserem Konsumgüterunternehmen sind die Linienmanager, weil sie den Aufstieg von wirklichen Senkrechtstartern beschleunigen können. Daß die heimlichen Spielregeln in diesem Fall lauten: »Den Boß zufriedenstellen«, »Sich von den anderen abheben« und »Sich nicht in Fehlschläge verwickeln lassen«, darf nicht verwundern. Wenn man weiß, wen die Mitarbeiter für wichtig halten, dann kann man diese Verhaltensweisen nur als vernünftig bezeichnen. Hätten sich im Gespräch hier völlig andere heimliche Spielregeln herauskristallisiert, dann hätten wir unsere Schlußfolgerungen hinsichtlich der machtausübenden Kräfte neu überdenken müssen. Die Ergebnisse müssen logisch zueinander passen.

Übersicht 4: Die Verbindung zwischen den motivierenden bzw. den machtausübenden Kräften und den heimlichen Spielregeln am Beispiel »Aufstiegschancen«

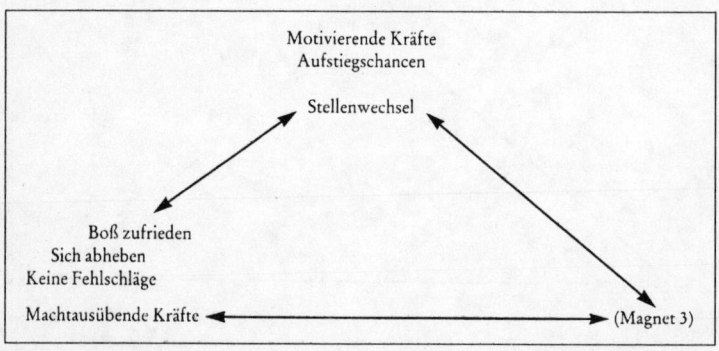

Dies ist auch der Grund, weshalb man diesen Ansatz auch dann anwenden kann, wenn die wichtigsten Gesetze nicht nur ungeschrieben, sondern unausgesprochen sind. Auch in einem politisch undurchschaubaren Unternehmen kann man der Wahrheit durch logische Konsequenz auf die Spur kommen. Ich bin noch nie jemandem begegnet, der zwei Stunden lang überzeugend lügen konnte, ohne sich bei den vom Kontext vorgegebenen Einzelheiten in Widersprüche zu verstricken.

Der dritte und letzte Magnet, die ›handlungsauslösenden Kräfte‹, verbindet die beiden anderen, wie Übersicht 5 zeigt. Das sind die Bedingungen, die nach Auffassung der Mitarbeiter erfüllt sein müssen, um beispielsweise befördert zu werden. Sie entsprechen den als bindend wahrgenommenen Leistungsmaßstäben.

In unserem Fall ist das entscheidende Leistungskriterium der Ertrag des Profit-Centers. Auch hier fanden wir unsere Schlußfolgerungen in den Gesprächen bestätigt. Die heimlichen Spielregeln hießen: »Das eigene Revier schützen« und »Auf die Quartalsergebnisse achten«.

Übersicht 5: Die Verbindung zwischen den motivierenden, machtausübenden und handlungsauslösenden Kräften und den heimlichen Spielregeln

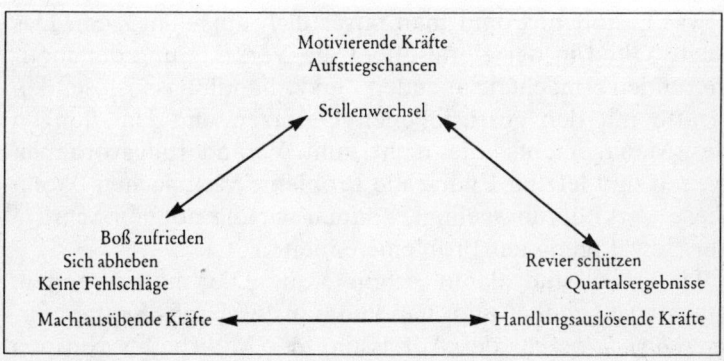

Wir müssen uns also darauf konzentrieren, *was* den Leuten wichtig ist, *wer* für sie wichtig ist und *wie* sie es anstellen, um das Erwünschte zu erreichen. Was. Wer. Wie.

In der Anwendung dieser Methode hat sich immer wieder ergeben, daß nahezu alle Mitarbeiter eines Unternehmensbereichs den gleichen Spielregeln folgen. Entgegen den Vorstellungen von statistischer Repräsentanz sind daher große Stichproben nicht nötig. Es wäre überflüssig, den normalen Betriebsablauf durch unzählige Interviews und Fragebogen zu stören. Die für einen bestimmten Unternehmensaspekt entscheidenden heimlichen Spielregeln lassen sich oft durch Gespräche mit ungefähr zehn Mitarbeitern des Unternehmens klären. Und schon mit diesem vergleichsweise geringen Aufwand können wir zu einem Verständnis unbeabsichtigter Nebeneffekte gelangen.

Wir haben also eine lange Kausalkette gefunden. Die zunächst unerklärlichen Probleme haben sich als unvorhergesehene Nebeneffekte erwiesen. Diese entstehen, weil die Mitarbeiter nach heimlichen Spielregeln handeln, und zwar vernünftig handeln nach Maßgabe dessen, was und wer für sie wichtig ist und wie sie ihre Ziele erreichen können.

Damit sind wir fast am Ende. Ausgehend von scheinbar unerklärlichen Verhaltensproblemen, sind wir bereits auf etwas gestoßen, womit man tatsächlich umgehen kann. Das letzte Glied in der Kette bildet die Verknüpfung der motivierenden, machtausübenden und handlungsauslösenden Kräfte mit den geschriebenen Gesetzen und Handlungen des Managements, die nicht zum Veränderungsvorhaben passen und letzten Endes alle Probleme verursachen. Wenn diese Verknüpfung gelingt, können wir die nötigen Schritte zur Bewältigung der Probleme einleiten.

Und wir sind damit schon weit. Die motivierenden, machtausübenden und handlungsauslösenden Kräfte *entsprechen ja bereits* der Auffassung der Mitarbeiter von den Auswirkungen aller geschriebenen Gesetze und Handlungen des Managements.

Die motivierenden Kräfte leiten sich aus der Politik und dem Verhalten der Führungsebene im Hinblick auf Dinge wie Gehalt, Arbeitsinhalte, Karrierewege, Status, Ausbildung, Einstellungskriterien und Kündigung ab. Sie stehen also in direkter Verbindung mit den spezifischen Instrumenten des Managements.

Die machtausübenden Kräfte haben zu tun mit Aufgabenbeschreibungen, Organisationsplänen, Rechten und Pflichten. Auch hier handelt es sich um spezifische Dinge, die sich klar dokumentieren lassen.

Die handlungsauslösenden Kräfte resultieren aus Leistungsmaßstäben, Zielvorgaben, Beurteilungen, Strategie. Auch hier durchaus faßliche Dinge.

Management durch Empathie

Manche Manager glauben, sie könnten die Auswirkungen heimlicher Spielregeln mit ihrer Intuition ausgleichen. Früher konnten die besten Manager das auch. Und außerdem verfügt doch jeder Topmanager, wie bereits erwähnt, über ein Gespür für die ungeschriebenen Gesetze. Weshalb soll das nun nicht mehr reichen?

Weil Intuition auf Erfahrung beruht und sich diese in jedem Fall aus der Vergangenheit speist. In Zeiten rasanter und oft umfassender Veränderungen, wie bei Restrukturierungen oder ökonomischen Verschiebungen, reicht die Intuition aus der Vergangenheit nicht mehr. Die unbeabsichtigten Nebeneffekte von Entscheidungen können sogar jeder Intuition zuwiderlaufen. Immer öfter höre ich von Topmanagern, daß ihnen »die Sache aus den Händen gleitet«. Sie können die Reaktionen ihres Unternehmens nicht mehr genau abschätzen.

Und noch viel dringlicher stellt sich dieses Problem einem Manager, der von außen kommend die Leitung eines Unternehmens übernimmt. Er sollte sich in jedem Fall folgende Fragen vorlegen und gewissenhaft beantworten:

»Kenne ich die heimlichen Spielregeln, und kann ich sie zum Vorteil des Unternehmens in meine Vorgehensweise einbeziehen? Verstehe ich die unsichtbaren Vorteile der bestehenden Verfahrensweisen, auch wenn sie noch so bürokratisch scheinen, so daß ich Veränderungen herbeiführen kann, ohne das Kind mit dem Bade auszuschütten? Oder will ich neue Gesetze festschreiben und das Risiko eingehen, daß ich negative Nebeneffekte auslöse und damit noch mehr Probleme und noch größeren Schaden heraufbeschwöre?«

Mein Rat an alle Manager lautet, sich zunächst einmal die volle Tragweite der heimlichen Spielregeln in ihrem Unternehmen klarzumachen. Heutzutage muß man als Führungskraft über weit größere Einsicht und Empathie verfügen, als sie intuitiv erreichbar sind. Zur Beherrschung einer neuen Realität bedarf es neuer Instrumente. Man muß lernen, die Welt mit den Augen anderer zu sehen. Riskieren wir einen Blick.

III. Die Wirklichkeit ist extrabreit

Neun Fenster auf die Welt

Wer die heute anstehenden Probleme erkennen und lösen will, der muß die heimlichen Spielregeln beherrschen. Nur so lassen sich Leistungshemmnisse vorhersehen, und nur so lassen sich deren wirkliche Ursachen feststellen und korrigieren. Und mit der Zeit sammelt man Erfahrungen und kann bestimmte Muster ausmachen.

Im Laufe meiner Arbeit habe ich Einblick in die verschiedensten Unternehmen erhalten und mich allmählich auf einige wiederkehrende Themen eingestellt. Diese entsprechen bestimmten Typen unbeabsichtigter negativer Nebeneffekte, die durch Konflikte zwischen Veränderungsbemühungen und vorhandenen motivierenden, machtausübenden und handlungsauslösenden Kräften verursacht worden sind.

Im folgenden möchte ich die neun häufigsten Typen von Nebeneffekten vorstellen, wie man sie in Unternehmen aller Größen und Branchen antreffen kann. Natürlich gibt es auch noch viele andere Arten von Nebenerscheinungen, aber ich beschränke mich hier auf die geläufigsten. Dies beeinträchtigt die logische Stimmigkeit genausowenig wie die Tatsache, daß die unendlichen Variationsmöglichkeiten im Detail hier unberücksichtigt bleiben müssen.

Die neun ausgewählten Nebeneffekte bilden nicht einfach eine Zufallsliste. Drei von ihnen entstehen aus einer Diskrepanz zwischen angestrebtem Wandel und vorhandenen motivierenden Kräften, drei aus einem Gegensatz zu machtausübenden Kräften und die letzten drei aus einem Konflikt mit handlungsauslösenden Kräften.

In der Praxis gibt es auch noch andere Nebeneffekte in Unternehmen, die von starken Gegensätzen zu zwei oder sogar allen drei Faktoren ausgelöst werden. Diesen Fällen wird in Übersicht 6 jedoch insofern Rechnung getragen, als sie sich in der Regel aus den neun hier näher erläuterten Nebeneffekten zusammensetzen.

Die Nebeneffekte folgen einer Struktur. Der erste Nebeneffekt entsteht, wenn von dem Innovationsprogramm ein schwächerer Druck auf die Unternehmensangehörigen ausgeht als von den vorhandenen heimlichen Spielregeln. Der zweite Nebeneffekt ergibt sich aus einem Gleichgewicht zwischen Veränderungsdruck und den alten Regeln. Die dritte Nebenerscheinung entsteht, wenn der von der neuen Initiative ausgeübte Zwang schwerer wiegt als die dagegenstehenden ungeschriebenen Gesetze.

Übersicht 6: Veränderungsinitiativen lösen neun Nebeneffekte aus

Wenn ein Innovations-programm im Gegensatz steht zu vorhandenen	motivierenden Kräften	machtausübenden Kräften	handlungsauslösenden Kräften
entstehen daraus ⟶	3 häufige Nebeneffekte	weitere 3 häufige Nebeneffekte	nochmals 3 häufige Nebeneffekte

Wenn ein Innovationsprogramm eingeführt wird, das (meist völlig unbeabsichtigt) in deutlichem Gegensatz zu wichtigen ungeschriebenen Gesetzen steht, dann hängt der dadurch ausgelöste Nebeneffekt im allgemeinen von dem Nachdruck ab, mit dem das Programm umgesetzt wird. Dies gilt gleichermaßen für Gegensätze zu motivierenden, machtausübenden und handlungsauslösenden Kräften.

Grob gesagt, ist die typische Reaktion auf schwachen Druck einer neuen Initiative Gleichgültigkeit: Die Mitarbeiter passen ihr Verhalten fast überhaupt nicht an. Hätte die Initiative nicht gegen ungeschriebene Gesetze verstoßen oder wären diese ohne große Bedeutung gewesen, dann wäre die Veränderung wahrscheinlich problemlos akzeptiert worden. Nach Lage der Dinge jedoch verläuft die Initiative im Sande. Dieser offensichtliche Nebeneffekt bleibt in der folgenden Liste unerwähnt. Wir gehen vielmehr davon aus, daß das Innovationsprogramm einen Anpassungszwang ausübt, der aufgrund seiner Stärke nicht einfach ignoriert werden kann.

Die Frage lautet angesichts des entstehenden Widerstands: Soll man, wie so viele Manager, seinem Instinkt folgen und die Initiative forcieren? Die Erhöhung des Drucks führt unweigerlich dazu, daß sich der Nebeneffekt verändert. Aus Gleichgültigkeit wird ein immer aktiverer Widerstand bis hin zum offenen Kampf. Der Widerstand wird also nicht gebrochen, sondern nur verstärkt.

Wenn man die Initiative jedoch mit allen Mitteln durchzusetzen sucht, dann *geht der Widerstand in den Untergrund.* Er verschwindet zwar, aber nur scheinbar. Die alten heimlichen Spielregeln wirken im verborgenen weiter. Das Innovationsprogramm kann nicht wirklich Fuß fassen, und das darin liegende Zukunftsrisiko kommt oft erst zum Vorschein, wenn es schon zu spät ist.

Übersicht 7: Widerstand gegen Veränderungen

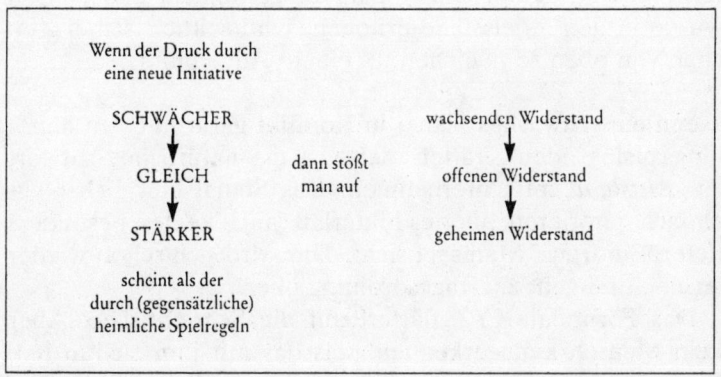

Die im Untergrund wirkenden Nebeneffekte, die man mit dem Durchpeitschen einer Initiative gegen ungeschriebene Gesetze auslöst, sind die gefährlichsten und schädlichsten. Wie ein Krebsgeschwür bleiben sie jahrelang unentdeckt, bis sich die Symptome nicht mehr kaschieren lassen. Doch eine Heilung ist dann in vielen Fällen nicht mehr möglich. Wie beim Krebs ist das beste Mittel eine frühzeitige Diagnose – und nicht das Ignorieren des Problems.

Vom Aufstand zur Anarchie

Im Jahre 1801 war Horatio Nelson der zweite Kommandant einer britischen Flotte vor Kopenhagen. Man bereitete sich darauf vor, die dänische Flotte zu attackieren. Kurz danach lagen die Engländer unter heftigem Beschuß von Ufergeschützen. Admiral Parker, der pragmatisch denkende Oberbefehlshaber, gab per Flaggensignal das Zeichen zur Einstellung der Kampfhandlungen. Nelson wurde an Bord seines Schiffs auf das Signal aufmerksam gemacht. Da er jedoch vom Erfolg seines Angriffs überzeugt war, hob er das Fernrohr an das Auge, das er einige Jahre vorher in einer Schlacht verloren hatte. »Ich kann kein solches Signal erkennen«, sagte er zu seinem ersten Offizier. »Wir kämpfen weiter.« Gesagt, getan. Die Engländer gewannen, und Nelson wurde in den Adelsstand erhoben. Und seither ist bei Zeichen von oben so mancher auf einem Auge blind.

Wenn ein schwaches Signal in Konflikt gerät mit den handlungsauslösenden Kräften, dann ist die natürliche Antwort ein *Aufstand* im Unternehmen. Das Signal läßt sich nicht einfach ignorieren, aber es hinterläßt auch keinen besonders tiefen Eindruck. Man sagt sich: »Das wird sich schon wieder legen«, und geht zur Tagesordnung über.

Das Formular XYZ flattert auf die Schreibtische. Aber kein Mensch kann erkennen, was das mit ihm zu tun hat. Nur wenige machen sich die Arbeit, es auszufüllen. Ein Memo erinnert die Manager daran, daß sie im Jahr mindestens an einem offiziellen Lehrgang teilnehmen müssen, um aufzurücken. Aber alle wissen, daß sie sich die Mühe sparen können. Das Erreichen von Projektzielen wird gemeldet, obwohl die Arbeiten noch nicht abgeschlossen sind. Wenn das Einkommen des einzelnen nur zu einem geringen Teil vom Unternehmensergebnis, zum größten Teil jedoch von seinen persönlichen Erfolgen abhängt, sehen sich nur wenige bemüßigt, sich mehr für das Unternehmen und weniger für die eigene Abteilung einzusetzen.

Wenn es in einem Unternehmen zu viele schwache handlungsauslösende Kräfte gibt, dann wird nichts mehr ernst genommen. Aus vereinzelten Aufständen wird Anarchie.

Von der Tarnung zur Lähmung

›Gleichgewicht‹ klingt doch eigentlich sehr schön. Aber im Falle gegensätzlicher handlungsauslösender Kräfte kommt es dem dritten Newtonschen Axiom gleich: »Jeder Aktion entspricht eine gleich große und entgegengesetzte Reaktion.« Wenn sich eine gegenläufige handlungsauslösende Kraft mit genügend Nachdruck Geltung verschafft, dann kann man sich nicht mehr einfach blind stellen. Was tun? Man spielt Verstecken, *Tarnung* ist angesagt. Die Experten für Camouflage sitzen oft in der Buchhaltung. Was unter banalen Budgetposten wie ›Sonstiges‹, ›Ausbildung‹ oder ›Beratung‹ daherkommt, wäre oft reif für eine Oscar-Nominierung. Und das ist noch gar nichts im Vergleich zu dem, was am Jahresende an Buchungstricks bewerkstelligt wird.

Aber Meister der Verschleierung findet man nicht nur in der Buchhaltung. Mir ist noch keine Unternehmensabteilung begegnet, die nicht solche Fähigkeiten gehabt hätte. Ich erinnere mich an einen Werksleiter, der danach beurteilt wurde, wie niedrig er den Lagerbestand hielt. Also wurde der Inhalt der Lagerhallen einmal im Monat in Lastwagen verladen, und der Konvoi fuhr in der Gegend herum. Und wenn die Revision vorbei war, wurde wieder alles zurückgebracht.

Anderswo werden durch eine Veränderung des als Projektbeginn definierten Zeitpunkts Vorlaufzeiten manipuliert; Leistungskriterien und Bezugsmarken werden so festgelegt, daß man immer gut abschneidet; der Marktanteil wird bei sorgsam ausgewählten Kundengruppen gemessen. Diese faszinierende Liste ließe sich endlos fortsetzen.

Und wie bei schwachen handlungsauslösenden Kräften ändert sich auch hier die Tragweite der Nebeneffekte, wenn es sich nicht nur um Einzelfälle handelt. Bei einer Vielzahl solcher gleich starker widersprüchlicher Kräfte spielen auf einmal alle Verstecken. Niemand begreift, was eigentlich los ist. Manchmal entstehen daraus hochkomplexe Bürokratien, um auf dem ›Amtsweg‹ Abhilfe zu schaffen. Immer mehr gegensätzliche handlungsauslösende Kräfte kommen ins Spiel, und sehr bald ist nicht einmal mehr theoretisch die Einführung einer neuen handlungsauslösenden Kraft denkbar, die nicht vielen der bereits vorhandenen zuwiderlaufen würde. Das Unternehmen bewegt sich auf einen Zustand völliger Lähmung zu. Ich kenne einige staatliche Organisationen, die bereits auf dem besten Wege dahin sind.

Von der Paranoia zur Panik

Mitunter wird eine gegensätzliche handlungsauslösende Kraft, wie zum Beispiel ein neuer Leistungsmaßstab, mit solcher Macht durchgesetzt, daß der daraus resultierende Konformitätsdruck stärker wird als der Gegendruck durch die bereits vorhandenen Kräfte.

Derlei findet man häufiger etwa in Finanzinstituten, in denen von oben die starke neue Parole ausgegeben wird: »Wir müssen alle kreativer sein und dürfen nicht immer auf Nummer Sicher gehen« – beispielsweise bei der Vergabe von Krediten. Doch dies geschieht oft vor dem Hintergrund einer überaus deutlichen handlungsauslösenden Kraft; »In diesem Institut wird man bestraft, wenn man einen Fehler macht« – manchmal mit dem Ruin der eigenen Karriere. Die natürliche Reaktion bleibt da nicht aus. Niemand kann die neue Botschaft überhören, und viele befürworten sie sogar, auch wenn sie ihr nicht vorbehaltlos folgen können. Wie die Laborratten, die einen elektrischen Schlag erhalten, gleich was sie auch tun, können die Mitarbeiter eines solchen Unternehmens nicht gewinnen. *Paranoia* macht sich breit. Man versteckt sich hinter Komiteestrukturen oder sorgt dafür, daß alles bis ins kleinste dokumentiert wird, um sich nach allen Seiten abzusichern. Darunter leidet die Produktivität, und im Unternehmen gibt es erste Anzeichen von Überlastung.

So etwas kann sich sehr leicht einschleichen. Ein Topmanager einer der erfolgreichsten Banken der USA, die den Dienst am Kunden als ihr vordringliches Ziel versteht, erzählte mir von einem solchen Fall von Paranoia in seinem Unternehmen. Den Kassierern wurde bereits nach dem zweiten Fehler in den Büchern gekündigt. Ergebnis: lange Schlangen vor den Schaltern, an denen sich die Kassierer gleichzeitig um Effizienz und Gewissenhaftigkeit bemühten.

Aber manchmal tauchen nach einem drastischen Stellenabbau, einer Übernahme oder einer Umbesetzung in der Führungsetage zu viele starke und gegensätzliche handlungsauslösende Kräfte auf, und die Paranoia schlägt in Panik um. Wie das Kaninchen vor der Schlange sehen die Mitarbeiter keinen Ausweg. Das ganze Unternehmen kommt zum Stillstand. Unter solchen Umständen können die heimlichen Spielregeln tödlich sein.

Von der Isolation zur Ohnmacht

Wir alle kennen Menschen, denen man eine klangvolle Funktion übertragen hat, die aber nur Verantwortung und keine Autorität mit sich bringt. Eine undankbare Aufgabe. Und eine nahezu unmögliche Aufgabe, wenn sie dem Diktat ungeschriebener Gesetze entgegensteht.

Dies ist das Schicksal einer neuen machtausübenden

Kraft, die den Mitarbeitern geben soll, was ihnen wichtig ist, und es in Wirklichkeit gar nicht kann. Unter solchen Voraussetzungen geht von den etablierten heimlichen Spielregeln nach aller Wahrscheinlichkeit ein sehr viel größerer Druck aus als von der neuen machtausübenden Kraft. Dabei muß man immer im Auge behalten, daß solche Kräfte nicht unbedingt Einzelpersonen sein müssen. Es kann sich dabei auch um ›alte Seilschaften‹ oder um eine Computertechnologie handeln.

Der unbeabsichtigte Nebeneffekt, den eine schwache machtausübende Kraft im Konflikt mit bestehenden Regeln auslöst, unterscheidet sich von dem, was wir im analogen Fall bei handlungsauslösenden Kräften festgestellt haben. Hier führt der Weg in die *Isolation*. Die neue machtausübende Kraft wird einfach übergangen oder ignoriert. Oft bleibt dem Betreffenden nur die negative Rolle eines Blockierers. Ein klassischer Fall sind Stabsleute in der Unternehmenszentrale. Der gleiche Nebeneffekt entsteht, wenn eine neue Technologie wie zum Beispiel Desktop-Computer eingeführt wird, ohne sie auf die Arbeitsweise der Belegschaft abzustimmen.

Auch hier ändert sich das Bild, wenn die schwache machtausübende Kraft kein Einzelfall bleibt. Wenn zu viele Leute keine wirkliche Macht haben, weil sie kein wesentlicher Bestandteil des Beziehungsnetzes zwischen motivierenden, machtausübenden und handlungsauslösenden Kräften sind, dann wird das ganze Unternehmen schwerfällig. Jeder möchte nur dem Boß vom Boß gefallen und sein eigenes Netzwerk zufriedenstellen. Dies führt zur völligen *Ohnmacht* des Unternehmens mit dem klassischen Symptom, daß »das eigentlich niemand allein entscheiden kann«. Wenn solch ein Unternehmen plötzlich auf unerwartete Veränderungen in der Branche reagieren muß, kann nur noch der Himmel helfen.

Vom Machtkampf zum Bürgerkrieg

»Was die Forschung und Entwicklung sich ausgedacht hat, kann die Produktion nicht realisieren, und im Verkauf heißt es jetzt, sie wollen sowieso was anderes«; »Mir egal, was sie gesagt hat, *ich* will es auf jeden Fall so haben«; »Hat vielleicht schon mal jemand dran gedacht, mich zu fragen?«; »Das fällt nicht in Ihr Ressort« oder »Nur nicht drängeln!«

Jeder kennt die Schauergeschichten von den Schlachten zwischen Personen oder ganzen Abteilungen und zwischen Gruppen wie dem ›Nachwuchs‹ und der ›alten Garde‹. Sie sind das klassische Symptom für gegensätzliche machtausübende Kräfte, die ungefähr gleichgewichtig sind. Die unmittelbare Folge ist ein *Machtkampf* im Unternehmen. Von allen unbeabsichtigten Nebeneffekten ist dies wohl der bekannteste, auch wenn in der Unternehmensrealität die Tarnung als Folge von Konflikten etwa gleich starker Kräfte sowie die vielfachen Auswirkungen von Konflikten zwischen starken und schwächeren Kräften eine sehr viel größere Rolle spielen.

Machtkämpfe können oft sehr viel subtiler sein als ein bloßes Aufeinanderprallen unterschiedlicher Absichten. Schließlich sind sie ja das Resultat unterschiedlicher Interessen und Positionen der gegensätzlichen machtausübenden Kräfte. Und oft ist der Machtkampf sogar institutionalisiert. Als Folge der Einführung von Matrixorganisationen in den siebziger Jahren leiden viele multinationale Konzerne an diesem Syndrom. Dort heißt das ungeschriebene Gesetz: »Zufrieden muß *der* Chef sein, den man sich *ausgesucht* hat.« Das gleiche Phänomen läßt sich beobachten an der Kluft zwischen Funktionsbereichen und funktionsübergreifenden Unternehmensprozessen, zwischen technischen Experten und Linienmanagern oder zwischen lokalen und unternehmensweiten Informationssystemen.

Noch weit komplexere Machtkämpfe entstehen, wenn viele machtausübende Kräfte gleichzeitig involviert sind, wie zum Beispiel in einem Forschungslabor, in dem die Kollegen über die Arbeit des einzelnen befinden, oder in einem Unternehmen mit vielen gleichrangigen Managern, die alle mit ihrem Veto ein Budget zu Fall bringen können. Hier muß man gute Beziehungen zu sehr vielen Personen pflegen, von denen jede bewußt oder unbewußt in eine ganz andere Richtung steuern kann.

Nimmt der Machtkampf aufgrund unklarer Rollenverteilung oder unterschiedlicher Führungsstile ein extremes Ausmaß an, schlägt er in einen *Bürgerkrieg* um. Jetzt kämpft das Unternehmen mehr mit sich selbst als mit der Konkurrenz. Und was dann passiert, kann sich jeder ausrechnen.

Von der Verschwörung zum Verrat

Der Machtkampf in einem Unternehmen ist nicht damit erledigt, daß sich ein ›Dickschädel‹ gegen den anderen durchsetzt. Der Konflikt wird nur hinterhältiger, gefährlicher und schädlicher.

Dort, wo sich eine neue machtausübende Kraft gegen den erbitterten Widerstand vorhandener Kräfte durchsetzen will, kommt es im Unternehmen zu einer *Verschwörung*. Typische Fälle sind: Es wird einem jemand vor die Nase gesetzt, gegen den man eine starke Antipathie hegt; ein Unternehmen übernimmt ein anderes in feindseliger Atmosphäre; ein Informationssystem wird von oben verordnet; der Vorstandsvorsitzende hält zwei zerstrittene Abteilungsleiter zur Kooperation an; oder ein Unternehmensleiter verlangt von seinen unmittelbaren Untergebenen etwas, das ihrer Überzeugung widerspricht.

Unter diesen Umständen wäre ein offener Kampf zwecklos. Also greift man zum Dolch. Und wehe dem, der so unvorsichtig ist, dem anderen den Rücken zuzukehren. Oder aber man zeigt sich illoyal, weil man etwas anderes macht, als man sagt. Mitunter bleiben alle sehr höflich, verhalten sich aber im Grunde nicht anders als der Ladenverkäufer gegenüber einem unliebsamen Kunden (auch wenn dessen Beschwerde zur Kündigung führen kann): »Tut mir wirklich leid, mein Herr, aber die Vorschriften unseres Hauses sind in diesem Punkt sehr streng. Mir sind die Hände gebunden. Guten Tag.«

In manchen Unternehmen sind Verschwörungen kein Einzelphänomen. Machtkämpfe im Untergrund gehören zum Alltag, und im gesamten Unternehmen liegen machtausübende Kräfte im Widerstreit. Verschwörung mündet in *Verrat* und zersetzt das gegenseitige Vertrauen. Persönliche Angriffe hinter dem Rücken des Betroffenen sind die Norm, und ›anonyme Hinweise‹ können seine Aufstiegschancen zunichte machen, ohne daß er überhaupt etwas davon erfährt. Erstaunlicherweise geschieht so etwas auch in sehr angesehenen Betrieben.

Vom Lippenbekenntnis zum Zynismus

Für die Betrachtung von Konflikten zwischen motivierenden Kräften kehren wir zu den Grundlagen zurück. Wir sprechen von dem, was den Menschen wichtig ist: was sie als Belohnung oder Bestrafung verstehen. Machtausübende und handlungsauslösende Kräfte erhalten erst durch ihre Verknüpfung mit motivierenden Kräften einen Sinn. Aber schon diese bilden einen vielschichtigen Zusammenhang. Nehmen wir jemanden, der eine interessante Arbeit anstrebt und dabei auch noch gut verdienen will. Zu diesem Zweck muß er natürlich seinen Arbeitsplatz behalten und vielleicht rasch aufsteigen. Dies wären also untergeordnete motivierende Kräfte.

Wenn ein Unternehmen neue motivierende Kräfte fördert oder sich um Veränderungen bemüht, die sich auf gültige Kräfte auswirken, entsteht ein großes Konfliktpotential. Vergleichsweise schwache Versuche, ein Bewußtsein für Qualität, Teamarbeit, funktionsübergreifende Kooperation, für eine Bündelung der Kräfte oder Umweltfragen zu wecken, laufen Gefahr, daß sie nicht den für die Mehrheit wichtigen Dingen entsprechen. *Lippenbekenntnisse* werden zur Regel. Nach außen hin stimmt man den Veränderungen zu. Vielleicht sogar intellektuell. Aber im Alltag spielen sie keine Rolle und passen nicht zu den vorhandenen heimlichen Spielregeln.

Wenn zu viele Leute zu oft Lippenbekenntnisse ablegen, verfällt das Unternehmen in allgemeinen Zynismus. Die Manager folgen der Devise »Laß Worte sprechen, nicht Taten« und gießen damit Öl ins Feuer. Die allgemeine Frustration wächst, weil immer wieder Versuche zur Einführung neuer motivierender Kräfte unternommen werden, die nicht mit den bestehenden machtausübenden und handlungsauslösenden Kräften harmonieren und deshalb zum Scheitern verurteilt sind. Die Mitarbeiter messen die neue Initiative intuitiv an den gültigen heimlichen Spielregeln und stellen fest: »Das haut nicht hin!« Und recht haben sie.

Von der Subversion zur Schizophrenie

Ich weiß nicht mehr, wie viele Strategiepapiere von Vorstandsvorsitzenden ich schon gelesen habe, die sie mir voller Stolz als das Resultat eines Wochenendseminars in Malibu vorgelegt haben. Manche sind wirklich gut. Aber die meisten sehen ungefähr so aus: »Wir werden zum führenden Unternehmen in unserer Branche. Wir werden unsere Kunden mit Produkten von höchster Qualität zufriedenstellen und gleichzeitig unseren Mitarbeitern eine Beschäftigung bieten, die sie erfüllt. Dabei werden wir attraktive Renditen für unsere Investoren erzielen. Wir werden uns als verantwortliche Mitglieder unserer Gemeinschaft verstehen und umweltschädliches Verhalten vermeiden.« Manchmal, wenn auch nicht immer, folgt noch der Satz: »Besonders nett wollen wir zu alten Damen und kleinen Tieren sein.«

Solche Papiere bedeuten nichts. Sie klingen gut, aber in der Praxis stehen sie wahrscheinlich in krassem Widerspruch zu heimlichen Spielregeln, die motivierende Kräfte wie Macht, Individualismus und Status betonen. Wenn diese hochfliegenden Zukunftsvisionen nicht sehr sorgfältig auf bestehende Kräfte und ungeschriebene Gesetze eingehen, sind sie nur ›viel Lärm um nichts‹.

Probleme entstehen, wenn diese Zukunftsvisionen durchgesetzt werden sollen. Dann bleibt den Beschäftigten nur noch die *Subversion.* Man spricht von der großen Bedeutung der Personalcomputer, setzt sich aber in Wirklichkeit für das prestigeträchtigere Großrechnerprojekt ein. Die Rede ist von allmählichen Verbesserungen, aber profilieren kann man sich eigentlich nur durch große Entwicklungssprünge. Die Manager bekennen sich zur Vertiefung von Fachkenntnissen, wechseln aber ständig die Position.

Wenn zu viele gleich starke motivierende Kräfte gegeneinander arbeiten, erkrankt das Unternehmen an *Schizophrenie.* Die Menschen sind hin- und hergerissen zwischen widersprüchlichen Werten. Sie wollen Forschungsspezialisten bleiben, bekommen aber nur dann interessantere Arbeit, wenn sie allgemeine Kenntnisse erwerben. Sie glauben an die Vorteile des Delegierens von Befugnissen, möchten aber das Gefühl unmittelbarer Zuständigkeit nicht missen. Sie sind ehrgeizig, streben mit ihrer jungen Familie aber auch nach mehr Lebensqualität. Es kann nicht verwundern, wenn unter dieser Zerrissenheit die Leistungen leiden.

Von der Sabotage zum Selbstmord

Von allen Nebeneffekten naiver Innovationsbemühungen in einem Unternehmen sind die im folgenden beschriebenen die schmerzlichsten und unverzeihlichsten. Es gibt nichts Schlimmeres. Besonders deprimierende Gespräche mußte ich in meiner Arbeit mit Menschen aus Unternehmen führen, in denen Veränderungen unter offenkundiger Mißachtung ihrer wirklichen motivierenden Kräfte durchgedrückt wurden. Natürlich läßt es sich bei einem massiven Personalabbau oder einer geschäftlichen Neuorientierung kaum vermeiden, den Leuten weh zu tun. Und vielfach greifen die Verantwortlichen einer Neugestaltung auf ein altes Sprichwort zurück: »Wo gehobelt wird, da fallen Späne.« Steht das Bemühen um Wandel jedoch in eklatantem Gegensatz zu den motivierenden Kräften, dann kommt es im Unternehmen zur *Sabotage*. Unter Zwang ändern die Menschen ihre Werte nicht. Letztlich erreicht man damit nur, daß der Widerstand in den Untergrund geht.

Die Mitarbeiter sehen es so, daß ihr moralischer Vertrag mit dem Unternehmen verletzt worden ist. Also warten sie auf ihre Chance. Sobald sich auf dem Stellenmarkt eine Möglichkeit ergibt, kündigen die Besten, und zwar scharenweise. Was bleibt, ist der Durchschnitt. Und der schaut nur noch auf die eigenen Interessen: »Recht geschieht es dem Vorstand«, wenn sein Innovationstraum zerplatzt wie eine Seifenblase.

Kein Unternehmen kann lange überleben, wenn es von innen untergraben wird. Wird die Kluft zwischen ausgesprochenen und wirklichen motivierenden Kräften zu groß, dann läßt sie sich nicht mehr überbrücken. Falls der Führungsriege kein Ausweg einfällt, schlittert das Unternehmen unweigerlich auf den Abgrund zu. Es begeht gemeinschaftlichen *Selbstmord*. Die meisten Mitarbeiter werden ihrem Arbeitsplatz und den guten alten Zeiten nachweinen. Aber auf die Zeit der Tyrannei vor dem Ableben des Unternehmens hätten sie ohne weiteres verzichten können.

IV. Der Weg zum Pragmatismus

Den Bogen nicht überspannen

Frage: Wer ist schuld, wenn die Leute ein solch unprofessionelles Verhalten an den Tag legen?

Antwort: Niemand.

Der springende Punkt an den heimlichen Spielregeln ist doch, daß die meisten Menschen unter ähnlichen Umständen genauso handeln würden. Sie folgen diesen ungeschriebenen Gesetzen, weil es ihnen vernünftig erscheint. Natürlich werden nicht alle Leute von denselben motivierenden Kräften angetrieben, und deshalb fallen auch die Interpretationen der heimlichen Spielregeln verschieden aus. Aber auch hier kann von Schuld keine Rede sein.

Die Analyse ungeschriebener Gesetze und die Aufdeckung unerfreulicher Nebeneffekte wollen also nicht fehlende Professionalität anprangern und beheben, sondern ein Schlaglicht auf den Selbstbetrug werfen, der den bestehenden geschriebenen Gesetzen innewohnt. Der Konfliktstoff ist freilich alles andere als offenkundig. Er entsteht aus Grundsätzen, Verfahrensweisen und Handlungen des Managements, die in keinem ersichtlichen Zusammenhang stehen. Um die Verbindungslinien nachzuvollziehen, reicht die bloße Intuition oft nicht mehr aus. Ohne Hilfe beißt sich hier selbst der intelligenteste und einfühlsamste Manager die Zähne aus. Auch ihn kann man für die Misere nicht verantwortlich machen.

Bei Führungskräften, die durch erzwungene Veränderungen Probleme und Zukunftsrisiken heraufbeschwören, sollte man nicht von Schuld sprechen, denn sie verursachen den

Schaden ja nicht wissentlich. Bisher ist mir noch kein Vorstandsvorsitzender begegnet, der die Folgen eines Innovationsvorhabens hätte absehen, der die Gefahren einer um jeden Preis durchgesetzten Neuerungsinitiative hätte erkennen können (siehe Übersicht 8).

Übersicht 8: Mögliche Folgen einer Veränderungsinitiative

Wahrgenommener Druck durch neue Initiative im Vergleich zu gültigen ungeschriebenen Gesetzen	NEBENEFFEKTE VON KONFLIKTEN		
SCHWÄCHER	Lippenbekenntnisse ZYNISMUS	Isolation OHNMACHT	Aufstand ANARCHIE
AUSGEGLICHEN	Selbsttäuschung SCHIZOPHRENIE	Machtkampf BÜRGERKRIEG	Tarnung LÄHMUNG
STÄRKER	Sabotage SELBSTMORD	Verschwörung VERRAT	Paranoia PANIK
	MOTIVIERENDE Kräfte	MACHTAUSÜBENDE Kräfte	HANDLUNGSAUSLÖSENDE Kräfte

Aber hier endet die Schuldlosigkeit.

Wenn Manager die Zusammenhänge durchschauen, wenn sie die Konsequenzen einer rücksichtslosen Durchsetzung eigener Vorhaben kennen, wenn sie wissen, welche Leistungshemmnisse und welches Trauma sie dem Unternehmen bescheren, und einfach weitermachen, obgleich sie ihr Ziel nicht erreichen – dann tragen sie die alleinige Schuld. Ihre mutwillige Nachlässigkeit ist ein Mißbrauch eigener Machtfülle.

Aus diesem Grund bezeichne ich ihr Verhalten als Macho-Lemming-Syndrom. Deshalb lasse ich an herrischen und gefühllosen Managern kein gutes Haar. Deshalb erscheinen mir jene Manager besonders erbärmlich, die mir erzählen, daß man den Leuten manchmal einfach sagen muß, was sie zu tun haben, ohne seine Zeit mit Diskussionen zu verschwenden, und dann die unerfreuliche Nachricht per Memo an den Betroffenen weitergeben, weil sie Angst vor einem persönlichen Gespräch haben. Und deshalb würde ich ihnen oft gern ins Gesicht sagen: »Wenn Sie Gefühle nicht ertragen, dann sollten Sie Platz machen für Leute, die mehr Sympathie für andere aufbringen.«

Den Ausschlag für die Ablehnung eines solchen Führungsstils geben jedoch nicht die daraus resultierenden überflüssigen Belastungen für das Unternehmen und seine Angehörigen; obwohl dies in einer idealen Welt schon Grund genug wäre. Der eigentliche Anstoß für die Wahl eines anderen Wegs liegt darin, daß dieser Ansatz *nicht mehr funktioniert.* Angesichts des ständigen rasanten Wandels und der Notwendigkeit großer Flexibilität und konstanter Anpassung bleibt keine Zeit mehr für unbeabsichtigte negative Nebeneffekte.

In der Vergangenheit konnte man Veränderungen durchsetzen und dann abwarten, bis sich die entstandenen Spannungen wieder legten. Manche kündigten. Andere änderten allmählich ihre Einstellung. Langsam durchschaute man die Konflikte zwischen spezifischen Grundsätzen und Verfahren und behob sie. Aber diesen Luxus können wir uns nicht mehr leisten. Wir steuern nicht auf stabile Zeiten zu, sondern auf immer neue Wellen von Veränderungen. Und in dieser Situation führt der alte Führungsstil nur zu immer neuen Wellen unbeabsichtigter Nebeneffekte. Diese verbinden und verstärken sich mit verschiedener Geschwindigkeit in den einzelnen Teilen des Unternehmens, lösen weitere Nebeneffekte aus, und diese wieder neue, bis die Lage völlig unüberschaubar wird. Genau das haben wir in Unternehmen festgestellt, die nach eigenen Angaben an ›Veränderungsmüdigkeit‹ leiden. Diese rührt einfach von einer Übersättigung durch unbewältigte Nebeneffekte her.

Es gilt also, den Knoten zu entwirren. Dazu braucht es freilich mehr als nur die Fähigkeit, den Typus der Nebeneffekte im eigenen Unternehmen zu erkennen. Man muß genau verstehen, wodurch sie verursacht werden, um die Leistungsbarrieren durchbrechen zu können.

Barrieren durchbrechen

Ziehen wir ein kurzes Resümee.

Auf der ganzen Welt verbreitet sich ein neuer Managementansatz. Dabei geht es in erster Linie um eine Leistungssteigerung durch Veränderungen im Verhalten der Mitarbeiter. Doch nur die wenigsten Manager fühlen sich hier in ihrem Element; sie sind auf der Suche nach einem neuen Führungsinstrument.

Dieses besteht in der Fähigkeit, die heimlichen Spielregeln im eigenen Unternehmen zu verstehen und, wenn nötig, auch zu verändern. Handlungen des Managements und Modifikationen der geschriebenen Gesetze – hinsichtlich Strategie, Verfahren, Ressourcen und Organisation – wirken sich nicht direkt auf die Leistungen aus. Die Mitarbeiter interpretieren sie im Lichte sehr verschiedener Faktoren, wie national und regional geprägter Erwartungen, des ökonomischen Klimas, der Verwaltungsvorschriften, der Gesetzgebung, privater Interessen und bereits bestehender ungeschriebener Gesetze.

Daraus spinnt sich ein Netz heimlicher Spielregeln, das direkt das Verhalten der Mitarbeiter und damit auch deren Leistungskraft bestimmt. Für innovationswillige Manager bilden diese verborgenen Regeln, die Verbesserungen fördern oder behindern können, den Schlüssel zum Erfolg. Beherrschung der heimlichen Spielregeln heißt also das neue Führungsinstrument, mit dessen Hilfe der neue Manager Leistungsbarrieren durchbrechen kann.

Die meisten Mitarbeiter erlernen die ungeschriebenen Gesetze nicht bewußt, sie nehmen sie einfach auf. Aber das heißt nicht, daß man sie nicht auf unzweideutige Weise analysieren und erfassen kann.

Auf den ersten Blick scheinen die heimlichen Spielregeln das erwünschte Verhalten oft zu fördern. Häufig jedoch gerät bei der Übersetzung etwas durcheinander, und in Wirklichkeit lösen die ungeschriebenen Gesetze unbeabsichtigte Nebeneffekte und Konflikte aus, die sich zu Leistungshemmnissen auswachsen. So kann zum Beispiel die Notwendigkeit individueller Profilierung Nachteile für die Teamarbeit mit sich bringen oder der Zwang zu häufigem Stellenwechsel eine chronisch kurzfristige Orientierung fördern.

Wie kann man dem eigenen Unternehmen den Spiegel vorhalten und seine heimlichen Spielregeln aufdecken und erfassen?

Der Leitfaden am Ende dieses Buches stellt eine Technik zur Auswertung heimlicher Spielregeln vor, die sich seit den späten achtziger Jahren bewährt hat und von vielen Managern auch selbständig angewandt worden ist. Die Methode ist darauf ausgelegt, die *für spezifische Unternehmensfragen maßgeblichen* ungeschriebenen Gesetze an die Oberfläche zu bringen. Nicht geleistet wird damit also die Aufdeckung aller heimlichen Spielregeln. Doch das ist auch gar nicht nötig.

Aber wie lassen sich speziell jene Problembereiche erkennen, für die eine Auswertung ungeschriebener Gesetze Bedeutung hat? Oft besteht zwischen den Schwierigkeiten und den heimlichen Spielregeln gar kein offensichtlicher Zusammenhang. Die Relevanz ungeschriebener Gesetze erweist sich meist viel eher bei Fragen nach dem Prozeß: »Weshalb wissen wir eigentlich nie, in welche Richtung sich der Markt entwickelt?« oder »Wie können wir unser Gespür für den Puls des Marktes verbessern?« Eine direkte Inhaltsfrage wie »In welche Richtung entwickelt sich der Markt?« dagegen dürfte hier sehr viel weniger Brauchbares zutage fördern.

Der notwendige Aufwand für eine Auswertung hängt davon ab, mit wie vielen verschiedenen Komplexen heimlicher Spielregeln man es zu tun hat. In einem Unternehmen mit einem weitverzweigten Netz sehr verschiedener ungeschriebener Gesetze könnte man anhand der Methode gleichzeitig die Regeln vieler oder sogar aller Gruppen erfassen. Das dauert allerdings Wochen, wenn nicht Monate. Oft bietet sich als praktische Alternative eine Piloterhebung bei einer Gruppe an, die im großen und ganzen den gleichen heimlichen Spielregeln folgt. In solch einer Gruppe kann man die für spezifische Unternehmensfragen entscheidenden Regeln binnen fünf Tagen herausfinden.

Wie bereits an anderer Stelle erläutert, gilt es hier vor allem drei Fragen zu beantworten:

1. Welches sind die motivierenden Kräfte und die entsprechenden heimlichen Spielregeln? *(Was* ist für die Leute wichtig, und wie verhalten sie sich demzufolge?)
2. Welches sind die machtausübenden Kräfte und die entsprechenden heimlichen Spielregeln? *(Wer* ist, ausgehend von den motivierenden Kräften, wichtig für die Leute, und wie verhalten sie sich demzufolge?)
3. Welches sind die handlungsauslösenden Kräfte und die entsprechenden heimlichen Spielregeln? *(Wie* werden die Leute, ausgehend von den motivierenden und machtausübenden Kräften, beurteilt, und wie verhalten sie sich demzufolge?)

Die Antworten auf diese Fragen weisen auf die heimlichen Spielregeln eines Umfelds samt leistungshemmenden Konsequenzen für das Verhalten.

Freilich stellen sich nur die wenigsten Angehörigen eines Unternehmens diese drei Fragen, wenn sie über ihr Verhalten nachdenken. Und wenn doch, dann würden sie sich zu heiklen Punkten bestimmt nur sehr ungern äußern, besonders gegenüber Kollegen. Das liegt oft daran, daß sie nicht berechnend erscheinen möchten.

Die hier vorgeschlagene Form einer Ausweitung ungeschriebener Gesetze soll die Gesprächspartner zu offenen

Äußerungen bewegen und gleichzeitig einen Leitfaden zu deren Strukturierung an die Hand geben. Ein wenig ist das vielleicht so, als würde man ein Unternehmen auf die Couch eines Psychoanalytikers bitten.

Bitte legen Sie sich auf die Couch

Die Erfassung heimlicher Spielregeln erfolgt mit Hilfe einer sorgfältig abgestimmten Sequenz von zweistündigen Interviews, die in dem Leitfaden am Ende dieses Buches en detail vorgestellt wird. Aber wen soll man befragen? Welche Kombination erlaubt eine möglichst kleine Anzahl von Interviews und kann das Ausmaß an Störungen gering halten? Bei meinen ersten Versuchen mit dieser Methode hielt ich einen diagonalen Querschnitt des Unternehmens für ideal. Doch zusammen mit meinen Kollegen mußte ich schon bald einsehen, daß sich daraus die Notwendigkeit weiterer Interviews ergab, um die abweichenden Perspektiven der einzelnen Hierarchiestufen zu entwirren.

Falls keine schwerwiegenden Hinweise dagegen sprechen, ist nach unseren Erfahrungen die reichste Quelle für brauchbare Daten ein horizontaler Querschnitt des mittleren Managements. Seine Angehörigen fühlen sich oft als Spielball entgegengesetzter Zwänge und müssen die heimlichen Spielregeln kennen und befolgen. In ihren Äußerungen finden die Widersprüche der geschriebenen Gesetze, Managementmaßnahmen und Innovationsanstrengungen meist den stärksten Niederschlag.

Im Idealfall sollte das Interview von einem Gesprächsleiter und einem Assistenten geführt werden. Nur bei sehr heiklen Themen ist ein einziger Gesprächsführer vorzuziehen. Doch wer soll diese Interviews nun führen? Kann man die heimlichen Spielregeln im eigenen Unternehmen aufdecken? Oder muß man in jedem Fall Außenstehende hinzuziehen? Ich persönlich erhielt die Antwort auf diese Fragen, als ich mich vor mehreren Jahren mit Händen und Füßen gegen die Teilnahme an der Analyse ungeschriebener Gesetze für einen größeren Klienten von Arthur D. Little wehrte. Der Auftraggeber bestand auf der Anwesenheit eines seiner Mitarbeiter bei jedem Interview, um die Aussagen der Befragten zu bestätigen oder zu widerlegen. Dieser ›Spion‹ sollte nicht nur aus demselben Unternehmen, sondern sogar aus demselben Geschäftsbereich stammen wie der Befragte. Ich prophezeite ein Fiasko. Ich sprach von Verschleierung, von ›Big Brother‹, von Zeitverschwendung – ohne Erfolg. Wider besseres Wissen ließ ich mich für die Durchführung einer Pilotauswertung auf die Zusammenarbeit mit einem Unternehmensangehörigen ein.

Wenn mir aber schon die Hände gebunden waren, sollten sie wenigstens nicht hinter dem Rücken verschnürt sein. Also beharrte ich darauf, mir meinen Partner selbst auszusuchen. Ich hatte die Wahl zwischen zwei Leuten. Nach langem Grübeln entschied ich mich für einen Angehörigen der Arbeitsgruppe Innovationsmanagement des betreffenden Geschäftsbereichs. Dank einer Neuansetzung des Interviewtermins in letzter Minute mußte ich die vorgesehene Einführung abkürzen. Wir hatten ungefähr zwei Minuten. Ich griff zu einer meiner weniger wortreichen Anleitungen: »Am besten setzen Sie sich einfach hin, sagen gar nichts und schreiben möglichst viel mit.« Da ich nicht wußte, ob damit schon ein tiefgehendes Vertrauen hergestellt war, fügte ich mit einem aufmunternden Lächeln hinzu: »Das schaffen Sie schon!« Eine Minute später betraten wir das Büro unseres ersten Gesprächspartners.

Es war ein Riesenerfolg. Nicht nur das erste Interview lief gut, sondern auch alle anderen. Die Befragten tauten schnell auf und gaben wunderbare Einsichten über die Arbeitsweise des Unternehmens zum besten. Nach jedem Gespräch konnte mein freundlicher Spion Einzelheiten ergänzen und so besondere Tendenzen und Launen erklären, die sich im Laufe des Interviews gezeigt hatten. Jeder Befragte erhielt die Zusicherung, daß keine seiner Aussagen bei Rücksprachen mit der Unternehmensspitze mit seinem Namen in Verbindung gebracht würde. Niemand hielt mit seinen Ansichten hinter dem Berg. Die Tatsache, daß sie mit einem Kollegen ohne Furcht vor Sanktionen und frei von der Leber weg sprechen konnten, schien die Befragten sogar noch anzuspornen. Und mein Interviewassistent erwies sich schon bald als großes Plus statt als Klotz am Bein.

Seither habe ich nur noch selten eine Auswertung heimlicher Spielregeln vorgenommen, ohne mich auf die Hilfe eines Unternehmensangehörigen zu stützen, der entweder als Assistent oder, nach entsprechender Ausbildung, auch als Gesprächsführer fungierte. Im Lauf der Jahre verdichtete sich diese Erfahrung für mich und meine Kollegen zu der Regel, daß ein oder beide Interviewer aus dem betreffenden Unternehmen stammen können, *vorausgesetzt, daß man nicht mit einer Einschüchterung der Befragten zu rechnen hat.* Die Beteiligung von Insidern führt zum einen zu einer bereitwilligeren Identifikation mit den Ergebnissen und zum anderen zu mehr Möglichkeiten für eine Übertragung positiver Fähigkeiten auf das gesamte Unternehmen. Natürlich eignet sich nicht jeder Beliebige. Wenn man sich hoffnungslos verzerrte Ergebnisse ersparen möchte, sollte man die Interviewer aus dem Unternehmen sehr gewissenhaft aussuchen.

Auch wenn man zunächst vielleicht Angst hat, den Wald vor lauter Bäumen nicht zu sehen, ist die Auswertung einer solchen Erhebung ungeschriebener Gesetze gar nicht so schwer. In den späten achtziger Jahren nahmen wir bei Arthur D. Little selbst solche Überprüfungen vor. Die ersten wurden von mir durchgeführt. Es gab keine Probleme, obwohl ich dem Unternehmen angehörte. Aber, so sagten wir uns, ich verfügte ja wohl auch über eine gewisse Kompetenz auf dem Gebiet. Die nächste Testreihe veranstalteten einige meiner Kollegen. Auch hier: keine Probleme. Und als schließlich ein bedeutender Klient mit Interviewern aus den eigenen Reihen eine vollauf zufriedenstellende Auswertung vornahm, gaben wir uns geschlagen: Externe Berater waren offensichtlich keine unabdingbare Voraussetzung für die Aufdeckung heimlicher Spielregeln.

Tatsächlich kann in den meisten Unternehmen eine erste Untersuchung ungeschriebener Gesetze von den eigenen Mitarbeitern übernommen werden. Externe Unterstützung mag durchaus hilfreich sein, um die Befragten zur Offenheit zu bewegen, um Vergleichsmöglichkeiten mit anderen Auswertungen zu haben oder um geeignete Veränderungsmaßnahmen zu finden. Aber ehe man den Arzt ruft, sollte man es zunächst einmal mit einer Hausdiagnose probieren. Denn wenn erst die Wurzel des Übels erkannt ist, dann liegt das Heilmittel vielleicht schon auf der Hand.

Detaillierte Anweisungen zur konkreten Auswertung heimlicher Spielregeln finden sich im Leitfaden am Ende des Buches. In einem Notfall nahm einer meiner Kollegen unserer Niederlassung in Houston ein Konzept dieses Führers mit nach Argentinien und führte – ohne weitere Einweisung und auf spanisch – eine überaus erfolgreiche Überprüfung ungeschriebener Gesetze durch. Und eine härtere Nagelprobe läßt sich wohl kaum denken.

Gewappnet mit dieser Methode, kann man das Material zusammentragen, um die Notwendigkeit konkreter Veränderungen zu untermauern. Man kann die problematischen Regeln finden und sie auch durchbrechen. Man kann in eine neue Rolle schlüpfen – in die des KETZERS.

V. Ketzer kennen kein Gesetz

K etzer

Ein Ketzer, der die Gesetze durchbrechen will, muß sie erst einmal verstehen. Und der einzige praktische Grund für eine Analyse heimlicher Spielregeln besteht darin, die Erkenntnisse für die Veränderung einiger Regeln und damit für eine Leistungssteigerung zu nutzen. Nur unter diesem Blickwinkel sollte sich das Management über die Resultate einer solchen Überprüfung unterhalten. Hier möchte ich allerdings eine Warnung aussprechen. Nicht jeder kann das Fazit der Auswertung ohne weiteres akzeptieren. Bevor man sich damit abfindet, durchläuft man erst einmal mehrere Reaktionen. Diesen Prozeß nennt einer unserer multinationalen Klienten gerne ›Sarah‹.

Wie nett, dachte ich, ein Veränderungsprozeß mit einem Namen. Erst nach einigen Monaten erfuhr ich, daß sich hinter Sarah ein Akronym verbirgt: Schock, Aufgebrachtheit, Renitenz, Akzeptanz und Hoffnung. Schön gesagt, und ziemlich treffend.

Auf jeden Fall sollte man den Betroffenen zwischen der Darlegung der Ergebnisse und einer Diskussion über die nächsten Schritte eine dreitägige Gnadenfrist einräumen. In der Erörterung muß dann zunächst geklärt werden, ob man das Material einhellig für ausreichend hält, um Veränderungsvorschläge zu machen. Man sollte sich, falls nötig, auf die Analyse anderer Gruppen im Unternehmen oder auf die Suche nach weiteren Hürden oder Katalysatoren für die Leistungsfähigkeit einigen. Darüber hinaus sollte man auch darüber nachdenken, ob Vermutungen über Schäden durch Nebeneffekte auch den tatsächlichen Gegebenheiten entsprechen. Zum Beispiel können die Mitarbeiter zu Unrecht

67

der Ansicht sein, daß unter einem mehr nach innen gerichteten Kurs des Unternehmens das Ansehen des Kundendienstes leidet.

Wenn keine zusätzlichen Untersuchungen nötig scheinen, folgt als nächstes ein Workshop für das leitende Management. Mit folgender Tagesordnung:

Workshop für das leitende Management

1. Aufstellen einer Prioritätenliste erkannter Geschäftsrisiken oder -potentiale durch Nebeneffekte, wie sie die Analyse ungeschriebener Gesetze herausgearbeitet hat.

2. Einigung auf das – im Gegensatz zum aktuellen – erwünschte Verhalten.

3. Abklären von Kausalketten zwischen offiziellen und heimlichen Spielregeln sowie ihren Nebeneffekten, um zu geeigneten Veränderungen der geschriebenen Gesetze zu finden.

Mit diesen drei harmlos wirkenden Punkten kann man sich einen ganzen Tag lang beschäftigen. Der erste stellt einen notwendigen Filter dar. Auch wenn sich die Interviewer ihrem eigenen Urteil folgend wahrscheinlich schon auf die wichtigeren Nebeneffekte konzentriert haben, sind es vielleicht immer noch zu viele. Und nicht alle negativen Nebeneffekte sind gleichermaßen schwerwiegend. Einige kann man vielleicht sogar hinnehmen. Andere wiederum sind unter Umständen für sich genommen akzeptabel und werden erst zusammen mit anderen gefährlich.

Risiken und Potentiale müssen nach ihrem Gewicht aufgelistet werden. Nicht jeder mögliche negative Nebeneffekt muß unbedingt behoben werden. Jedes Unternehmen verträgt ein bestimmtes Ausmaß an Konflikten. Möglicherweise hilft der klassische Pareto-Ansatz zur Ermittlung jener

20 Prozent von Nebeneffekten, die 80 Prozent des Schadens verursachen.

Als zweiter Punkt steht auf der Tagesordnung die Frage, wie das Unternehmen in Zukunft aussehen soll. Damit sind aber keine verschwommenen Zukunftsvisionen gemeint, sondern konkrete Vorschläge.

Wenn die Analyse zum Beispiel ergeben hat, daß der starke Zwang zum Schutz des eigenen Reviers die Abteilungen von einer vernünftigen übergreifenden Zusammenarbeit abhält, was dann? Was will man erreichen? Sicherlich nicht, daß alle sich nur noch mit grandiosen unternehmensweiten Themen befassen. Die Funktionsbereiche erledigen ihre angestammten Arbeiten wahrscheinlich sehr gut. Solch ein Plus gibt man nicht einfach aus der Hand. Wo liegen also die Möglichkeiten für einen Kompromiß? Wie soll die funktionsübergreifende Kooperation aussehen? Solche und ähnliche Fragen müssen für jeden Nebeneffekt, den man ändern möchte, gewissenhaft durchgesprochen werden.

Der letzte Programmpunkt verlangt die größte Kreativität. Und je öfter man daran arbeiten muß, desto leichter geht es. Der Rest dieses Buches gibt Hilfestellungen und Ratschläge, die sich auf die Erfahrungen mehrerer Jahre stützen.

Beginnen kann man mit der Liste von Änderungsvorschlägen, die während der Auswertung zur Sprache gekommen sind. Auch Beispiele anderer Unternehmen, die ähnliche Probleme bewältigt haben, können einen nützlichen Ausgangspunkt bilden.

Aber Vorsicht. Vor einigen Jahren wurde oft von ›Spitzenleistungen‹ in Unternehmen gesprochen mit der Empfehlung, man müsse solche Unternehmen nur nachahmen, um ebenfalls Herausragendes zu erreichen. Aber was in einem Unternehmen klappt, muß in einem anderen noch lange nicht funktionieren, auch wenn sich die Unternehmen oberflächlich ähneln. Manchmal lassen sich gute Ansätze nicht einmal von einem Geschäftsbereich eines Unternehmens auf einen anderen übertragen. Nur sehr wenige der möglichen

Wege zu Höchstleistungen sind in jedem beliebigen Unternehmen gangbar.

Aber eines haben die meisten Unternehmen miteinander gemein: die Möglichkeiten zum Durchbrechen der Barrieren, die Höchstleistungen verhindern. Die besten Beschreibungen von Hochleistungsunternehmen der Zukunft besagen nicht, wie diese letztlich *aussehen,* sondern wie sie dahin *gelangen.* Und wenn man ihrem Vorbild nachstreben möchte, dann muß man die Natur des Wandels selbst begreifen.

E inführung in den Wandel

Heutzutage ist allenthalben die Rede vom Wandel und von Veränderungen. Aber nicht immer ist auch das gleiche damit gemeint. Auch dann nicht, wenn es sich um eine große Umwälzung handelt.

Einige Prediger des Wandels haben sich sogar auf mißbräuchliche Weise des Begriffs ›Paradigmenwechsel‹ bemächtigt. Das 1970 von Thomas Kuhn zur Beschreibung von revolutionären Entwicklungen in der Wissenschaft geprägte Wort verweist auf den Sachverhalt, daß ein Mensch mit einem bestimmten geistigen Horizont – etwa der Newtonschen Mechanik – experimentelle Daten sehr wahrscheinlich falsch auslegt, damit sie in das eigene Weltbild passen. Erst wenn die empirische Beobachtung diesem Weltbild zu stark widerspricht, verändert er dessen Paradigmen, so daß ein neues Modell entsteht – in diesem Fall die Quantenmechanik. Viele sehen heute in dem Begriff Paradigmenwechsel nichts weiter als eine große Veränderung. Das ist blanker Unsinn. Das Paradigma eines Unternehmens kann selbst von einer enormen Umwälzung unberührt bleiben.

Was ist nun Wandel? Es gibt natürlich ein ganzes Spektrum von Formen. In unserer Arbeit hat sich die Unterscheidung von drei Typen als nützlich erwiesen. Jeder von ihnen bringt im Laufe der Zeit ein anderes Ausmaß an Anstrengungen und möglichen Verbesserungen mit sich.

Die häufigste Form einer Verbesserung ist das allmähliche, *schrittweise* Wachstum. Total Quality Management (TQM) heißt ein vielgelobter Ansatz in diesem Zusammenhang, der schnelle Erfolge verheißt. Besonders gut funktioniert er meist auf Abteilungsebene und innerhalb von Geschäftsbereichen. Und die meisten Unternehmen können mittlerweile auf dieser Ebene die gewünschten Verbesserungen erzielen. Doch im allgemeinen muß man feststellen, daß das TQM das Versprechen grundlegender Verbesserungen nicht einlösen konnte.

Übersicht 9: Unterschiedliche Veränderungsinitiativen

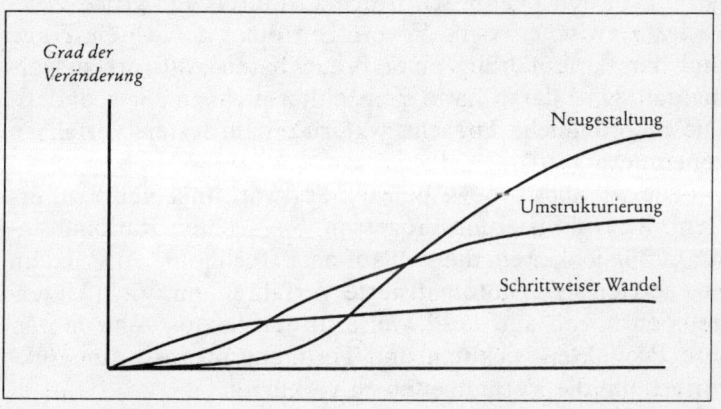

Wenn Ansätze zu einer schrittweisen Entwicklung nicht ausreichen, welche Möglichkeiten bieten sich dann? Zunächst die *Umstrukturierung.* Diese Technik trat in den achtziger Jahren in den Vordergrund, als man allenthalben auf Automatisierung mit Computern umstellte. Anfangs wurden jedoch vielfach nur die alten Methoden mitsamt der alten Ineffizienz und Unlogik automatisiert.

Zum Beispiel wunderte ich mich einmal darüber, daß die Angehörigen einer Abteilung für den Abteilungsleiter alles schriftlich festhielten. Sie schrieben, auch wenn ein Anruf oder ein kurzes Gespräch im Gang genügt hätte. Zahllose Formulare und überflüssige Regularien waren die Folge. Waren hier alle paranoid und sicherten sich ständig ab? Oder hatten sie einen natürlichen Hang zur Bürokratie?

Der Grund lag woanders. Fünfzehn Jahre vorher stand die Abteilung unter der Leitung eines Managers, der im Gespräch zu außerordentlicher Langatmigkeit und Umständlichkeit neigte. Schon die einfachste Antwort konnte bei ihm die Ausmaße einer epischen Rede annehmen. Spontane Abschweifungen zu völlig irrelevanten Themen dauerten eine halbe Stunde und länger.

Im Lauf der Jahre war die gesamte Abteilung dazu übergegangen, den Dialog schriftlich zu führen, um große Zeitverluste zwischen dem Vorbringen einer schlichten Frage und der Formulierung einer brauchbaren Antwort zu vermeiden. Und daran hatte sich seither nichts mehr geändert. Die ursprüngliche Ursache war zu einem festen Verfahren zementiert worden.

Fälle wie dieser bewegten die Software-Ingenieure zu ersten Umstrukturierungsprozessen. Sie suchten Rationalisierungsmöglichkeiten, die sich auf neue Technologien stützten, und setzten sie in automatisierte Verfahren um. Viele Unternehmen haben auf diese Weise in den letzten zehn Jahren ihre Produktentwicklung und Fertigungsprozesse umstrukturiert, um die Vorlaufzeiten zu verkürzen.

Eine Umstrukturierung dauert länger als ein schrittweiser Wandel, bringt jedoch unter Umständen auch umfangreichere Verbesserungen mit sich. Wer allerdings einen Quantensprung nach vorne machen will, der sollte an eine völlige *Neugestaltung* denken. Das heißt, man geht zurück ans Reißbrett, hinterfragt die Gründe existierender Verfahrensweisen und findet einen besseren Weg, um das gleiche Ziel zu erreichen. Man kann sich sogar für eine Veränderung des Ziels entscheiden. Ein klassisches Beispiel ist der Übergang von der konventionellen Lagerhaltung zum radikalen Justin-Time-Konzept. Auch die kompromißlosen Formen des Business Reengineering fallen in diese Kategorie. Eine völlige Neugestaltung führt freilich nur langsam zu einem zählbaren Nutzen. Unabhängig davon jedoch, wie zäh sie vorangeht, sind ihre potentiellen Vorteile weit größer als die jedes anderen Ansatzes. Vorausgesetzt, man kommt überhaupt in ihren Genuß. Und da liegt das Problem.

T iefgehender Wandel

Ein Problem, das uns immer wieder beschäftigt, sozusagen das Dilemma des Wandels: Umfassende Veränderungen bieten die größten potentiellen Vorteile, tragen jedoch gleichzeitig das größte Risiko eines Mißerfolgs in sich. Hier stellt sich natürlich die Frage nach dem Warum.

Die Antwort liegt in der Tragweite des Wandels. In einem schrittweisen Veränderungsprozeß geht es vielleicht um die Modifizierung eines Fertigungsverfahrens oder des Prämiensystems; um die Einführung eines neuen Computersystems oder eine Verfeinerung der Strategie. Im Zuge einer Neugestaltung müssen all diese Dinge gleichzeitig verändert werden. Der Wandel geht sehr viel tiefer.

Und das heißt, man muß die Konsequenzen und Wechselwirkungen zwischen den einzelnen Veränderungen einschätzen können. Einzelne Aspekte des Wandels dürfen nicht mehr isoliert betrachtet werden. Es ist wie bei einem Arzt, der bei der Behandlung eines Patienten das Gesamtbild im Auge behalten muß. Er sollte Bescheid wissen über das wahrscheinliche Zusammenwirken eines Medikaments mit einem anderen. Wenn er den Patienten operiert, um die Ursache einer Krankheit zu beheben, muß er die gesamten Auswirkungen des Eingriffs berücksichtigen.

Das gleiche gilt für den Wandel in einem Unternehmen. Auch hier kommt es auf die ganzheitliche Perspektive an. Aus diesem Grund sind die heimlichen Spielregeln eine große Hilfe. Als unmittelbare Auswirkung der verschiedenen Unternehmensaspekte werfen sie ein Schlaglicht auf Bereiche, die schlecht aufeinander abgestimmt sind.

Wie lassen sich demnach motivierende, machtausübende und handlungsauslösende Kräfte in das Gesamtbild einbinden? Und wie sieht dieses Gesamtbild eigentlich aus?

Z iel: das Ganze

Kein Mensch würde sich heutzutage zu dem Vorschlag versteigen, die Topmanager möchten bitte ›handlungsauslösende‹ oder ›machtausübende‹ Kräfte modifizieren. Solche Begriffe gehören eben nicht zur Alltagssprache des Managements. Noch nicht. Sie müssen nicht nur in Bezug gesetzt werden zur geläufigen Terminologie, sondern auch zu jedem Aspekt eines Unternehmens.

Es gibt zahllose Ansätze zur Klassifizierung eines Unternehmens, und auch zahllose richtige. Von den vielen heute kursierenden Modellen überzeugt mich persönlich das von meinen Kollegen bei Arthur D. Little entwickelte am meisten.

Ein auf den ersten Blick sehr einfaches Modell, das die Wechselwirkungen von nur vier Schlüsselfaktoren eines dynamischen Unternehmens zeigt:

Interessengruppen und Strategien. Wie kommt das Unternehmen den Bedürfnissen von Kunden, Mitarbeitern, Eigentümern, Lieferanten und der Gemeinschaft entgegen?

Leistungsprozesse. Ihre Bedeutung geht weit über die reiner Abläufe hinaus, weil sie darüber entscheiden, wie das Unternehmen seine Ressourcen mobilisiert, um den Bedürfnissen der Interessengruppen gerecht zu werden.

Ressourcen. Schließen Informationswesen und Personal ein.

Organisation. Schließt Aufbau und Managementtechniken ein.

Wer ein Hochleistungsunternehmen führen will, der muß nur diese vier Aspekte aufeinander abstimmen. Einfach, oder? Wir werden sehen.

Übersicht 10: Die vier Aspekte eines Unternehmens

Das Modell besitzt den Vorzug, daß es die Fähigkeit zu Höchstleistungen zurückführt auf den notwendigen Ausgleich zwischen verschiedenen Interessengruppen, auf die Ansätze zur Bewältigung der daraus entspringenden Konflikte und schließlich auf die Bündelung dieser Ansätze zu einer Gesamtstrategie. Doch dieser Interessenausgleich ist alles andere als eine triviale Angelegenheit. Viele Unternehmen haben dazu noch keine gründlichen Überlegungen angestellt, und einige wissen nicht einmal über die verschiedenen Bedürfnisse der einzelnen Gruppen Bescheid.

Schließlich gibt es Eigentümer (Aktionäre, Mehrheitsaktionäre, Inhaber von Pensionsfonds, Institutionen, Banken, staatliche Stellen), Mitarbeiter (Fachpersonal, Außendienst, Büroangestellte, Topmanagement, Produktion, Verkauf, Voll- und Teilzeitbeschäftigte, Männer und Frauen, Junge und Alte), Kunden (Einzelhändler, Sekretärinnen, die

75

für ihren Chef bestellen, Vertragshändler, Kinder, die Fernsehwerbung sehen und ihre Eltern bearbeiten), Lieferanten und Anbieter (von Gütern, Rohstoffen, Komponenten, Energie, Dienstleistungen, Know-how) und die Gemeinschaft im weitesten Sinne (Region, Umweltfaktoren auf Ebene des Betriebs und der Kunden, Unterstützung lokaler Kleinunternehmen, politisches Engagement). Die Bedürfnisse jeder dieser Interessengruppen können anders aussehen. Jedes Bedürfnis muß sorgfältig erwogen werden, auch wenn es dann vielleicht doch keine Berücksichtigung findet. Und schließlich müssen die Wechselbeziehungen zwischen den einzelnen Interessen erschlossen werden und in eine Strategie einfließen. Aber das geschieht in der Praxis nur selten. Kein Wunder also, daß die für ein Unternehmen gültigen ungeschriebenen Gesetze oft nicht miteinander im Einklang stehen.

Aber Strategien können nur dann Erfolge bringen, wenn die wesentlichen Prozesse rationell und leistungsfähig und auf die Bedürfnisse der beteiligten Gruppen abgestimmt sind. Das ist der nächste Stolperstein. Daher hat es sich als sehr nützlich erwiesen, das Augenmerk auf wesentliche unternehmensweite Leistungsprozesse zu richten, weil sich diese meist auf alle Abteilungen, Geschäftsbereiche oder Niederlassungen erstrecken. In der Steuerung der Wechselwirkungen und Koordinierungsmaßnahmen liegen heutzutage die größten Chancen für Verbesserungen, da die meisten Abteilungen und Geschäftsbereiche in sich inzwischen schon rationalisiert sind. Aber die meisten wesentlichen Leistungsprozesse sind als Ganzes noch nie durchdacht worden. Oft weil nur der Vorstand dazu befugt ist. Darüber hinaus mündet die Orientierung an übergreifenden Leistungsprozessen direkt in das bereits erwähnte Dilemma des Wandels, da so viele Dinge gleichzeitig verändert werden müssen.

Mit dem Interessenausgleich und der Abstimmung der Prozesse auf die Unternehmensstrategie ist es jedoch noch nicht getan. Auch die Ressourcen und die Organisation des Unternehmens müssen die Prozesse auf optimale Weise unterstützen. Zu den Ressourcen zählen Personal, Anlagen, Informationswesen, Technologien und so weiter. Das Management der Ressourcen ist an sich keine neue Idee. Doch die neue Fähigkeit liegt darin, sie so zu steuern, daß sie nicht nur die Geschäftsbereiche, sondern auch die wesentlichen Prozesse untermauern. Auch hier muß die Abstimmung aller Interessengruppen gegeben sein.

Auch einer Neubewertung der Organisationsstruktur und der Managementtechniken bietet sich ein weites Feld, wenn man die Geschäftstätigkeit statt aus der Perspektive der Funktionsbereiche aus der der Prozesse sieht. Dazu ist es höchste Zeit. Moderne Organisationsstrukturen sind eigentlich schon ziemlich alt. Wo liegen ihre Anfänge? Vor einem Jahrhundert? In der anbrechenden industriellen Revolution? Vor tausend Jahren?

Man kann zurückgehen bis zu Alexander dem Großen. Seine Armeen sind das erste dokumentierte Beispiel der heute klassischen hierarchischen Struktur. Wenn er ein neues Land eroberte, dann mußten all seine Armeen seinem Gesamtplan folgen. In einer Zeit, da schnurlose Telefone und Faxgeräte noch unbekannt waren, konnte sich Alexander einfach keine Generäle leisten, die ›es besser wußten‹ und Eigeninitiative entwickelten. Die gesamte Struktur war folglich darauf ausgelegt, laterale Kommunikation und Innovationen zu unterbinden. Genau die Dinge also, die man heute so gerne fördern möchte.

Nun können wir abschätzen, was für eine enorme Aufgabe es ist, den Blick für das Ganze nicht zu verlieren und eine Ausgewogenheit zwischen Interessengruppen, Strategien, Leistungsprozessen, Ressourcen und der Organisation zu erreichen. Gleichzeitig wissen wir aber, daß dieses Gleichgewicht lebenswichtig ist. Und hier stellt sich die Frage nach dem Maßstab. Schließlich kann man ja nicht verbessern, was man nicht einmal bewerten kann.

E infach, aber einwandfrei

Der gesuchte Leistungsmaßstab für die Abstimmung von Interessengruppen, Strategien, Leistungsprozessen, Ressourcen und Organisation *ist die Analyse der heimlichen Spielregeln*. Denn diese stellen die Auswirkungen der verschiedenen Managementinstrumente in einem Unternehmen dar. Fehlende Harmonie zwischen diesen Instrumenten wird über die heimlichen Spielregeln unweigerlich zu unbeabsichtigten negativen Nebeneffekten führen.

Mangelnde Abstimmung kommt durch eine Analyse ungeschriebener Gesetze immer an den Tag. Wenn der von der Strategie festgelegte Ausgleich zwischen den Interessengruppen nicht zu den Leistungsprozessen paßt, die ihn ermöglichen sollen, oder Ressourcen und Organisation die Prozesse nicht reibungslos unterstützen, können unbeabsichtigte negative Nebeneffekte nicht ausbleiben. Und nur wer die heimlichen Spielregeln als fehlendes Glied in der Kausalkette erkennt, kann die ausgemachten Nebeneffekte bis zu ihren eigentlichen Ursachen zurückverfolgen.

Aber das ist noch nicht alles. Nicht nur daß die Analyse ungeschriebener Gesetze als Indikator der Gesamtabstimmung innerhalb eines Unternehmens dienen kann; sie bietet tatsächlich das *einzige* universelle Kriterium zur Beurteilung der Abstimmung. Selbst Maßstäbe für die gesamte Leistungsfähigkeit eines Unternehmens wie Rentabilität oder Marktanteil weisen letztlich nur auf *Konsequenzen* bestehender oder fehlender Abstimmung, ohne diese direkt zu bewerten. Und deshalb geben sie auch nur wenig Aufschlüsse, wenn etwas schiefläuft. Anders betrachtet: Stößt man im Rahmen einer Untersuchung ungeschriebener Gesetze auf keine unbeabsichtigten negativen Nebeneffekte, dann darf man die Abstimmung als gegeben ansehen. Und damit dürfte der angestrebten Höchstleistung auch nichts mehr im Wege stehen.

Strategie, Prozesse, Ressourcen und Organisation stehen

allesamt in Verbindung mit motivierenden, machtausübenden und handlungsauslösenden Kräften. In den nächsten
drei Abschnitten werden wir uns mit diesem Zusammenhang und seinen Auswirkungen befassen.

R undum motiviert

Motivierende Kräfte entsprechen den Bedürfnissen der Mit-
arbeiter und finden heute immer stärkeren Niederschlag in
der Strategie eines Unternehmens. Auch die Definition der
Leistungsprozesse, die Zuteilung von Ressourcen und die
Organisation können die motivierenden Kräfte nachhaltig
beeinflussen. Bei mangelnder Abstimmung zwischen diesen
Faktoren kommt es zu Konflikten mit den motivierenden
Kräften. Die Konflikte lassen sich lösen, wenn man diesen
Kräften auf neue Weise Rechnung trägt, wenn man sie durch
neue ersetzt oder wenn man sich Mitarbeiter sucht, die von
anderen Kräften motiviert werden. Mit Frontalattacken
gegen die Verhaltensweisen der Mitarbeiter wird man dagegen nur schwerlich eine Veränderung der motivierenden
Kräfte erreichen.

Strategie

Konflikte mit motivierenden Kräften

Klassische Konflikte entstehen aus einer fundamentalen
Richtungsänderung des Unternehmens. Wenn eine Forschungsabteilung beschließt, stärker auf unmittelbare Markt-
anforderungen einzugehen, sehen sich Mitarbeiter, die mit
der Erwartung einer Karriere im Bereich der neuesten Forschung in das Unternehmen eingetreten sind, mit einem Mal
zu mittelfristigen Entwicklungsarbeiten gezwungen. Ganz
ähnlich mutet ein Unternehmen der Konsumelektronik seinen motivierenden Kräften vielleicht einen zu tiefgreifenden
Wandel zu, wenn es in einen hartumkämpften Markt wie den
für Computerlaufwerke diversifiziert.

Unzureichende Fähigkeiten kann man durch Ausbildung verbessern; unangemessene motivierende Kräfte nicht. Bei einem allzu radikalen Strategiewandel besteht vielleicht der einzige Ausweg darin, die Mitarbeiter durch andere zu ersetzen, deren motivierende Kräfte besser zur Strategie passen. Keine Frage jedoch, daß damit auch ernsthafte Zweifel an der Logik der neuen Strategie aufkommen. Manchmal kann man die motivierenden Kräfte der Mitarbeiter in neue Kanäle leiten. Zum Beispiel haben sich schon viele F&E-Mitarbeiter der Herausforderung gestellt, kommerzielle Kompromisse mit ihrer Arbeit in Einklang zu bringen.

Prozesse

Konflikte mit motivierenden Kräften

Seit der industriellen Revolution zeigen Ablauforganisationen eine fatale Tendenz, Menschen zu Sklaven von Maschinen zu machen. Ob in der Fabrikhalle oder in der Verwaltung, die Anforderungen geraten sehr leicht in Widerspruch zu unseren wahren motivierenden Kräften. Als in der Versicherungsbranche Textverarbeitungsautomaten eingeführt wurden, richteten viele Versicherungsunternehmen ganze Schreibsäle ein, in denen nach Vorgabe aus vorfabrizierten Textbausteinen die Korrespondenz mit den Versicherungsnehmern ›produziert‹ wurde. Der Einzug der Technik in die Versicherungsbranche wurde zur Nachahmung des Taylorismus in der Industrie. Niemand fühlte sich mehr für das Endprodukt und die Zufriedenheit der Versicherten verantwortlich. Und die Mitarbeiter der Versicherungsunternehmen verabschiedeten sich innerlich von ihrer Tätigkeit. Folge: Die Produktivität sank.

Lösungsmöglichkeiten

Schon lange studiert man die industrielle Automatisierung, um die Prozesse besser auf die Bedürfnisse der Arbeiter abzustellen. In jüngerer Zeit werden diese Methoden auch auf Büro- und Managementarbeiten angewandt. Aus diesen Überlegungen sind die Qualitätszirkel und die verstärkte Hinwendung zu Teamarbeit entstanden. Aufgrund der Komplexität von Unternehmensprozessen im Gemeinkostenbereich besteht ein großes Potential für Verbesserungen der interdisziplinären Zusammenarbeit und für eine teamorientierte Leistungsbeurteilung, mit denen man den motivierenden Kräften auf neue Art gerecht werden kann.

Ressourcen

Konflikte mit motivierenden Kräften

Da die Menschen meist die kostbarste Ressource eines Unternehmens darstellen, liegt die direkte Verbindung zu den motivierenden Kräften auf der Hand. Aber auch die Anlagen, Informationssysteme und Technologien eines Unternehmens müssen mit den motivierenden Kräften in Einklang stehen. Sehr leicht können die nichtmenschlichen Ressourcen Vorrang gewinnen, weil sie von Natur aus weniger flexibel sind als Menschen. Wenn derlei überhandnimmt, sinkt die Moral, und die Krankmeldungen steigen.

Lösungsmöglichkeiten

Der aktuelle Trend zielt auf einen Einsatz von Technologie zur Erweiterung menschlicher Fähigkeiten und nicht etwa darauf, ganz auf diese zu verzichten. Die Technologie soll sich am Menschen orientieren und nicht umgekehrt. Betriebsanlagen müssen deswegen den Wunsch der Mitarbeiter nach sozialem Austausch berücksichtigen und auch all jene Bedürfnisse erfüllen, die vielleicht erst zutage treten, wenn man die ihnen zugrunde liegenden heimlichen Spielregeln begriffen hat. Auch dort, wo das Umfeld nur auf einfache motivierende Kräfte schließen läßt, sind diese in Wirklichkeit vielschichtig und müssen entsprechend gewürdigt werden.

Organisation

Konflikte mit motivierenden Kräften

Im Bereich Organisation ergeben sich sehr häufig Konflikte mit motivierenden Kräften. Die Karriereplanung beispielsweise zwingt zum häufigen Stellenwechsel, auch wenn man sein Lieblingsprojekt gern so lange begleiten möchte, bis es das Licht der Welt erblickt. Oder man erhält Prämienzahlungen, aber lohnenswert erscheinen eigentlich nur interessante neue Projekte, die jedoch ziemlich wahllos zugeteilt werden. Oder man soll Machtbefugnisse delegieren, möchte aber an seiner Autorität festhalten. Oder das Unternehmen soll abspecken, aber niemand will sein Reich aufgeben. Oder, oder, oder.

Lösungsmöglichkeiten

Der Schlüssel zur Behebung solcher Konflikte ist Flexibilität. Wenn im Unternehmen nicht lauter 08/15-Menschen sitzen, dann stößt die Gleichbehandlung aller wahrscheinlich nicht auf Gegenliebe. Manche brauchen zum Beispiel länger, um über ihre aktuelle Position hinauszuwachsen, holen dann auf der Karriereleiter schnell wieder auf. Vielfältigere Formen der Anerkennung werden gebraucht: spannende Aufgaben, Ausbildung, sogar ein aufmunterndes Schulterklopfen. Um hier angemessen handeln zu können, muß man freilich zuerst die ungeschriebenen Gesetze kennen.

E nergisch realisiert

In jedem Unternehmen gibt es ein ständiges Wechselspiel zwischen den Entscheidungsträgern – den machtausübenden Kräften – und den einzelnen Aspekten der Geschäftstätigkeit. Nur so können die Entscheidungsträger Ziele erreichen und etwas bewegen. Dabei kommt es häufig zu Abstimmungsschwierigkeiten mit der Strategie, den Prozessen, den

Ressourcen und der Organisation. Nach unserer Erfahrung jedoch ist ein eingehendes Verständnis der heimlichen Regeln notwendig, um strategische Fehlentwicklungen zu vermeiden.

Strategie

Konflikte mit machtausübenden Kräften

Wenn ein Unternehmen in seiner Strategie Qualität, Kundendienst oder die Entwicklung von Neuprodukten als Schwerpunkte betont und dann den Träger eines pompösen Titels mit der Umsetzung dieser Zielvorgaben betraut, ist damit noch nicht viel gewonnen. So mancher ›leitende Qualitätsmanager‹ sah sich schon vom Hauptgeschehen isoliert. Und viele Neuprodukt-Manager mußten bald eine erbitterte Fehde mit allen anderen Unternehmenszweigen führen.

Lösungsmöglichkeiten

Allgemein gesprochen, sollte man dem Betreffenden nicht nur Verantwortung, sondern auch Machtbefugnisse geben, und zwar so, daß etwaige Konflikte nicht im verborgenen weiterschwelen. Dazu muß man zunächst einmal die heimlichen Spielregeln aufdecken, um den Ursachen für mögliche Konflikte auf die Spur zu kommen. Erst dann kann man Maßnahmen zu deren Vermeidung ergreifen und den Auserwählten mit der nötigen Autorität ausstatten, damit er in den Augen aller Unternehmensangehörigen wirklich eine machtausübende Kraft wird.

Prozesse

Konflikte mit machtausübenden Kräften

Die meisten Unternehmensprozesse erfordern in ihrem Ablauf – manchmal formal einzuholende – Entscheidungen. Sei es, weil eine entscheidende Wegmarke oder ein Gabelungspunkt erreicht ist, an dem die Entscheidung über das weitere

Vorgehen bestimmt. Statt den Ausführenden eine Orientierungshilfe zu bieten, ist dieser Entscheidungsvorgang oft viel zu sehr als Rechtfertigung gegenüber dem Topmanagement angelegt. Andere Prozesse laufen zu einseitig in der Verantwortung eines Bereichs ab, so daß ständige Revierstreitigkeiten mit anderen betroffenen Bereichen entstehen.

Lösungsmöglichkeiten

Die Definitionen von Wegmarken und Entscheidungspunkten müssen häufig neu überdacht werden, damit sie den Mitarbeitern eine Hilfe bieten. Sie sollten nicht anders aussehen als Kontrollpunkte, die sich die Beteiligten selbst einrichten würden, wenn sie in Eigenregie arbeiten. Dieses Vorgehen gewährleistet meist auch eine konstruktive Abstimmung mit der Unternehmensleitung. Ein sorgsamer Einsatz funktionsübergreifender Teams kann gegensätzliche machtausübende Kräfte unter einen Hut bringen und Revierzwistigkeiten vermindern.

Ressourcen

Konflikte mit machtausübenden Kräften

Mangelnde Eignung und Fähigkeiten der Mitarbeiter sind die zwei häufigsten Gründe, die Unternehmen als Erklärung für schlechte Leistungen ins Feld führen. Manchmal haben sie recht. Einige Manager können vielleicht wirklich nicht delegieren oder strategisch denken. Und manche sind dazu wohl einfach nicht bereit. Auch zwischen anderen Ressourcen gibt es reichlich Konfliktstoff. Es gibt häufig keine einheitlichen Informationssysteme, und auch die Räumlichkeiten fördern die Cliquenbildung.

Lösungsmöglichkeiten

Für Menschen, denen es an der Fähigkeit zur Machtausübung fehlt, bietet sich eine Ausbildung an. Hiervon zu unterscheiden sind jedoch Konflikte mit motivierenden Kräften. Es wäre zwecklos, jemandem beizubringen, wie man mit anderen zusammenarbeitet oder wie man delegiert, wenn dies seinen Interessen und Wünschen völlig zuwiderläuft. Leute mit fehlender Lernbereitschaft müssen unter Umständen ersetzt werden. Aber keinesfalls sollte man hier vorschnell entscheiden und womöglich einen Konflikt zwischen heimlichen Spielregeln mit Halsstarrigkeit verwechseln.

Organisation

Konflikte mit machtausübenden Kräften

Einige Probleme mit Ressourcen haben ihre Ursache in der Organisationsstruktur oder in den Informationssystemen. Die Computersysteme kommunizieren vielleicht deshalb nicht miteinander, weil alle Abteilungen über ihre Computerbeschaffung allein entscheiden wollen und alle Bemühungen der Zentrale zur Vereinheitlichung abschmettern. Es gibt jedoch auch viele unmittelbare Konflikte zwischen Organisation und machtausübenden Kräften. Wenn beispielsweise jeder einzelne Linienmanager allein über die Prämienvergabe für seine Mitarbeiter bestimmt, wollen diese vielleicht nicht durch Zusammenarbeit mit anderen Geschäftsbereichen in den Geruch fehlender Loyalität kommen.

Lösungsmöglichkeiten

Organisationsstruktur und Systeme müssen verändert werden. Aber nicht die Zentrale, sondern eine funktionsübergreifende Gruppe soll über ein gemeinsames Computersystem entscheiden. Abteilungsegoismen lassen sich vermeiden, wenn andere Leute als die einzelnen Linienmanager über die richtigen Anreize befinden, wie zum Beispiel die Aufstiegschancen. Hier bietet sich häufig ein ›Mentorensystem‹ an, in dem der gesamte Karriereweg des einzelnen von einem Förderer aus einem anderen Teil des Unternehmens mitbeeinflußt wird.

I deal aktiviert

Handlungsauslösende Kräfte sind Maßnahmen, Planungen und Ziele, die von den Unternehmensangehörigen als wesentlich betrachtet werden. Offizielle Zukunftsprogramme und Strategien können als solche Kräfte wirken. Sie finden sich in Prozeßdefinitionen, und auch das Management der Ressourcen greift auf sie zurück. Organisationssysteme beruhen auf ihnen. Kein Wunder also, daß von allen Aspekten eines Unternehmens am häufigsten die handlungsauslösenden Kräfte verändert werden. Wir alle haben gelernt, Veränderungen von handlungsauslösenden Kräften besonders rasch im Hinblick auf unsere Chancen zu durchleuchten. Oft führt eine Neuabstimmung der handlungsauslösenden Kräfte daher bereits binnen eines halben Jahres zu einem durchgreifenden Verhaltenswandel.

Strategie

Konflikte mit handlungsauslösenden Kräften

Viele Unternehmensstrategen setzen ihre Hoffnungen in die Fähigkeit der Mitarbeiter zur Zusammenarbeit in Teams, aber die meisten Leistungskriterien beziehen sich auf den einzelnen. Andere Kriterien sind so abstrakt, daß die Unternehmensangehörigen darin keine Konsequenzen für sich erkennen können. Wenn beispielsweise allein die Leistung der Forschung als strategische Vorgabe deklariert wird, kann damit die Motivation anderer Bereiche im Keim erstickt werden. Manche Strategien schließlich sind so unklar, daß sich die Mitarbeiter ihren eigenen Reim darauf machen müssen und sich völlig unkoordiniert verhalten.

Lösungsmöglichkeiten

Vorsicht ist geboten, wenn allein der Erfolg von Teams zählt. Statt dessen sollte man einen Sinn für Gemeinschaftsleistung fördern, bei der sich die Mitarbeiter auch noch als einzelne hervortun können, aber dabei nicht nur sich selbst, sondern auch dem gesamten Unternehmen nutzen. Strategien müssen so detailliert sein, daß alle Mitarbeiter daraus die für sie gültigen Leistungsindikatoren ableiten können; und so flexibel, daß sie nicht zum beengenden Käfig werden.

Prozesse

Konflikte mit handlungsauslösenden Kräften

Die Probleme mit Meilensteinen und Entscheidungspunkten sind uns bereits im Zusammenhang mit machtausübenden Kräften begegnet. Auch bei handlungsauslösenden Kräften kann es hier zu Schwierigkeiten kommen. Kontrollpunkte wirken allzuoft als bürokratische Hürden. Damit werden sie selber handlungsauslösend im Sinne von Sanktionen, die das leitende Management aus reiner Willkür zu verhängen scheint. Fehler werden generell zum Anlaß für Schuldzuweisungen genommen und gelten als Zeichen schlechter Leistungen, die es zu vermeiden gilt. Aber wie?

Lösungsmöglichkeiten

Meilensteine sollten nicht der Kontrolle durch das Topmanagement, sondern dem Arbeitsteam als handlungsauslösende Kraft dienen. Aus der Nichteinhaltung einer Zielvorgabe sollten sich Möglichkeiten zur Verbesserung des jeweiligen Leistungsprozesses ergeben – ohne erhobenen Zeigefinger. In diesem Sinne sind Fehler und Mißerfolge durchaus konstruktiv. Für die Meldung eines Fehlschlags sollte man nicht mit Bestrafung rechnen müssen.

Ressourcen

Konflikte mit handlungsauslösenden Kräften

Schnurlose Telefone, Voice-Mail und Electronic Mail sind allesamt wunderbare Einrichtungen. Aber sie können auch zu einer Informationsüberlastung führen. Immer mehr Manager beklagen sich darüber, wieviel Zeit sie mit dem Durchgehen überflüssiger Nachrichten verschwenden. Was geht da vor? Irgend jemand hält eine Information für eine potentiell handlungsauslösende Kraft. Also gibt er sie weiter, weil es so leicht ist. Der Adressat soll sich in seinen Möglichkeiten zur Machtausübung angesprochen und geschmeichelt fühlen.

Lösungsmöglichkeiten

Zuerst gilt es zu verstehen, weshalb die betreffende Information weitergegeben wird. Welche Belohnung rechnet sich der Absender aus, welche Bestrafung möchte er vermeiden? Ein Großteil der Lawine stammt vielleicht von Leuten, die sich nach allen Seiten absichern wollen. Dieses Bedürfnis läßt sich auch befriedigen, indem man die Ursache für die Unsicherheit beseitigt. Danach erst sollte man, falls immer noch nötig, Filter in das System einbauen. Wenn man sie zu früh einführt, blüht der Informations-Overkill im verborgenen weiter. Die Voice-Mail einfach nicht abzuhören ist allerdings keine Lösung.

Organisation

Konflikte mit handlungsauslösenden Kräften

So viele Elemente der Personalpolitik stehen in Verbindung mit handlungsauslösenden Kräften, daß es sich manchmal fast als unmöglich erweist, eine Veränderung vorzunehmen, ohne einen Konflikt heraufzubeschwören. Wie bereits erwähnt, werden meist eher Einzelpersonen belohnt als Gruppen – sowohl direkt als auch indirekt. Fehlschläge sind

Anlaß für Strafaktionen statt für ein Umlernen. Und die Beurteilungssysteme fördern häufig mehr die Vielseitigkeit als die Vertiefung individueller Spezialgebiete.

Lösungsmöglichkeiten

Einige Unternehmen setzen erfolgreich auf Teambelohnungen in Form von Prämien und entsprechenden Aufstiegsmöglichkeiten. Auch die Vergütungssysteme werden immer stärker im Sinne einer Förderung wirklicher funktionsübergreifender Kooperation weiterentwickelt. So sehen sich viele Führungskräfte heute zu einer Neuorientierung ihrer Tätigkeitsschwerpunkte veranlaßt, da fast die Hälfte ihres Gehalts von *gemeinsamen* Leistungen abhängt.

Die folgenden Teile des Buches geben spezifische Beispiele zu diesen Überlegungen.

VI. Action-Filme

*Die folgenden acht Fallstudien sollen ein Gespür dafür ver-
mitteln, wie sich das Verständnis ungeschriebener Gesetze in
bahnbrechende Veränderungen umsetzen läßt.*

*Jedes Kapitel folgt dem gleichen Schema: das Problem, das
den Managern Kopfzerbrechen machte; die von ihnen beobachteten Hauptsymptome; weitere Symptome; Beispiele heimlicher Spielregeln im Unternehmen; die primäre Veränderungsrichtung im Hinblick auf die Modifizierung ungeschriebener Gesetze; die zentralen Managementinstrumente, die den
Wandel herbeiführen sollten; der Ansatz für die Realisierung
des Wandels; die Veränderungen an offiziellen Regeln; und
schließlich der daraus resultierende Verhaltenswandel.*

*Die Fallstudien sind so ausgewählt, daß sie die Vielfalt
möglicher Lösungsansätze illustrieren. Die ersten vier Studien
untersuchen verschiedene Situationen, die sich alle in den gleichen Symptomen äußern, aber ganz unterschiedliche Lösungen verlangen. Diese zielen primär auf die Organisation, die
Ressourcen, die Prozesse oder die Strategie. Die nachfolgenden vier Fallstudien – mit gemischten Symptomen – zeigen
ähnliche Lösungen, die aber noch weitere Faktoren mit
berücksichtigen.*

Zurück in die Zukunft

Das Problem

Erinnern Sie sich noch an das Konsumgüterunternehmen zu
Beginn des Buches? Obwohl man sich zwei Jahre lang im gesamten Unternehmen um die Förderung von Teamarbeit,

funktionsübergreifender Kooperation, kreativer Risikobereitschaft und langfristigem Denken bemüht hatte, zeigten sich kaum Verbesserungen. Das vordringlichste Problem war immer noch dasselbe wie zwei Jahre vorher, als man die Veränderungsinitiative startete: die Verbesserung der Trefferquote »richtiger Produkte zur richtigen Zeit«. Geschlossen hatte man der Zukunft den Rücken gekehrt.

Hauptsymptome

Wie sahen die Hauptsymptome aus? Lange Vorlaufzeiten, schlechte Kooperation. Diesen Faktoren werden wir noch öfter begegnen. Ganz besonders schwerwiegend war jedoch, daß das Gros der Mitarbeiter die Verbesserungsinitiative mit blankem Zynismus betrachtete. Und was führt als Nebeneffekt oft zu einem unternehmensweiten Zynismus? Eine Initiative, die im Gegensatz zu einer für viele wichtigen motivierenden Kraft steht und zu der man nur ein Lippenbekenntnis abzulegen braucht. So weit, so gut.

Weitere Symptome

Rascher Stellenwechsel, Abteilungsegoismen, kurzfristige Orientierung, einfallslose Produkte, schlechte Teamarbeit. Die Kombination all dieser Faktoren sorgte dafür, daß der Vorstandsvorsitzende kurz vor einem Nervenzusammenbruch stand. Ganz zu schweigen vom Verlust seines Arbeitsplatzes.

Beispiele heimlicher Spielregeln

»Wir sind alle ehrgeizig, und hier kommt man nicht mit Spezialkenntnissen nach oben, sondern mit Vielseitigkeit. Also wechselt man laufend die Position.«

»Der Linienmanager kann die Beförderung beschleunigen, also muß er zufriedengestellt werden.«

»...sich von den anderen abheben...«

»... nicht in Fehlschläge hineingezogen werden ...«

»Belohnt wird man in erster Linie für gute Leistungen im eigenen Bereich, also schützt man sein Revier.«

»... auf die Quartalsergebnisse achten ...«

Primäre Veränderungsrichtung

Natürlich liegt es an den motivierenden Kräften. Wie in der Eingangsdiagnose vorhergesagt. Alle Unternehmensangehörigen sind überaus ehrgeizig, sie wollen ganz nach oben, und zu diesem Zweck müssen sie so viele verschiedene Jobs in allen Teilen des Unternehmens übernehmen wie möglich. Wen wundert es da, daß sie von langfristigem Denken nichts wissen wollen, daß sie sich kreative Risiken nicht leisten können aus Angst vor Pannen und daß sie ihr Licht nicht unter den Scheffel eines Teams stellen möchten, weil sie sich ja hervortun müssen.

Wäre der Aufstieg nicht eine der am stärksten motivierenden Kräfte, dann würden sie sich auch nicht so verhalten. Auch die logischen Konsequenzen dieser Einstellung würden somit entfallen. Machtausübende und handlungsauslösende Kräfte zeigen hier also nicht die primäre Veränderungsrichtung an.

Aber sollte der Vorstandsvorsitzende versuchen, die für seine Mitarbeiter motivierenden Kräfte zu *verändern?* Sollte er ihnen nahelegen, weniger ehrgeizig zu sein? Natürlich nicht. Er muß den motivierenden Kräften auf neue Weise gerecht werden.

Zentrale Instrumente des Wandels

Organisationsinstrumente: das Belohnungssystem und die Beförderungspolitik. Die meisten Leute sind der Ansicht, daß man zur Neuabstimmung ungeschriebener Gesetze im Bereich der Organisation und des Personals ansetzen muß. Unser erstes Beispiel bestätigt diese Vorliebe.

Veränderungsansatz

Der Vorstandsvorsitzende ermittelte die durch das bestehende System begünstigten Verhaltensweisen und legte sich auf die erwünschten Veränderungen fest. Er informierte die wichtigen Manager über ›kleinere Modifikationen‹ der Beförderungspolitik. Scheinbar unabhängig davon hauchte er bald danach einem Ausbildungsprogramm neues Leben ein, das das Bewußtsein für echte funktionsübergreifende Teamarbeit, langfristige Perspektiven, Stimmigkeit der Ziele und generelle Veränderungsbereitschaft stärken sollte.

Veränderungen an offiziellen Regeln

Durch eine Abmachung mit seinen leitenden Managern bremste der Vorstandsvorsitzende die Neigung zu raschem Stellenwechsel. Er nahm ihnen das Versprechen ab, ihre derzeitige Position mindestens fünf Jahre lang zu bekleiden. Für dieses Entgegenkommen stellte er ihnen in Aussicht, daß sie nach dieser Frist zwei Stufen der Karriereleiter auf einmal nehmen konnten. Die motivierende Kraft ›Aufstieg‹ blieb also unverändert und wurde nur auf neue Art eingelöst.

Darüber hinaus wurde die machtausübende Kraft ausgetauscht. Über das neue Aufgabengebiet befand nicht mehr der Linienchef mit seiner vielleicht immer noch an den Interessen des eigenen Bereichs orientierten Haltung, sondern ein Mentor in einem anderen Teil des Unternehmens. Dieser Mentor sollte besonders auf die Erfolgsbilanz im Hinblick auf die Teilnahme an Teams achten, die ihre Kreativität und ihre Bereitschaft zu langfristigem Denken unter Beweis stellen mußten. Damit wurde also auch die handlungsauslösende Kraft erneuert. All diese Veränderungsmaßnahmen wurden durch die Führungsarbeit des Vorstandsvorsitzenden und das Vorbild seiner Topmanager bekräftigt.

Resultierender Verhaltenswandel

Bereits nach einem halben Jahr zeigten sich radikale Veränderungen, da die neuen Ausbildungsinhalte nicht mehr dem Eigeninteresse der Mitarbeiter widersprachen. Sie dachten nicht mehr ausschließlich in kurzfristigem Rahmen, denn sie wußten, daß sie in ihrem aktuellen Aufgabengebiet auch die Ergebnisse mittel- und langfristiger Planungen erleben würden. Auch die Vernetzung wuchs, da die Mitarbeiter greifbare Vorteile darin erkannten und durch die Zusammenarbeit mit anderen Abteilungen nicht mehr ›illoyal‹ erschienen – zumindest gegenüber ihrem Mentor. Und zudem zahlte es sich jetzt aus, ein Risiko einzugehen.

Krieg der Sterne

Das Problem

Es war der beste Zeitpunkt. Und der schlechteste. Ein führender internationaler Dienstleister sammelte seine Kräfte für den gemeinsamen europäischen Markt. Das Fallen der Handelsbarrieren zwischen den Mitgliedsstaaten versprach unerhörte Vorteile. Aber trotz einer europaweiten Umstrukturierung im Hinblick auf diese neuen Marktchancen ließ die Wirtschaftlichkeit des internen Austauschs zwischen den nationalen Tochtergesellschaften, und insbesondere zwischen den leistungsstarken ›Stars‹, noch viele Wünsche offen, was sich negativ auf die Qualität der Dienstleistungen für europäische Kunden auswirkte.

Hauptsymptome

Lange Vorlaufzeiten, schlechte Kooperation. Das kennen wir ja bereits. Auch in den nächsten beiden Fällen werden wir auf diese Hauptsymptome stoßen. Aber es wird sich zeigen, daß die Ursachen für diese sehr verbreiteten Symptome in allen vier Fällen *grundverschieden* sind. Und damit sind natürlich auch völlig unterschiedliche Lösungswege zu beschreiten.

Es wäre also zwecklos, ein Rezeptbuch mit verschiedenen *Symptomen* zusammenzustellen und dann für jedes einzelne die Heilmittel aufzulisten. Erst die Aufdeckung der heimlichen Regeln ermöglicht ein Verständnis der Zusammenhänge. Bestimmte Symptome können von ganz verschiedenen Ursachen ausgelöst werden. Daher kann ein Heilmittel in einem Unternehmen wunderbar anschlagen und in einem anderen völlig wirkungslos bleiben.

Weitere Symptome

Hohe Grundkosten; hektische Managementaktivitäten auf Gruppenebene, um Ungenauigkeit und zu spätes Eintreffen von Informationen zu kompensieren; Unvermögen der Zentrale, alle Tochtergesellschaften zu gemeinsamem Handeln zu bewegen. Dieses letzte Symptom spielte die entscheidende Rolle. Die Zentrale verfügte nicht über genügend Durchschlagskraft, um die Isolation im Unternehmen zu vermeiden. Dieser Nebeneffekt ergibt sich meist aus Konflikten von schwächeren mit stärkeren machtausübenden Kräften. Und wenn man in der Zentrale zu hartnäckig drängte, drohte der Ausbruch eines Bürgerkriegs.

Beispiele heimlicher Spielregeln

»Die Bedürfnisse der eigenen nationalen Tochtergesellschaft durchsetzen.«
»Auf Direktiven aus der Zentrale ist kein Verlaß.«
»Lippenbekenntnisse zur ›gemeinsamen Politik‹ ablegen.«
»Ansonsten seinen eigenen Stiefel machen.«

Primäre Veränderungsrichtung

Machtausübende Kräfte.

Zentrale Instrumente des Wandels

Im Bereich Ressourcen: Informationsfluß und Informationssysteme.

Veränderungsansatz

Die Informationssysteme des Managements paßten nicht zur Gruppenstrategie. Uneinheitliche, auf eigenständige nationale Aktivitäten abgestellte Computersysteme verhinderten übergreifende Geschäftsplanungen und -maßnahmen. Ein neuer Ansatz zur europaweiten Harmonisierung der Informationssysteme war gefordert. Dies wurde jedoch nicht mehr von der Zentrale aus versucht, sondern der Eigenverantwortung der Tochtergesellschaften überlassen, die jeweils Einzelaspekte des neuen Systems entwickeln sollten. Es handelte sich also um einen Austausch von machtausübenden Kräften.

Veränderungen an offiziellen Regeln

So entstand aus den gemeinsamen Aktivitäten mehrerer multinationaler Arbeitsgruppen ein neues europäisches Informationssystem. Diese von allen Ländern übernommene Politik sah einheitliche Hardware und Software für Computer vor. So kam es zu einer Veränderung der wesentlichen machtausübenden Kraft, die über den Zugriff der richtigen Leute auf präzise und rechtzeitig eintreffende Informationen entscheidet. In diesem Fall ist der Machtausübende also keine Person oder eine Gruppe von Personen, sondern ein Computersystem.

Resultierender Verhaltenswandel

Die nationalen Manager für Informationssysteme fühlten sich nicht mehr bedroht von ›unangemessenen‹ Direktiven der Zentrale, weil sie die Direktiven jetzt selbst in gemeinsamer Verantwortung herausgaben. Eine Atmosphäre konstruktiver Zusammenarbeit verbreitete sich rasch in allen europäischen Tochtergesellschaften, so daß sich die Systeme europaweit annäherten. Eine starke Bestätigung erfuhr der anfängliche Verhaltenswandel durch die Erfahrung, daß sich präzise grenzüberschreitende Planungen und leistungsfähige regionale Aktionen tatsächlich durchführen ließen.

Eine typische Ereignisabfolge. Zuerst ermuntert man die Mitarbeiter im Sinne ihres Eigeninteresses zu neuen Verhaltensweisen. Wenn sie sich dann schrittweise davon überzeugen, daß das neue Verhalten auch an sich einen Nutzen darstellt, unterstützt dies den Übergang. Aber der Wandel vollzieht sich weit schneller, als wenn man die Leute einfach nur vom Wert einer neuen Verhaltensweise überzeugen möchte. Dann kann es nämlich sein, daß sie einfach anderer Meinung sind.

Die Unbestechlichen

Das Problem

Diesmal geht es um einen Hersteller von Industriegütern. Das Unternehmen wußte alles über die Entwicklung und Fertigung komplexer Ausrüstungsgüter. Schon vor Jahren hatte man sich auf das unbestechliche System einer ›Phasenüberprüfung‹ geeinigt, um den komplexen Weg eines Geistesblitzes im Labor über Prototypen, Entwicklung auf Produktionsniveau, Markteinführung, Markterfolg bis hin zur Ablösung durch ein anderes Produkt zu überwachen. Beim Übergang von einer Phase in die nächste setzte das Management Wegmarken zur Überprüfung der Fortschritte.

Aber trotz dieses ausgetüftelten Systems dauerte die Entwicklung von Neuprodukten deutlich länger als bei führenden Konkurrenten. Es mußte etwas geschehen.

Hauptsymptome

Lange Vorlaufzeiten, schlechte Kooperation – wie gehabt.

Weitere Symptome

Widersprüchliche Zielvorgaben, fehlende Bereitschaft zum Delegieren von Kompetenzen, Übergabeprobleme zwischen Funktionsbereichen, Bestätigung von Wegmarken, die nur teilweise eingehalten wurden, ›Versteckspielen‹ mit dem System der Phasenüberprüfung. Klingt wie eine Kreuzung zwischen Machtkampf und Tarnung.

Beispiele heimlicher Spielregeln

»Die Wegmarkenkontrollen sind doch nur bürokratische Hürden, die man mit allen Mitteln überspringen muß.«

»Man muß die Rechte des eigenen Funktionsbereichs durchsetzen, die anderen machen es genauso.«

»Man muß auf die Genehmigung für den Übergang in die nächste Phase dringen, sobald die *meisten* Zielvorgaben der jetzigen erfüllt sind.«

»Man muß den Topmanagern erzählen, was sie hören wollen, damit sie einem nicht dauernd im Nacken sitzen.«

»Die Zielvorgaben werden sowieso ständig verändert.«

Primäre Veränderungsrichtung

Machtausübende und handlungsauslösende Kräfte sollen verändert werden, denn die scheinen wohl den meisten Ärger zu verursachen. Gegensätzliche machtausübende Kräfte in den verschiedenen Funktionsbereichen beschwören Machtkämpfe herauf, die fast in einen Bürgerkrieg umschlagen. Alle Funktionsbereiche bilden eigene Cliquen. Es gibt nur wenige Berührungspunkte. Widersprüchliche handlungsauslösende Kräfte heißt hier, daß jeder mit den Wegmarkenkontrollen Verstecken spielt. Wenn sich die Lage noch weiter verschärft, dann droht dem Unternehmen die allgemeine Lähmung.

Zentrale Instrumente des Wandels

Im Bereich Prozesse. Genauer gesagt, in der Produktentwicklung und im Produktionsverfahren.

Veränderungsansatz

Die bestehenden Kontrollprozesse waren darauf ausgerichtet, die einzelnen Funktionsbereiche bei Fehlern zu ertappen, statt sie zum Umdenken zu ermutigen. Man stellte ein funktionsübergreifendes Team zusammen, um in einem neugestalteten Überprüfungssystem eine ausgewogene Balance zwischen Kontrolle und Delegierung zu erreichen. Für jeden Geschäftsbereich und jede wichtige Phase der Produktentwicklung legte man in einem Handbuch allgemeine Zielvorgaben fest. Durch Berücksichtigung von Fragen, die sich den Projektteams im Rahmen ihrer Arbeit stellten, ergab sich die Detaillierung der Zielvorgaben von selbst. Auch die Aufgabe des leitenden Managements innerhalb des Kontrollprozesses wurde neu definiert. Danach wandte man das Handbuch auf ein Pilotprojekt an und verbesserte es im Lichte der dort gewonnenen Erfahrungen.

Veränderungen an offiziellen Regeln

Bei jeder Überprüfung konnte sich das Management von den Fortschritten überzeugen und dann die nötigen Mittel und Arbeitskräfte für die nächste Phase genehmigen. Nur an diesen Kontrollpunkten durften die Manager – etwa im Hinblick auf veränderte Kundenerwartungen oder ökonomische Voraussetzungen – eine Kurskorrektur am Entwicklungsprogramm vornehmen. Im Extremfall konnten sie es natürlich auch abblasen – aber eben nur, wenn ein Kontrollpunkt erreicht war. Zwischen den Phasen sollte sich das Management nicht einmischen, sondern nur als Mentor zur Verfügung stehen. Es wurden also sowohl machtausübende als auch handlungsauslösende Kräfte ausgewechselt.

Resultierender Verhaltenswandel

Die funktionsübergreifenden Produktentwicklungsteams nutzten die Zielvorgaben unverzüglich als Leitfaden, so daß jeder Funktionsbereich genau wußte, wann er welche Leistung zu erbringen hatte. Bereits nach wenigen Monaten konnten die Teams feststellen, daß sie Hand in Hand schneller arbeiteten und gleichzeitig das Ausmaß sich überlappender Anstrengungen verminderten.

Anfangs hielt sich das gegenseitige Vertrauen der Funktionsgruppen durchaus noch in Grenzen, aber sie erkannten in der neuen Regelung klare Leistungskriterien, an die sich auch die anderen halten mußten. Auch die demotivierende Angst vor einer von oben verordneten Abänderung oder gar vor einem Abbruch des Projekts in der laufenden Phase entfiel. Die Delegierung von Machtbefugnissen stand nicht mehr nur auf dem Papier, und Übergabeprobleme erschienen schon bald nicht mehr als Zeichen der Selbstsüchtigkeit einer Abteilung, sondern deuteten auf Schulungsbedarf des Teams.

Als sich die Erfolge des neuen Systems abzeichneten, begriffen die Funktionsbereiche, unter welchem unnötigen Druck sie bisher gestanden hatten, und fanden allmählich zu gegenseitigem Vertrauen. Auch hier erreichte man durch die Harmonisierung von machtausübenden und handlungsauslösenden mit den motivierenden Kräften eine Verhaltensänderung als Mittel zum Zweck, lange bevor die Mitarbeiter den neuen Verhaltensregeln auch aus innerer Überzeugung folgten.

Kunde gegen Kunde

Das Problem

Die Division für Komponenten eines internationalen Computerunternehmens verkaufte wichtige elektronische Komponenten an andere Divisionen des Unternehmens sowie an externe Kunden. Aber sie war wegen ihres schlechten Kundendiensts nach innen und außen verschrien. Die Frustration bei allen Beteiligten wuchs, und die Zukunft der Division stand in den Sternen. Welche Folgen sich daraus für das Gesamtunternehmen ergaben, wußte niemand.

Hauptsymptome

Lange Vorlaufzeiten, schlechte Kooperation. Zum letzten Mal.

Weitere Symptome

Die Schwierigkeit mit all diesen Schlüsselkomponenten war, daß sie meist nicht der allgemeinen Norm entsprachen. Um de facto gültige Industriestandards hatte sich die Division nie gekümmert, weil man sich für so innovativ hielt, daß man Standards selber schaffen konnte. Aber leider waren die Komponenten oft technologisch zweitklassig, so daß die Produkte des Hauses meist links liegengelassen wurden.

Beispiele heimlicher Spielregeln

»Wenn bestimmte Komponenten knapp werden, verkauft man sie an den Kunden, der am meisten Druck machen kann – also an eine andere Division des Unternehmens und nicht an einen externen Kunden.«

»Neue Komponenten, die einen Wettbewerbsvorteil versprechen, gehen so schnell wie möglich an externe Kunden, die dafür einen Aufschlag bezahlen.«

»Den internen Markt schröpfen – er muß ja kaufen.«

»Für die Division immer das Beste herausholen, wenn einem nicht eine der anderen Divisionen die Daumenschrauben anlegt.«

»Die richtige Antwort gibt es nicht, also muß man sich seine eigenen Regeln aufstellen.«

Primäre Veränderungsrichtung

Auf den ersten Blick möchte man meinen, hier tobe ein offener Bürgerkrieg. Aber so klar liegen die Dinge nicht. Es wird viel gekämpft, ja, aber wer kämpft eigentlich gegen wen? Wann stellt man sich auf die Seite welcher Partei? Darauf gibt es hier keine stimmige Antwort. Einmal schlägt sich die Division auf die Seite der anderen Divisionen des Unternehmens, ein anderes Mal auf die der externen Kunden. Dann wieder kämpft sie für sich selbst, aber nur wenn sie ungeschoren davonkommt. Die entscheidende Einsicht bringt erst das letzte ungeschriebene Gesetz: »Man muß sich seine eigenen Regeln aufstellen.« Und genau das passiert, bis hin zur totalen Anarchie. Daraus darf man schließen, daß irgend etwas mit den handlungsauslösenden Kräften nicht stimmt.

Zentrale Instrumente des Wandels

Strategische Instrumente: anzusetzen bei den Schlüsselkomponenten und bei der Strategie selbst.

Veränderungsansatz

Viele der heimlichen Spielregeln waren zurückzuführen auf das Fehlen einer klaren Strategie im Hinblick auf die Komponenten sowie auf deren internen Ankauf. Es lag nicht an der Unmenschlichkeit der Divisionsangehörigen. Sie hatten nur keine unzweideutigen Anhaltspunkte für die Handhabung eines Interessenausgleichs zwischen den verschiedenen Parteien.

Topmanager des gesamten Unternehmens und wichtiger externer Kunden untersuchten die Konflikte und bemühten sich, allen interessierten Parteien gerecht zu werden, also den internen und externen Kunden, den Mitarbeitern und Eigentümern. Anhand der Auflistung all dieser Bedürfnisse erkannte man zum ersten Mal, wie sehr sich einige davon widersprachen. So sehr nämlich, daß nach allen Seiten stimmige Entscheidungen von den Managern der Komponenten-division gar nicht zu erwarten waren.

Also setzten sich Vertreter der Interessengruppen in einem Workshop zusammen und gingen die Konflikte einen nach dem anderen durch, bis sie schließlich in allen Punkten zu einer einvernehmlichen Lösung gelangten.

Veränderungen an offiziellen Regeln

Die Vereinbarung wurde in Form einer Satzung für die Komponentendivision veröffentlicht:

Wenn die Vorräte bestimmter Komponenten knapp werden, werden sie gleichmäßig auf alle vorliegenden Bestellungen verteilt.

Neue Komponenten, die internen Kunden einen Wettbewerbsvorteil verschaffen könnten, werden externen Kunden erst nach sechs Monaten zugänglich gemacht.

Interne Kunden sind nicht mehr gebunden, können also auch extern einkaufen.

Resultierender Verhaltenswandel

Interne wie externe Kunden hatten ihre Frustration bald vergessen, als sie erkannten, daß sie eine faire Verteilung erwarten konnten. Interne Kunden fanden sich zu einer kooperativen Entwicklung wettbewerbsfähiger Produkte bereit, für die sie sechs Monate die Exklusivrechte innehaben würden. Die Komponentendivision ihrerseits begriff sehr schnell, woher der Wind wehte, und zeigte sich gegenüber den Wünschen interner Kunden sehr entgegenkommend. Man wußte ja, daß sie jetzt jederzeit abwandern konnten. Allmählich führten all diese Faktoren zu stärker wettbewerbsfähigen Produkten auf dem neuesten Stand der Technik. Und die wurden natürlich auch nicht mehr links liegengelassen.

Gehen und sterben lassen

Das Problem

Im folgenden ist die Rede von einem Chemieunternehmen mit mehreren Verarbeitungsbetrieben, von denen einige mit hochgefährlichen Substanzen umgehen. Verständlicherweise machte man sich Sorgen wegen möglicher Unfälle, die die Gesundheit der Mitarbeiter oder die Umwelt in Mitleidenschaft ziehen könnten. Man führte also regelmäßige Kontrollen zu Umwelt- und Sicherheitsfragen durch und überwachte die Leistungen der einzelnen Fabriken anhand eines ganzen Bündels von Kriterien.

Zwei in der Branche geläufige Kriterien sind gemeldete ›Vorfälle‹ und ›Unfälle‹. Von einem Vorfall spricht man, wenn jemand über eine schlecht verschlossene Zugangsklappe stolpert, sein Gleichgewicht wiederfindet und weitergeht. Ein Unfall liegt vor, wenn jemand anderer über dieselbe Klappe stolpert, sich den Knöchel verstaucht und dabei die Probe eines leicht entzündlichen Lösungsmittels verschüttet. Ein Vorfall ist ein Unfall, der nicht passiert. Für bestimmte Fabriktypen läßt sich die Zahl gemeldeter Vorfälle und Unfälle ziemlich genau vorhersagen.

Und da lag das Problem. In einer der besten Fabriken des Unternehmens blieb zwar die Zahl der gemeldeten Vorfälle auf Normalniveau, aber die Unfallkurve zeigte allmählich nach oben. Die meisten Betriebsangehörigen merkten von dieser Zunahme nichts. Aber beim Verantwortlichen des Betriebsschutzes löste das Schaubild an der Wand wachsende Beunruhigung aus. Auch in den nächsten Wochen kletterte die Kurve weiter nach oben. Er zeigte sie dem Werksleiter. Sie kamen zu dem Schluß, daß praktische Maßnahmen erforderlich waren.

Hauptsymptome

Eine steigende Zahl kleiner Unfälle. Gemeldete Vorfälle auf Normalniveau.

Weitere Symptome

Keine. Das Werk hatte einen ausgezeichneten Ruf. Moral und Engagement außerordentlich hoch. Das war das eigentlich Verwirrende daran. Man entschied sich für eine Analyse der heimlichen Spielregeln, um den Vorgängen auf den Grund zu gehen.

Beispiele heimlicher Spielregeln

»Wir sind alle Mitglieder eines Teams.«

»Fachliche Kompetenz gegenüber den Kollegen und dem Chef beweisen.«

»Alle ziehen an einem Strang – den Kollegen muß man immer aushelfen, denn beim nächsten Mal könnte es andersherum sein.«

»Der Buchstabe des Gesetzes zählt nicht; man muß alles für ein reibungsloses Funktionieren des Betriebs tun, egal, was in der Arbeitsbeschreibung steht.«

Primäre Veränderungsrichtung

Was war los? Die an sich vorbildlichen heimlichen Spielregeln standen dem allseits erwünschten Verhalten im Weg. Wenn Paul über eine Zugangsklappe stolperte, die Herbert richtig verschließen hätte sollen, dann schloß Paul sie an Herberts Stelle. Natürlich meldete Paul solch einen kleinen Vorfall nicht. Damit würde er Herbert doch nur mangelnde Kompetenz vorwerfen, und Herbert war doch kompetent. Außerdem würde Herbert genau das gleiche für ihn tun. Paul wird es Herbert direkt sagen und kann sich sicher sein, daß so etwas nicht wieder vorkommt. Man muß nicht alles gleich an die große Glocke hängen.

Aber leider hat sich hier ein kleiner Denkfehler einge-
schlichen. Die Klappe ist nicht deswegen unverschlossen,
weil Herbert nachlässig war. Er hat sie nämlich verschlossen.
Doch der Verschluß ist abgenutzt, und durch die Vibration
der auf vollen Touren laufenden Pumpe öffnet sich der Verschluß wieder. Später während Peters Schicht passiert dasselbe wieder, aber auch hier kommt es nicht zur Meldung.
Fritz geht es genauso, aber auch er erstattet keine Meldung.
Und wieder löst sich der Verschluß, aber diesmal kommt
Mary und stolpert mit ihrer leicht entzündlichen Probe darüber. Kein Problem, wenn die Funkenbildung des elektrischen Pumpenmotors bereits als Vorfall gemeldet und schon
behoben ist.

Ausgerechnet in solch einer Musterfabrik stoßen wir auf
einen Aufstand. Die Mitarbeiter reagierten nicht auf die
handlungsauslösende Kraft, die die Meldung von Vorfällen
festlegte. Aber nicht mit dem Ziel einer Rebellion, sondern
aus Menschenfreundlichkeit. Und weil sie kleinere Vorfälle
nicht meldeten, verhinderten sie jede Möglichkeit, potentielle Unfallursachen zu erkennen. Mit dem zunehmenden
Verschleiß der Maschinen wuchs schließlich auch die Zahl
der Unfälle, die mit den nicht gemeldeten Vorfällen in Zusammenhang standen.

Zentrale Instrumente des Wandels

Im Bereich Organisation, mit Prozeßaspekten.

Veränderungsansatz

Das Problem war beunruhigend und irreführend. Die logische Verbindung zur eigentlichen Ursache ließ sich nur mit
großem Aufwand herstellen. Es war schwer, das Übel an der
Wurzel zu packen. Aber die Lösung war dafür um so einfacher.

Der Werksleiter machte einfach die gesamte Belegschaft

auf die Zusammenhänge aufmerksam. Er erinnerte sie daran, daß sie ihren Kollegen am besten damit halfen, wenn sie möglicherweise ihr Leben retteten. Der Rest war bereits allgemein bekannt.

Veränderungen an offiziellen Regeln

Keine. Mit seinen Maßnahmen und seinem Verhalten bekräftigte der Werksleiter die gültige Politik. Er legte allen Beteiligten nahe, gemeldete Vorfälle als positive Anstrengung zur Vermeidung von Unfällen zu betrachten und nicht als negative Bürokratie zur Aufzeichnung von bereits dokumentierten Fehlern.

Resultierender Verhaltenswandel

Binnen zwei Wochen hatte sich das Verhältnis zwischen gemeldeten Vorfällen und Unfällen deutlich verbessert. Eine Zeitlang lag die Zahl gemeldeter Vorfälle höher als in vergleichbaren Fabriken. Dann sank die Zahl der Unfälle *unter* den Durchschnitt anderer Werke. Man war wieder auf Erfolgskurs.

Ein Depot zu weit

Das Problem

Ein großer Versand für Bürobedarf hatte Tausende von Produkten in seinem Sortiment. Trotzdem wurden all diese Artikel in einem einzigen Katalog angeboten. Manchmal riefen Kunden an und fragten, ob eine von ihnen gemachte Bestellung bereits bearbeitet sei. Oder sie baten um Änderung eines Postens: »Kann ich statt des blauen Papiers das weiße haben? Der Preis im Katalog ist der gleiche, also macht es ja keinen Unterschied.«

Solche Anfragen lösten ein einziges Chaos aus. Der Computer konnte zwar eine Antwort geben, aber die erwies sich allzu oft als falsch. Statt »Ihre Bestellung ist bereits unterwegs« hätte es heißen müssen: »Sie ist noch nicht hinausgegangen, weil noch ein Lagerartikel fehlt. Sollen wir sie sofort abschicken oder warten, bis sie vollständig ist?« Und statt »Ihre Auftragsänderung ist durchgeführt« hätte es heißen müssen: »Leider ist die Lieferung mit Ihrer ursprünglichen Bestellung schon unterwegs. Wir werden dem Fahrer sagen, er soll das blaue Papier aussortieren, und dann das gewünschte weiße umgehend nachschicken.«

Hauptsymptome

Ungenaue Lieferungen, nicht eingehaltene Zusagen.

Weitere Symptome

Wachsende Frustration in der Kundendienstabteilung. Und was hat das mit heimlichen Spielregeln zu tun? Liegt doch auf der Hand, daß es sich um ein Problem der Logistik und des Vertriebs handelt. Vielleicht sind die Computersysteme nicht genügend ausgefeilt, um alles richtig zu bearbeiten. Vielleicht hapert es an der Kommunikation im Vertriebsnetz, so daß die Fahrer nicht verständigt werden können, wenn sie bereits unterwegs sind. Oder aber die Lagerhaltung muß rationalisiert werden, damit Auftragsänderungen leichter durchgeführt werden können. Wo soll da der Zusammenhang mit heimlichen Spielregeln sein?

Zur Lösung dieses Problems muß man tiefer gehen und eine Standardfrage stellen: »*Wie konnte solch eine Problematik in einem Unternehmen voller kompetenter Leute überhaupt entstehen?*« Auf unseren konkreten Fall bezogen lautet die Frage also, weshalb der Versand, der ja die Bedeutung des Kundendienstes sehr genau kannte und große Anstrengungen zur Automatisierung seiner Betriebsvorgänge unternommen hatte, solche enormen Probleme in der Logistik und im Vertrieb aufkommen ließ.

Beispiele heimlicher Spielregeln

»Als Depotmanager hat man die Freiheiten, die man sich nimmt, also muß man sich eine Nische schaffen.«

»Nur der Zentrale nicht ins Gehege kommen.«

»Klein ist schön, weil einen niemand sieht, also muß man seinen Bereich so abstecken, daß er groß genug ist, aber nicht zu groß.«

»Die Depotmanager können uns in der Zentrale sehr behilflich sein, wenn wir in der Klemme stecken, also sollte man sie auch nicht brüskieren.«

»Die Depots können uns sehr viel Ärger machen, wenn sie nicht auf unserer Seite stehen, weil dort starke Persönlichkeiten sitzen – also müssen wir eben teilen und herrschen.«

Primäre Veränderungsrichtung

Spätestens jetzt zeigt es sich, daß die Probleme im Vertrieb und der Lagerhaltung nicht zufällig, sondern systembedingt waren. In der Vergangenheit hatte man immer wieder Korrekturversuche unternommen, aber ohne greifbares Resultat. Es gab immer noch rund dreißig Depots, die auf einen Raum von wenigen hundert Quadratkilometern verteilt waren. Auf Lagerebene wollte man es auch so. Und letztlich wollte man es in der Zentrale genauso. Im Grunde genommen blockten die Beteiligten sämtliche Veränderungsbemühungen ab, weil sie gar kein Interesse an einem Wandel hatten.

Wenn man nur gegen das Symptom – die ineffiziente Lagerhaltung – vorgegangen wäre, dann wäre man entweder nie zu einer echten Lösung gekommen, oder aber es wären in der Zukunft ganz ähnliche Probleme aufgetaucht. Man mußte das Problem an der Wurzel packen. Subversion im Unternehmen deutet auf Konflikte mit motivierenden Kräften. Dort lag also der Ansatzpunkt für Veränderungen.

Zentrale Instrumente des Wandels

Wie von Anfang an vermutet: im Bereich Ressourcen und Prozesse, und zwar in der Lagerhaltung sowie im Vertrieb und der Logistik.

Veränderungsansatz

Das Unternehmen entschloß sich, in den sauren Apfel zu beißen. Man hatte das unauflösliche Mißverhältnis zwischen den bestehenden motivierenden Kräften der Depotmanager und den vom Management erwünschten erkannt. Man sah keine Möglichkeit, den alten Kräften auf neue Art gerecht zu werden. Von einem schmerzlosen Zurechtrücken ungeschriebener Gesetze konnte hier keine Rede sein.

Veränderungen an offiziellen Regeln

Nach einer durchgreifenden Rationalisierung des Vertriebsnetzes gab es nur noch eine Handvoll Depots. Von den alten Depotleitern entschieden sich nur wenige zum Bleiben, und den anderen weinte man auch keine Träne nach. Die entstandenen Lücken schloß eine neue Generation, die aus den eigenen Reihen hervorging.

Resultierender Verhaltenswandel

Damit war der Teufelskreis ein für allemal durchbrochen. Es gab keine Depotleiter mehr, die mit ihrer Selbstherrlichkeit ein Chaos auslösen konnten. Es hatte nicht nur an der Logistik gelegen. Es war von Anfang an ein Personalproblem.

Robocop

Das Problem

Unser nächster Fall handelt von einem Hersteller, der die führenden Unternehmen der Automobilbranche beliefert und immer unter dem Druck steht, auf deren Launen zu reagieren. Mitte der achtziger Jahre führte man im Betrieb flexible Automation ein, und zwar in erster Linie hochkomplexe Industrieroboter sowie computergesteuerte Kontrolldrehbänke und Fräsmaschinen.

Aber das Unternehmen stieß immer wieder auf Schwierigkeiten. Rasche Konstruktionsänderungen blieben trotz flexibler Fertigung ein Ding der Unmöglichkeit. Dumme Versehen führten zu enormen Störungen. Völlig offensichtliche Fehler blieben unbehoben, bis sie sehr viel später große Probleme auslösten. Und doch schien niemand dafür verantwortlich zu sein. Manager und Aufseher nahmen ihre Arbeit sehr ernst, und die Mitarbeiter zeigten sich freundlich und folgten beflissen allen Anordnungen.

Hauptsymptome

Unfähigkeit zu raschen, von Kunden gewünschten Konstruktionsänderungen.

Weitere Symptome

Hohe Betriebskosten.

Beispiele heimlicher Spielregeln

»Tu, was man dir sagt.«

»Fürs Denken sind die Roboter zuständig, den eigenen Verstand kann man am Fabriktor abgeben.«

»Eigeninitiative ist unerwünscht und wird auch nicht honoriert, also hält man besser den Mund.«

»Wir hier im Betrieb sind freundlich zueinander, also macht man lieber keinen Wirbel und versteht sich mit allen.«

Primäre Veränderungsrichtung

Solche heimlichen Spielregeln sind schlechte Neuigkeiten. Die Mitarbeiter sabotieren zwar den Betrieb nicht willentlich, aber sie haben ihm den Rücken gekehrt. Ein frühes Stadium von Unternehmensselbstmord. Die Einführung der Automation hat die verbleibenden Mitarbeiter völlig demotiviert, weil ihnen nur noch einfache Handgriffe bleiben. Mit Ausnahme von Lohn und Arbeitsplatz sind all ihre motivierenden Kräfte einfach ignoriert worden. Natürlich zeigen die Arbeiter keine Eigeninitiative. Natürlich machen sie keine Vorschläge zur Verbesserung oder Vermeidung von Problemen. Natürlich fallen ihnen keine Abkürzungen ein. Warum auch? Alle Möglichkeiten zur Anwendung ihrer menschlichen Fähigkeiten für das Unternehmen sind systematisch abgeschnitten worden. Man hat sie auf das Niveau einer Maschine degradiert. Wenn man einen der Maschinenaufseher fragte, weshalb er dem Unternehmen nicht mit einem kleinen Tip ein kleines Vermögen an Betriebskosten erspart hatte, antwortete er: »Weil von denen noch nie einer meine Meinung wissen wollte.«

Zentrale Instrumente des Wandels

Im Gegensatz zum vorherigen Beispiel war es hier nicht nur möglich, den motivierenden Kräften der Mitarbeiter auf neue Art zu entsprechen, sondern auch überaus wünschenswert. Denn das Unternehmen arbeitete nur mit halber Kraft. Man bezahlte den Arbeitern den üblichen Lohn, nutzte jedoch nur einen Teil ihrer geistigen Kapazität. Solch ein Luxus war vielleicht einmal ökonomisch sinnvoll zu Zeiten, als die Ausbeutung menschlicher Arbeitskraft nicht viel kostete. Heutzutage können sich so etwas nur noch die wenigsten Unternehmen leisten. Um den Trend zum Unternehmensselbstmord umzukehren, mußte man das Gleichgewicht zwischen Prozessen, Ressourcen und Organisationsinstrumenten verschieben.

Veränderungsansatz

Zum einen mußte man der Flut steriler Computer und Roboter Einhalt gebieten, deren übertriebener Einsatz die Kreativität der menschlichen Arbeitskräfte abwürgte.

Zum anderen beteiligte man die Mitarbeiter zusammen mit Experten für flexible Fertigungstechnologie an der Entwicklung von Systemen, die als Verstärker von Fähigkeiten dienten, die die Mitarbeiter besaßen oder durch Ausbildung erwerben konnten, statt diese durch maschinelle Alternativen einfach zu ersetzen. So wurde etwa ein Handwerker in der Bewertung komplexer, hochempfindlicher maschinengefertigter Teile unterwiesen. Dabei hatte er darüber zu befinden, welcher aus einer ganzen Reihe maschineller Arbeitsgänge nötig war, um das Teil mit möglichst geringem Aufwand fertigzustellen.

Veränderungen an offiziellen Regeln

Jede Bestimmung des neuen Systems war auf eine maximale Ausnutzung menschlicher Fähigkeit und Urteilskraft ausgelegt. Darüber hinaus nahm man auch allmählich Veränderungen an bereits vorhandenen flexiblen Fertigungstechnologien vor. Modifikationen am Lohnsystem zielten darauf, die Mitarbeiter zur Erweiterung ihrer Kenntnisse zu ermuntern. Als Anreiz für gute Leistungen und Eigeninitiative wurden Ausbildungsprogramme angeboten. Ein Briefkasten für Verbesserungsvorschläge wurde eingeführt, und für gute Ideen gab es wiederum Prämien und Kurse.

Resultierender Verhaltenswandel

Im Verlauf des folgenden Jahres änderte sich die Einstellung
der Belegschaft von Grund auf. Es waren immer noch die
gleichen Mitarbeiter. Die Personalfluktuation sank sogar
drastisch. Aber sie fingen an, sich zu engagieren. Sie erkannten Fehler, bevor sie auftraten. Sie fanden Abkürzungen. Sie
erhöhten die Reaktionsfähigkeit der Organisation. Sie zogen
das Unternehmen aus dem Sumpf.

Liebling, ich habe rationalisiert

Das Problem

In den frühen neunziger Jahren erlebte die Abteilung für
Forschung und Entwicklung eines der großen multinationalen Konzerne eine umfassende Rationalisierung. Wie viele
andere war das Unternehmen zu der Erkenntnis gelangt,
daß die Durchführung von Grundlagenforschung keine halt-
bare Strategie mehr war. Angesichts des starken ökonomischen Drucks sah man sich sogar gezwungen, praktisch die
gesamte Forschungs- und Entwicklungsarbeit in projektge-
bundene Kanäle umzulenken – in einer Übergangszeit von
nur wenigen Jahren.

Gegen den erbitterten Widerstand des Abteilungsleiters,
der später kündigte, wurde diese Entscheidung durchgedrückt. Dann kam die Sense, und mit jedem Hieb verloren
Hunderte von Leuten ihre Arbeit. Die Moral sank auf den
Tiefpunkt. Dann hörten die Hiebe auf. In einem Memo
wurde verkündet, das Schlimmste sei vorbei und die Herausforderung für alle bestehe jetzt im Aufbau einer neuen Organisation auf den alten Fundamenten. Eine Strategieer-
klärung zirkulierte. Alle hielten den Atem an. Würde es
funktionieren?

Hauptsymptome

Nach achtzehn Monaten Rationalisierung fühlten sich alle, als hätten sie eine Serie von Terroranschlägen überlebt. Nichts würde mehr so wie früher sein. Niemand fühlte sich mehr sicher. Was kam als nächstes?

Weitere Symptome

Es gab deutliche Anzeichen dafür, daß man sich auf die Bedürfnisse der Geschäftsbereiche eingestellt hatte. Auch die Moral hatte sich einer Umfrage zufolge wieder etwas erholt. Die Einschnitte waren sehr schmerzlich gewesen, und die Übriggebliebenen konnten ihr Glück kaum fassen. Alle klammerten sich an die Hoffnung, daß das Unternehmen den Übergang geschafft hatte und sich wieder an einer mittelfristigen marktbestimmten Nachfrage orientierte. Es schien zu schön, um wahr zu sein. Zu schnell, um stabil zu sein.

Das Topmanagement entschied sich instinktiv fürs Abwarten, um nicht noch mehr Staub aufzuwirbeln. Um eine Phase der Konsolidierung zu ermöglichen. Nach einem Jahr konnte man dann erforderliche Kurskorrekturen vornehmen. Aber erst einmal wollte man einen Blick auf die neuen heimlichen Spielregeln werfen – und dann abwarten.

Beispiele heimlicher Spielregeln

»Die Geschäftsbereiche haben jetzt das Sagen, also muß man sich immer nach den neuen Leistungskriterien richten, damit man mit seiner Arbeit Anklang findet.«

»Die guten alten Tage der freien Forschung sind für immer vorbei, also muß man sein Fachwissen so anwenden, daß es einen praktischen Nutzen abwirft.«

»Das Unternehmen hat jeden moralischen Vertrag zu einer Karriere in der Abteilung gebrochen, also muß man die Augen offenhalten, um anderswo einen besseren Job zu finden.«

»Der eigene Arbeitsplatz ist nur so sicher wie die Erneuerung des Jahresbudgets für das Labor, also kann man nicht länger planen als für ein Jahr.«

Primäre Veränderungsrichtung

Gute Karten für die Gegenwart, schlechte für die Zukunft. Alle Übriggebliebenen hatten sich zu der Erkenntnis durchgerungen, daß sie von nun an die Bedürfnisse der Geschäftsbereiche erfüllen mußten. Sie legten nicht nur Lippenbekenntnisse ab. Auch die Moral erholte sich allmählich. Das Bild der Abteilung nach der Rationalisierung entsprach demnach ziemlich genau den Vorstellungen des leitenden Managements.

Aber lassen wir zwei Jahre ins Land ziehen. Inzwischen hat sich jeder seine Gedanken darüber gemacht, welche Bedingungen erfüllt sein müssen, damit er das Schiff verlassen und in ein anderes Unternehmen eintreten oder sich selbständig machen kann. Wenn sich der Arbeitsmarkt erholt hat, kündigen die besten Leute allesamt, weil die Gehälter in anderen Unternehmen meist höher liegen. In der Vergangenheit wurde dies durch die Sicherheit des Arbeitsplatzes wettgemacht, aber das gilt ja wohl nicht mehr. Da nach der Rationalisierung keine leistungsschwachen Mitarbeiter mehr in der Abteilung sind, bleibt nach der Kündigung der Klassenbesten nur noch Durchschnitt. Aber selbst dieser zerfällt in zwei Teile, von denen einer aufgrund seiner breiten Palette von Kenntnissen durchaus noch Chancen auf dem Arbeitsmarkt hat. Auch dieser Teil kündigt. Als einzige Mitarbeiter verbleiben also diejenigen mit dem Profil eines durchschnittlichen Spezialisten. Nicht gerade das ideale Fundament für die neue Strategie zur Forschung und Entwicklung.

Und da lag das andere Problem. Die Strategie verlangte

nämlich, daß sich innerhalb weniger Jahre ganze Abteilungen freiwillig umstellen und neue Entwicklungskenntnisse erlernen sollten. Aber in der Praxis wollte niemand das Risiko einer kurzfristigen Leistungssenkung eingehen, um in einigen Jahren besser dran zu sein. Durch die Abstellung von ein oder zwei Teammitgliedern für Ausbildungskurse hätte die Arbeitsgruppe an Leistungskraft verloren. Kein Team wollte sich am Jahresende das Budget beschneiden lassen, weil man nicht genügend produktiv war. Die Abteilung stand vor einer allgemeinen Panik.

Zentrale Instrumente des Wandels

Im Bereich Strategie und Organisation.

Veränderungsansatz

Auf die Mitarbeiter mit den richtigen Fähigkeiten zur Realisierung der Strategie zugehen und ihnen diese genauer auseinandersetzen.

Veränderungen an offiziellen Regeln

Die neue Strategie wurde geklärt und in ihren Einzelheiten dargelegt, so daß jedes Labor die Konsequenzen selbst abschätzen konnte. Man traf Vereinbarungen mit den einzelnen Labors über den Zeitpunkt der Umstellung und über den akzeptablen Rahmen für Leistungsrückgänge in der Übergangsphase. Mit den für die Strategie entscheidenden Mitarbeitern führte man Einzelgespräche und machte sie auf ihre Sonderstellung aufmerksam.

Resultierender Verhaltenswandel

Die Kaninchen wandten den Blick von der Schlange und fingen an zu laufen. Die Labors vergaßen ihre Panik und arbeiteten mit wachsendem Enthusiasmus. Die besten Leute gingen mit Feuereifer an die Sache und dachten nicht mehr an eine Kündigung. Als sich der Arbeitsmarkt allmählich erholte, fühlten sich die Leute bereits als Angehörige einer neuen Art von Forschungsabteilung. Jetzt hatte die Wiedergeburt wirklich begonnen.

VII. Twentieth Century Flops

Wir haben jetzt eine ganze Reihe von Fällen kennengelernt, in denen sich ein Unternehmen aufgrund seines Wissens um die heimlichen Spielregeln aus deren Würgegriff lösen konnte. Natürlich ist jede Problematik und demzufolge auch jede Lösung einmalig. Das ist ja gerade der springende Punkt am Verständnis der ungeschriebenen Gesetze. Und aus diesem Grund gibt es auch keine wirklichen Patentrezepte.

Dennoch lassen sich bei besonders schwerwiegenden, von heimlichen Spielregeln heraufbeschworenen Problemen bestimmte wiederkehrende Muster ausmachen. Und deshalb lassen sich auch allgemeine Ansätze zur Bewältigung dieser Probleme empfehlen.

Die fünf Kapitel in diesem Teil des Buches folgen dem bereits bekannten Schema vom Problem bis zum resultierenden Verhaltenswandel. Es handelt sich dabei jedoch nicht um Darstellungen bestimmter Unternehmen, sondern um eine Klassifizierung anhand der Zuordnung von Einzelfällen. Dabei kommt die Sprache auf vier der schädlichsten Nebeneffekte, die heute in Unternehmen vorherrschen: ein isoliertes und ineffektives Topmanagement, unerschlossenes Potential gescheiterter Veränderungsbemühungen; mißlungene Fusionen, Übernahmen und Joint-Ventures; und Unternehmen, die vom Weg abkommen und zu Dinosauriern werden.

Jeder dieser Nebeneffekte läßt sich vermeiden, wenn man von den ungeschriebenen Gesetzen ausgeht, um die Zusammenhänge zu begreifen.

Das Schweigen der Lämmer

Das Problem

Viele Vorstandsvorsitzende, mit denen ich ins Gespräch komme, fühlen sich isoliert. Andere fühlen sich nicht isoliert, sind es aber trotzdem. Manchmal hat die gesamte Führungsspitze den Kontakt zum Geschehen im eigenen Unternehmen verloren. Sie ist zu einer abgehobenen Elite geworden.

Besonders gegenwärtig ist mir das Beispiel eines bekannten internationalen Unternehmens. Mit einem der zeitweiligen Vorstandsmitglieder war ich befreundet. Er verlor seinen Posten auf Druck der Öffentlichkeit, als sich schon ein Jahr nach seiner Berufung herausstellte, daß er ganz offenbar den Kontakt zur Wirklichkeit des Unternehmens verloren hatte.

Hauptsymptome

Elitedenken. Bequemlichkeit. Der amerikanischen Hotelbranche geht es zur Zeit nicht besonders. Dessenungeachtet treffen sich die Spitzenkräfte einer der führenden Ketten an vier Abenden pro Woche in einem exklusiven Speisesaal und unterhalten sich – über Gott und die Welt. An einem Wochentag beenden sie die Arbeit schon nach dem Mittagessen. Für Topmanager ist dies leider nicht die Ausnahme.

Weitere Symptome

Selbstgefälligkeit. Vor einigen Monaten hielt ich eine Dinnerrede über die heimlichen Spielregeln. Danach bemerkte der Präsident eines sehr großen Unternehmens vor den versammelten Gästen, auch er sehe die Existenz ungeschriebener Gesetze, aber ihr Inhalt interessiere ihn nicht. Wenig später traf ich mit einigen seiner Manager der mittleren Ebene zusammen. Sie machten sich über die potentielle Schädlichkeit ungeschriebener Gesetze keine Illusionen. In der Folgezeit konnte ich mich in einem der Vorposten dieses Unternehmensimperiums umtun. Die heimlichen Spielregeln zeitigten verheerende Folgen.

Beispiele heimlicher Spielregeln

»Man muß sich als würdiges Mitglied des Vorstandsclubs erweisen.«
»Alles unterlassen, was Wellen schlagen könnte.«
»Dem Präsidenten keine schlechten Nachrichten überbringen – er verwechselt gern den Boten mit der Botschaft.«
»Bei Gesprächen mit dem Vorstandsvorsitzenden von allen Glanztaten berichten, die man seit der letzten Begegnung vollbracht hat.«

Primäre Veränderungsrichtung

Motivierende, machtausübende und handlungsauslösende Kräfte. Mit einer wechselseitigen Verstärkung alter Verhaltensweisen auf vielen Ebenen muß gerechnet werden. Es gilt, alle Kausalzusammenhänge zu durchbrechen.

Zentrale Instrumente des Wandels

Hauptsächlich im Bereich Organisation, zum Teil auch bei den Prozessen.

Veränderungsansatz

Der Vorstand muß den Mut aufbringen, sich selbst den Spiegel vorzuhalten. Und etwas tun, wenn ihm nicht gefällt, was er darin sieht. Man sollte damit nicht so lange warten, bis das Unternehmen in Schwierigkeiten steckt. Und man sollte sich nicht in dem Glauben wiegen, daß sich die Manager angesichts wachsender Probleme zu einem Verhaltenswandel durchringen werden. Das wäre ein fataler Irrtum. Manager in einem Unternehmen, das auf den Abgrund zuschlittert, klammern sich oft um so stärker an die Vergangenheit. Sie halten fest an den Werten, denen sie ihre vergangenen Erfolge verdanken. Wenn man von der Logik eines Wandels überzeugt ist, dann steht man ihm auch offener gegenüber. Aber Voraussetzung für das Akzeptieren der Logik ist, daß man sich sicher fühlt.

Veränderungen an offiziellen Regeln

Diese hängen mehr vom Ansatzpunkt ab als vom eigentlichen Ziel. Es geht ja nicht nur um eine Verhaltensänderung auf Führungsebene, sondern auch bei den nachfolgenden Rängen. Früher dachte ich, daß man damit nicht durchkommt. Wenn der Bote für seine Botschaft in der Vergangenheit immer Prügel bezogen hat, dann lassen sich die Leute nur sehr langsam davon überzeugen, daß die Brachialitäten endgültig ad acta gelegt worden sind.

Resultierender Verhaltenswandel

Heute weiß ich, daß man den entstandenen Zynismus auch schneller abbauen kann, um das verlorene Vertrauen wiederzugewinnen. Aber dieser Prozeß verlangt schonungslose Offenheit und das Eingeständnis früherer Fehler. Eine andere Möglichkeit gibt es nicht. Wenn man das Verhalten der Führungsspitze verändern möchte, ohne die Maske abzulegen, stellt sich ein zählbarer Nutzen nur sehr langsam ein. Zuerst müssen die Mitarbeiter bemerken, was man macht. Als nächstes wollen sie sehen, wie man sich bewährt. Und erst dann sind sie überzeugt. Die ganze Zeit über erhält man keine positive Bestätigung für seine Veränderungsbemühungen und läuft Gefahr, den alten Schlendrian wieder einreißen zu lassen. Statt dessen sollte man sich von Anfang an für vollkommene Aufrichtigkeit entscheiden. Es ist erstaunlich, wie schnell man Unterstützung erhält, wenn man seine Karten offen auf den Tisch legt.

Der große Bluff

Das Problem

Am Anfang dieses Buches sprach ich von einer steigenden Quote von Fehlschlägen, die Topmanager mit ihren Veränderungsvorhaben erleben. Sie probieren es mit Total Quality Management, mit Rationalisierung und mit Process Reengineering, müssen aber feststellen, daß die Umsetzung nicht zu den erwarteten Erfolgen führt. Eine Seite des Problems liegt natürlich darin, daß die tiefhängenden Früchte schon gepflückt sind. Um die nächste Ebene von Möglichkeiten einer Leistungsverbesserung zu erreichen, muß man sich noch mehr strecken und steht wieder vor dem Dilemma des Wandels: Das höchste Verbesserungspotential liegt in Ansätzen, die auch die größten Risiken mit sich bringen.

Die andere Seite des Problems ist der Faktor Mensch. Jede neue Welle im Managementdenken verlangt von den Mitarbeitern eine Veränderung ihres Verhaltens. Und es sollte mittlerweile unmißverständlich klargeworden sein, daß man hier gegen eine Wand rennt, wenn man die heimlichen Spielregeln nicht versteht.

Wenn diese beiden Faktoren verantwortlich sind für eine wachsende Anzahl ›fehlgeschlagener‹ Veränderungsinitiativen, so verbirgt sich dahinter in Wirklichkeit ein riesiges Potential unerschlossener Faktoren. Schließlich hat das Management ja fast alles richtig gemacht. Aber die wenigen Aspekte, die man übersehen oder falsch eingeschätzt hat, haben zu einer völligen Blockade geführt. Die Manager haben die hochhängenden Früchte tatsächlich erreicht. Mit den Fingerspitzen. Aber sie konnten sie nicht fest genug fassen, um sie vom Zweig zu pflücken.

Hauptsymptome

Eine wirklich erfolgreiche Umsetzung und mit ihr der umfassende Nutzen sind ausgeblieben.

Weitere Symptome

Vielleicht können die Leute mit dem gescheiterten Veränderungsversuch recht gut leben, oder aber sie wissen nicht einmal, daß er mißlungen ist.

Beispiele heimlicher Spielregeln

Barrieren für den angestrebten Wandel können von allen in diesem Buch beschriebenen heimlichen Spielregeln und unbeabsichtigten negativen Nebeneffekten hervorgerufen werden. Aber Vorsicht. Hier gilt es nicht nur, jene Regeln ins Kalkül zu ziehen, die vielleicht im Zuge der Umsetzung neuer Unternehmensprozesse zu ungewollten Konflikten führen. Zu beachten sind auch eventuelle Behinderungen für den Prozeß der Umstrukturierung selbst. Ungeschriebene Gesetze können also die Chancen zum Erreichen des optimalen Ziels auch insofern zunichte machen, als sie die *Wahl* des Ziels manipulieren.

Beispiele gibt es in Hülle und Fülle: »Nicht zuviel Zeit verschwenden auf die neuesten Marotten«, »Man muß alle zufriedenstellen«, »Handeln nur im Konsens«, »Am besten, man konzentriert sich auf den eigenen Bereich«, »Bloß keine Übergriffe auf den Bereich eines anderen«, »Alles unterlassen, was Wellen schlagen könnte«, »Keine Mißerfolge durch ehrgeizige Versprechungen heraufbeschwören«, »Nur nicht radikal erscheinen« oder »Nicht den eigenen Job wegrationalisieren«.

Primäre Veränderungsrichtung

Das gesamte System von motivierenden, machtausübenden und handlungsauslösenden Kräften. Es ist unabdingbar, jedes ungeschriebene Gesetz im Zusammenhang mit Auswahl, Gestaltung und Umsetzung des Prozesses zu berücksichtigen.

Zentrale Instrumente des Wandels

Harmonisierung der Ressourcen mit Organisation und Prozessen.

Veränderungsansatz

Einige Ansätze empfehlen sich hier besonders. Zunächst sollten im Gestaltungsteam auch diejenigen sitzen, die die Empfehlungen umsetzen müssen. Diese müssen von allen einhellig befürwortet werden. Falls man externe Experten hinzuzieht, sollten diese nur eine beratende Funktion haben. Die Verantwortung für die Entscheidungsfindung sollte nicht an Außenstehende delegiert werden. Die Unterstützung der Berater muß darauf zielen, daß das Team selbst zu einer Lösung kommt. Diese wird wahrscheinlich nicht so sauber ausfallen wie eine von Experten erarbeitete. Aber das ist ja auch der Sinn der Sache.

Eine kontinuierliche Kommunikation zwischen den für die Gestaltung und den für die Umsetzung Verantwortlichen muß gewährleistet sein. Im Idealfall vollzieht sich der Übergang nahtlos. In der Praxis ist eine gewisse Fluktuation der Beteiligten nicht zu vermeiden. Auch die Pläne und ihre Realisierung, die ein Team in Eigenverantwortung beschließt, weichen erfahrungsgemäß in einigen Punkten von den Ausgangskoordinaten ab, so daß die neuen Ergebnisse erst in einer Zwischenphase von einer größeren Gruppe verarbeitet werden müssen.

Zu guter Letzt sollte man sich nicht ausschließlich auf das Erreichen einer optimalen Lösung festlegen. Und auch nicht auf die Umsetzung einer optimalen Lösung. Das Augenmerk sollte sich vornehmlich auf einen anhaltenden geschäftlichen Nutzen richten. Denn nur dies zählt letztlich als Leistungsmaßstab.

Veränderungen an offiziellen Regeln

Mehr denn je zielen Veränderungen an ›geschriebenen‹ Gesetzen auf Maßnahmen und Verhaltensweisen des Managements statt auf offizielle Grundsätze und Regeln. Die Unterstützung des Wandels durch die Unternehmensleitung muß in Taten zum Ausdruck kommen, nicht in Worten. *Jetzt* ist der Zeitpunkt für Visionen und Führungsstärke gekommen, die man freilich auch in angemessener Form vermitteln muß: mit Emphase und Nachdruck, aber auch mit Verständnis und Wissen. Man muß konstruktive Unterstützung gewähren und den Mut besitzen, daran festzuhalten. Aber vor allem muß man ein waches Gespür für die heimlichen Spielregeln haben.

Resultierender Verhaltenswandel

Nur dann wird die Blockade durchbrochen und ein Strom unerschlossener Möglichkeiten freigesetzt.

Wer einen Tiger reitet

Das Problem

Einer der größten Verlage kauft im Lauf der Jahre eine große Zahl kleinerer Häuser auf. Als zusammenhängendes Ganzes wollen sie jedoch nicht so recht funktionieren. Ein großes Versorgungsunternehmen übernimmt eine Reihe von Energieerzeugern und -lieferanten, aber es erweist sich als unmöglich, aus dieser Ansammlung von scheinbar ähnlichen Teilen eine schlagkräftige Einheit zu formen.

Auf einem anderen Kontinent fusioniert eine große Fluggesellschaft mit einer anderen. Trotz guten Willens auf beiden Seiten und vermeintlich ähnlicher Werte und Überzeugungen entpuppt sich die Realisierung der hochfliegenden Pläne als äußerst problematisch. Viertausend Kilometer weiter geht ungefähr zur selben Zeit eine Ölgesellschaft ein strategisches Bündnis mit einem lokalen Konkurrenten ein. Auch hier versteht man nicht, weshalb sich die Dinge nicht nach Wunsch entwickeln.

Und schließlich analysiert ein Kreditinstitut das Investitionspotential eines Übernahmevorschlags. Auf dem Papier sieht alles sehr verlockend aus, und man schließt ab. Drei Jahre später ist man aus dem Kontrakt ausgestiegen. Die Sache hat einfach nicht geklappt, man hat Geld verloren, und niemand begreift die Gründe. Auf dem Papier sieht es immer noch nach einem guten Geschäft aus. Und was ist, wenn einem morgen ein ähnlicher Vorschlag gemacht wird? Soll man darauf eingehen?

Hauptsymptome

Das ganze Gerede von Synergie vor der Übernahme, der Fusion oder dem Bündnis zerplatzt schon bald nach Vertragsabschluß wie eine Seifenblase.

Weitere Symptome

Gewinnerwartungen bleiben unerfüllt. Unfähigkeit zur Kooperation. Man pocht auf angestammte Revierrechte. Schlechte Kommunikation. Frustration.

Beispiele heimlicher Spielregeln

Der konkrete Inhalt der heimlichen Spielregeln spielt hier eine eher untergeordnete Rolle. Die Probleme entstehen, weil die Regelwerke nicht zueinander passen. Die Untersuchung ungeschriebener Gesetze zweier zusammengehender Unternehmen ergibt meist eines von drei Mustern. Ist eine Partei dominant, wie zum Beispiel bei einer Übernahme, dann zwingt sie der anderen wichtige machtausübende und handlungsauslösende Kräfte auf: Neubesetzung von Schlüsselpositionen, unternehmensweite Einführung von Leistungsmaßstäben und Beurteilungssystemen. Wenn

keine der beiden Seiten eine beherrschende Stellung ein-
nimmt, dann sind zwei Reaktionen möglich. Entweder
bemühen sich die zwei Parteien um die Aufrechterhaltung
eigener machtausübender und handlungsauslösender Kräfte,
oder aber sie schaffen daraus ein neues gemeinsames System, das beide Gruppen berücksichtigt.

Primäre Veränderungsrichtung

Was passiert hier? In jedem der geschilderten Fälle führt
man durch einen Zusammenschluß bewußt Bedingungen
herbei, die bei der Einführung einer großangelegten Veränderungsinitiative meist unbeabsichtigt entstehen. Das
heißt, es werden neue geschriebene Gesetze und Managementmaßnahmen durchgesetzt, die sehr wahrscheinlich
allen bestehenden heimlichen Spielregeln zuwiderlaufen.
Und im Falle einer Übernahme geschieht dies ja auch mit
voller Absicht.

Zentrale Instrumente des Wandels

Wie bei einer Organverpflanzung muß das Spenderorgan
zum Empfänger passen, weil es sonst abgestoßen wird. Die
primären neuen machtausübenden und handlungsauslösenden Kräfte, aber selbstredend auch die neuen motivierenden Kräfte müssen mit den bestehenden heimlichen Spielregeln vereinbar sein. Wenn diese Kompatibilität nicht
gegeben ist, droht eine ganze Palette unerwünschter Nebeneffekte.

Veränderungsansatz

Wenn die dominante Seite einem übernommenen Unternehmen die eigenen Managementformen aufzwingt, muß es
zu solchen Nebeneffekten kommen. Falls die zwei Parteien
im wesentlichen die Kontrolle über ihren jeweiligen Bereich
bewahren, dann schreiben sie damit auch ihre Unvereinbar-

keit fest. Aber selbst wenn beide Seiten im Rahmen einer Fusion oder einer Allianz sehr konziliant miteinander umgehen und gemeinsame Kontrollmechanismen einführen, werden sie trotzdem auf Probleme stoßen. Denn beide haben unter Nebeneffekten zu leiden, die aus der Inkompatibilität mit ihren ursprünglichen heimlichen Spielregeln entstehen. Kein Wunder also, daß sich Übernahmen, Fusionen und strategische Bündnisse immer wieder als problematisch erweisen. Über die Attraktivität einer solchen Transaktion entscheidet also keineswegs allein deren finanzieller Aspekt. Zu bedenken gilt es stets auch, daß neue Strategien, Prozesse, Ressourcen und Organisationsstrukturen sehr sorgfältig auf ihre ursprünglichen Gegenstücke abgestimmt werden müssen.

Veränderungen an offiziellen Regeln

Hinweise auf notwendige Maßnahmen erhält man hier nur durch eine gewissenhafte Auswertung ungeschriebener Gesetze. Ideal ist eine Analyse beider Unternehmen noch vor der Umsetzung neuer Managementsysteme. Beide Seiten sollten bereits im Vorfeld miteinander abklären, worin sie die wesentlichen Erfolgsfaktoren für die Übernahme, Fusion oder Allianz sehen. Ziel der darauf aufbauenden Auswertung heimlicher Spielregeln ist es dann, potentielle Hürden auf dem Weg zum gemeinsamen Erfolg zu erkennen.

Resultierender Verhaltenswandel

Führt man die Auswertung vor dem Zusammenschluß durch, bleiben einem unbeabsichtigte Nebeneffekte hoffentlich erspart. Wenn man bereits vor vollendeten Tatsachen steht, sollte man die Übergangsphase so steuern wie die Einführung eines Veränderungsprogramms.

Spiel mir das Lied vom Tod

Das Problem

Manche Unternehmen bringen sich selbst um und wissen es nicht einmal. Konzerne, die an ihre unanfechtbare Vormachtstellung glauben, fallen in den Schlaf des Selbstgerechten, aus dem sie nie wieder erwachen werden.

Im Verlauf des letzten Jahrzehnts zeigten einige der führenden Industriebastionen der USA und Europas deutliche Anzeichen von Verschleiß. Stabile Institutionen von untadeligem Ruf sind ins Schlingern geraten und müssen einsehen, daß sie ihr Fundament auf Sand gebaut haben. Selbst Unternehmen wie IBM müssen es sich gefallen lassen, als Dinosaurier bezeichnet zu werden.

Plötzlich fühlt sich niemand mehr sicher. Niemand scheint immun. Auch Unternehmen aus Fernost machen sich allmählich Sorgen. Vergleichsweise junge Unternehmen wie Apple zittern davor, den Weg aller Dinosaurier gehen zu müssen. Und selbst kleinere Unternehmen sind unerwarteten Marktentwicklungen nicht gewachsen. Die Jahrtausendwende rückt immer näher, und eine Frage drückt allen Unternehmensleitern immer heftiger auf den Magen: *»Was kann ich tun, damit mein Unternehmen ungeschoren davonkommt?«*

Hauptsymptome

Die Antwort kennt leider keiner. Und wenn dann die Katastrophe da ist, deutet jeder mit dem Zeigefinger auf all die Fehler, die sich im nachhinein so leicht erkennen lassen.

Weitere Symptome

Die abgedroschenen Antworten lauten hier; »Schlechte Strategie und mangelhaftes Management.« Der gemeinsame Nenner aller schlingernden Giganten – und Zwerge – ist also ihre unzulängliche Strategie. Weil nämlich die Definition einer guten Strategie heißt, daß sie andernfalls ihre Marktposition behauptet hätten. Und wo es an der Strategie hapert, so die Kritiker, da muß das Management gepfuscht haben.

Beispiele heimlicher Spielregeln

Aber solch eine Antwort bringt nichts. Die Probe aufs Exempel kann jeder gewitzte Ketzer selbst machen: »Wenn nicht alle Unternehmensangehörigen inkompetent waren, wie konnte es dann so weit kommen?« Die lapidare Gleichsetzung von wirtschaftlichem Ruin mit mangelhaftem Management ist als Erklärung unzureichend, denn dieser Zirkelschluß läßt sich beliebig fortsetzen:

F: »Weshalb ist den Leuten keine bessere Strategie eingefallen?«

A: »Na ja, sie hatten eben inkompetente Strategen.«

F: »Und der Vorstandsvorsitzende hat es nicht gemerkt?«

A: »Nein, er war eben inkompetent.«

F: »Aber warum haben die Marketing-Leute nicht auf dieses Defizit hingewiesen?«

A: »Weil sie ihren Finger nicht am Puls des Marktes hatten.«

F: »Und weshalb nicht?«

A: »Weil sie nicht auf ihre Kunden gehört haben.«

F: »Ah, weil sie inkompetent waren?«

A: »Genau!«

F: »Und die Leute aus der Forschung und Entwicklung. Wieso haben die nicht Alarm geschlagen? Waren sie denn auch inkompetent?«

A: »Nein! Das war ein Kommunikationsproblem. Wie bei den Jungs aus der Produktion. Die Funktionsbereiche haben einfach nicht miteinander geredet.«

F: »Aber warum hat denn dann niemand etwas dagegen unternommen, daß die Funktionsbereiche nicht miteinander kooperiert haben?«

A: »Ja, weil sie eben alle inkompetent waren!«

Primäre Veränderungsrichtung

Man muß den Dingen auf den Grund gehen. Man muß herausfinden, weshalb das Unternehmen in einem Teufelskreis gefangen ist. Man muß die in den heimlichen Spielregeln enthaltenen Kausalketten begreifen, die unweigerlich zu einem falschen Strategiekurs führen.

Zentrale Instrumente des Wandels

Zu Anfang nicht im strategischen Bereich. Dort liegt das Endziel. Zuerst geht es um eine Neuabstimmung von Prozessen, Ressourcen und Organisation im Sinne eines optimalen Ausgleichs zwischen allen Interessengruppen.

Veränderungsansatz

Dies ist die komplexeste mir bekannte Anwendung der Auswertung heimlicher Spielregeln. Das ganze Unternehmen hat Scheuklappen auf. Alles wird aus einer längst überholten Perspektive wahrgenommen. Für eine Neujustierung des Blickwinkels bedarf es eines echten Paradigmenwechsels. Man muß sich also nicht zuerst um die Umsetzung von Strategien und Veränderungsprogrammen kümmern, sondern um die Kräfte, die auf den Entwurf der Strategie und der Programme einwirken. Damit berührt man die Identität eines Unternehmens in ihrem Kern. In solch einem Fall ist eine externe Hilfe als Kontrollinstanz unentbehrlich.

Veränderungen an offiziellen Regeln

Jeder Versuch einer formellen Veränderung ist zwecklos, wenn ihm nicht die detaillierte Kenntnis ungeschriebener Gesetze zugrunde liegt.

Resultierender Verhaltenswandel

Es geht um ein Streben nach Harmonie. Nicht nur im Unternehmen, sondern in der gesamten Branche. Darin liegt die letzte Bewährungsprobe für die heimlichen Spielregeln.

VIII. Befreiung

Die Schulweisheit hat ausgedient

Zum Problem leistungshemmender Verhaltensweisen gibt es
eine Schulweisheit. Diese besagt, man müsse sich auf die
Veränderung gemeinsamer Werte und Überzeugungen konzentrieren, denn alles andere sei nur ein Herumdoktern an
Randerscheinungen. Ihre Vertreter lehren uns, daß ein tiefgreifender Wandel dieser Art ein langsamer Prozeß sei, der
mindestens fünf Jahre dauert, und daß wir uns glücklich
schätzen dürfen, wenn wir damit überhaupt Erfolg haben.
Und nur die Eingeweihten dieser Geheimwissenschaft können die Vorgänge wirklich verstehen und uns weiterhelfen.
Oder besser, uns die Kontrolle über das Geschehen entziehen, auch wenn wir uns bei all dem immer weniger wohl
fühlen.

Die orthodoxe Lehre lautet, daß sich ein nachhaltiger und
rascher Verhaltenswandel nur dann einstellt, wenn die Leute
wissen, daß es um ihren Job geht. Aus diesem Grund soll
man Bedingungen schaffen, die ein Gefühl von Dringlich-
keit – oder, seien wir ehrlich, ein Gefühl von Angst – im Unternehmen heraufbeschwören. Und mit diesem Druckmittel
kann man dann den Mitarbeitern eine neue Geisteshaltung
aufzwingen.

Dieses etablierte Dogma ist eine Lüge. Und eine gefährli-
che Lüge obendrein. Man hat uns so oft und so lange damit
bombardiert, daß wir sie unsererseits an Kollegen weitergeben und damit ihre scheinbare Gültigkeit und Vernunft
noch verstärkt haben.

Aber aus eigener Erfahrung sollte jeder wissen, daß dieses Credo falsch ist. Jeder kennt zumindest ein Beispiel einer
schnellen Verhaltensänderung in einem Unternehmen durch

Modifizierungen der Prämien- oder Aufstiegsregelung, durch den Umzug in ein anderes Gebäude, die Einführung von Voice-Mail oder die Berufung eines insensiblen neuen Chefs. Und daß Veränderungen der offiziellen Regeln oder der Maßnahmen des Managements sehr schnell zu schwerwiegenden Auswirkungen für ein Unternehmen führen können, sollte wirklich niemanden überraschen. Auch wenn diese Auswirkungen meist völlig unbeabsichtigt, widersprüchlich und auch schädlich sind.

Dennoch läßt sich daran ablesen, daß sich ein Verhaltenswandel oft sehr rasch vollziehen kann. Aber diese Veränderungen muß man eben planvoll, koordiniert und in Abstimmung mit den Gesamtzielen herbeiführen, damit sie den Anstoß für einen tiefgreifenden Wandel im Unternehmen geben. Das ist eigentlich der entscheidende Punkt an der Beherrschung der heimlichen Spielregeln.

Blicken wir zurück auf die Fallstudien in den letzten beiden Teilen des Buches. Sie haben etwas gemeinsam. Wie ein roter Faden zieht sich durch all diese Beispiele die Tendenz zur Veränderung von machtausübenden und handlungsauslösenden, aber nicht von motivierenden Kräften, die den Menschen so überaus wichtig sind. Neues Verhalten wird als Mittel zum Zweck gefördert, das heißt als Mittel zur Einlösung ursprünglicher oder bislang unberücksichtigter motivierender Kräfte. Mit der Zeit lernen die Leute den Nutzen des neuen Verhaltens zu schätzen, so daß schließlich die erste Veränderung durch einen echten Wertewandel konsolidiert wird.

Das Auswechseln von handlungsauslösenden Kräften bereitet kaum Probleme, weil es sich hier um Leistungsmaßstäbe handelt. Auf solche Veränderungen stellen sich die Leute auch ziemlich schnell ein – meist in weniger als einem halben Jahr. Der Austausch von machtausübenden Kräften kann länger dauern und schmerzlicher sein, weil er einen Eingriff in die Machtstruktur des Unternehmens darstellt und damit für einige unweigerlich zu einem Autoritätsverlust führt. Aber beide Vorgehensweisen sind weit weniger traumatisch und versprechen sehr viel schnellere Erfolge als ein unmittelbarer Vorstoß zur Veränderung der im Unternehmen wirksamen motivierenden Kräfte.

Und genau das ist doch der Kern der Sache.

Traditionelle Ansätze zur Bewältigung dieser Verhaltensprobleme oder zum Wandel der Unternehmenskultur klammern sich alle an die orthodoxe Lehre. Sie konzentrieren sich *immer* auf eine Veränderung gemeinsamer Werte – der motivierenden Kräfte. Und sie haben auch gar keine andere Möglichkeit, weil sie von kausalitätsfreien anthropologischen Modellen ausgehen. Sie müssen also versuchen, das Symptom zu verändern, *ohne die ursächlichen Faktoren zu berücksichtigen.*

Eine wahre Sisyphusarbeit.

Wen wundert es, wenn ganze Scharen von Managern in den letzten Jahren zu einer reichlich zynischen Einstellung gelangt sind: Sie haben sich damit abgefunden, daß sie Verhaltensbarrieren nicht aus dem Weg räumen können und daß sie das Feld einem Hokuspokus-Zauberer überlassen müssen.

Aber wenn man die Zusammenhänge erst einmal durchschaut, braucht man keine Magie mehr. Die Probleme sind nämlich alles andere als nebulös und ungreifbar. Es bedarf keines Verhaltenspsychologen, um sie zu verstehen. Die Probleme sind logisch, und auch die Lösungen sind es.

Doch das Ruder kann man nur dann wieder an sich reißen, wenn man sich gegen die reine Lehre auflehnt. Natürlich streben wir alle nach einer ›perfekten‹ Lösung. Ein wirklich tiefgreifender und nachhaltiger Wandel läßt sich wahrscheinlich wirklich nur durch eine Veränderung der echten Werte im Hinblick auf ›Qualität‹, ›Dienst am Kunden‹, ›Geschäftsorientierung‹, ›Teamwork‹ oder ›Unternehmensgrundsätze‹ herbeiführen. Aber man sollte auch ein wenig pragmatisch denken.

Eine deutliche Leistungssteigerung kann man bereits durch die hundertprozentige Umsetzung einer großangelegten Initiative erreichen, die nur zu 70 Prozent ideal ist. Nichts als Frustration und wachsenden Zynismus erntet man jedoch für eine nur siebzigprozentige Umsetzung einer akademisch perfekten Lösung. 70 Prozent heißt, daß man es nicht schafft. Nach der mühsamen Erledigung aller grundlegenden Arbeiten bleiben ›die letzten 30 Prozent‹ einfach aus. Man steht vor dem Nichts.

Besser fährt man sicherlich, wenn man sich an das Machbare hält. Und das ist ja auch die eigentliche Aufgabe des Managements. Einen durchgreifenden Wandel im heutigen Wirtschaftsumfeld erreicht man nicht auf der akademischen Spielwiese. Unternehmen unter Druck sind kein Gegenstand für Laborexperimente. Pragmatismus statt Purismus. Am besten ist, was am besten *klappt*.

Die Regeln sind tot – lang leben die Regeln!

»Die Regeln sind ein Kreis, der nie beginnt, und niemand weiß, wo der Kreis endet.«

Wie in einem unendlichen Reinkarnationszyklus sterben die heimlichen Spielregeln eines Unternehmens nie aus. Sie verwandeln sich nur in etwas anderes. Aus der Asche ihrer Zerstörung erhebt sich ein neuer Phönix und nimmt den Platz des alten ein. Auch wenn es manche Manager mit einem besonders mechanistischen Weltbild gerne anders sähen, bleibt doch jedes Unternehmen der Welt immer das Geschöpf seiner heimlichen Spielregeln. Und diese ungeschriebenen Gesetze sind weder gut noch schlecht, sondern einfach mit den Zielen des Unternehmens in Einklang oder nicht. Es kann also nicht darum gehen, heimliche Regeln abzuschaffen oder ihre Veränderung zu erzwingen. Es geht darum, sie neu abzustimmen.

Immer wieder. Die ununterbrochene Folge von Veränderungen, die von einer neuen Welle im Managementdenken ausgelöst worden sind, wird uns wahrscheinlich nicht mehr verlassen. Ich kann mich nicht der Ansicht derjenigen anschließen, die darin nur eine vorübergehende Periode raschen Wandels sehen, die demnächst wieder von einer Konsolidierungsphase abgelöst wird. Es war zwar in der Vergangenheit so, aber diesmal handelt es sich für meine Begriffe um eine fundamentale Umwälzung.

Wir treten in eine Ära ein, in der sich bereits viele Unternehmen um die Fähigkeit zu anhaltend rascher Entwicklung bemühen. Sie werden zu lernenden Unternehmen, die auf externe Veränderungen oder interne Unzulänglichkeiten reagieren und sich entsprechend anpassen. Und der daraus erwachsende Wettbewerbsvorteil wird auch die Spielregeln des Marktes für immer verändern. Nicht nur im Hinblick auf andere Erfolgsfaktoren, sondern auch auf den Wandel selbst wird sich kein Unternehmen mehr auf seinen Lorbeeren ausruhen können.

Es gibt kein Zurücklehnen mehr für einen Manager, dem gerade durchgreifende Veränderungen im Unternehmen gelungen sind. Er muß sich sofort der nächsten Herausforderung stellen. Die gesamte Konkurrenz wird nach kontinuierlichen Verbesserungen streben, so daß eine Verlangsamung des Wandels und der Anpassung auf Selbstbetrug hinausläuft. Einige Branchen bilden die Vorhut dieser Bewegung, aber inzwischen ist der Funke bereits auf alle anderen übergesprungen.

Und so spricht denn heute auch jeder voller Aufregung vom ›Management des Wandels‹. Experten formalisieren die Abfolge angewandter Methoden, die die Erfolgschancen für Veränderungen maximieren. All jene, die auf diesem Gebiet tätig sind, freuen sich darüber, an einer fundamentalen Entwicklung für die Zukunft der Wirtschaft teilzunehmen.

Das Management einer Verbesserungsinitiative ist kein fundamentalerer Vorgang als die Debitorenbuchführung oder die Lagerhaltung. Es ist wesentlich, aber nicht grundlegend. In der nächsten Dekade wird man es mit einer ganz anderen Dimension von Komplexität zu tun haben. Man wird ein ganzes Bündel umfassender Veränderungsprogramme gleichzeitig steuern müssen. Dabei handelt es sich um eine Horizontverschiebung vergleichbar der Entwicklung in der Automobilindustrie in den letzten zwanzig Jahren. Dort sind die führenden Unternehmen ausgegangen von der Entwicklung eines neuen Fahrzeugs in sieben Jahren und inzwischen angelangt bei einer Kette flexibler Entwürfe, die sich zeitlich überschneiden.

Ähnliches wird sich im Management des Wandels abspielen. Schon jetzt erreicht man einen anhaltenden Wettbewerbsvorteil nicht mehr nur durch die erfolgreiche Umsetzung einer bestimmten Veränderungsinitiative. Mit der wechselseitigen Stimulierung konkurrierender Unternehmen ist auch die Schnelligkeit des Wandels zu einem entscheidenden Erfolgsfaktor geworden. Und Erfolgsquoten wie Geschwindigkeit sind eng verknüpft mit einem dritten Element: der Größenordnung des Wandels. Wie bereits erwähnt, spielt dieser Faktor eine wesentliche Rolle für die Prozeßneugestaltung im Unternehmen.

Das Tor zu einer anderen Dimension hat sich aufgetan. Um die Konkurrenz zu überholen, wird man sich in Zukunft nicht mehr nur auf eine der genannten Formen von Veränderung konzentrieren. Der entscheidende Unterschied wird darin liegen, ob man eine Vielzahl von Verbesserungsprogrammen gleichzeitig durchführen kann. Einige auf lokaler Ebene, zum Beispiel innerhalb einer Abteilung. Andere unternehmensübergreifend. Die einen allmählich, andere mit dem Ziel einer Umstrukturierung, wieder andere im Hinblick auf eine völlige Neugestaltung. Bei jedem wird das Verhältnis zwischen Risiko und Ertrag anders aussehen.

Aber die Schulweisheit will es anders. Man muß seine Kräfte konzentrieren, nicht streuen. Lieber eine Sache wirklich gut als viele schlecht machen. Doch was anderes soll man auch von ihr erwarten, wenn es bisher noch keine anerkannte Methode zur Abstimmung vieler Verbesserungsinitiativen gibt? Das heißt jedoch nicht, daß man einen parallelen Wandel nicht doch erreichen kann. Nur daß er sich in der Vergangenheit als überaus schwierig erwiesen und oft zu einer Veränderungsmüdigkeit geführt hat.

Für diese komplexe Abstimmung ist die Beherrschung heimlicher Spielregeln das ideale Instrument. Und die Steuerung eines ganzen Bündels von Veränderungen wird diese Fähigkeit zu einer zentralen Anforderung machen. Auch die begabtesten Manager haben sich bisher mit der Leitung eines umfassenden parallelen Wandels sehr schwer getan. Es ändern sich zu viele Dinge gleichzeitig. Und aus diesem Grund muß die Beherrschung ungeschriebener Gesetze zu einem Schlüsselinstrument des zukünftigen Managements werden. Denn die anstehenden Umwälzungen werden alles bisher Dagewesene in den Schatten stellen.

Die heimlichen Spielregeln beherrschen

Wie und wann muß man eine Auswertung der heimlichen Spielregeln vornehmen, um sie zu beherrschen und somit einen komplexen Wandel steuern zu können? Die Antwort lautet wie bei einer Abmagerungskur: »Wenig und oft.«

Meine Kollegen von Arthur D. Little und ich haben die Technik zur Auswertung heimlicher Spielregeln in eine Reihe von Veränderungsprozessen integriert, die alle eine gemeinsame Abfolge aufweisen.

Zunächst konzentriert man sich auf das, was einem am meisten Kopfschmerzen bereitet. Schwache Geschäftsleistungen vielleicht. Oder eine Umfrage bei Kunden oder Mitarbeitern, die keinen Anlaß zu übertriebenem Frohsinn gibt. Oder aber ein Vergleich mit der Konkurrenz fördert Bedenkliches zutage. Vielleicht werden immer mehr Beschwerden laut. Oder man will einen tiefgreifenden, aber raschen

Wandel ohne Probleme. Wenn man nicht bereits auf welche gestoßen ist. Wie auch immer, man entschließt sich also, etwas gegen die Kopfschmerzen zu tun.

Zweitens gilt es, die ungeschriebenen Gesetze aufzudecken, die im Zusammenhang mit diesem wunden Punkt stehen. Das heißt, man führt eine Standardauswertung der heimlichen Spielregeln durch.

Drittens nutzt man diese Auswertung als Hinweis auf die nicht richtig abgestimmten Aspekte im Unternehmen. In diesem Stadium verfolgt man die Geschäftsprobleme zurück zu ihren Ursachen im Bereich Strategie, Prozesse, Ressourcen oder Organisation. Jetzt weiß man, welche Verbesserungsinitiative nötig sein wird. Die ersten drei Stufen konzentrieren sich nur auf das Verstehen der Zusammenhänge, ohne direkt dagegen einzuschreiten.

Der vierte Schritt leitet mit der Entscheidung über die Abstimmungsmaßnahmen den Veränderungsprozeß ein. Wie in den Fallstudien weiter oben aufgezeigt, kann die Komplexität dieses Stadiums von trivial bis unüberschaubar reichen. Es genügt unter Umständen bereits, wenn der Vorstandsvorsitzende etwas bekanntgibt; es kann aber auch notwendig sein, entscheidende Prozesse völlig neu zu durchdenken.

Auf der fünften Stufe überlegt man sich, wie sich der vierte Schritt weiter auf die heimlichen Spielregeln auswirken wird. Hat man im Rahmen des vierten Schritts einfache Maßnahmen beschlossen, dann sind die ungeschriebenen Gesetze bereits berücksichtigt, da man sich ja auf diese Maßnahmen geeinigt hat, um die erwünschten Veränderungen an diesen Regeln zu erreichen. Bei einer sehr komplexen Vorgehensweise jedoch muß man sehr wahrscheinlich noch eingehendere Analysen vornehmen, um jene heimlichen Spielregeln aufzudecken, die einer Umsetzung der neuen Pläne im Wege stehen könnten. Danach kann man entweder bei den Plänen Abstriche machen oder sich für eine Veränderung der heimlichen Regeln selbst entscheiden. Das heißt, man kann sich zu einer Wiederholung der Schritte vier und fünf entschließen, um die Chancen einer Umsetzung der beim ersten Durchlaufen des vierten Stadiums vereinbarten Veränderungen zu erhöhen.

Übersicht 11: Der Auswertungszyklus

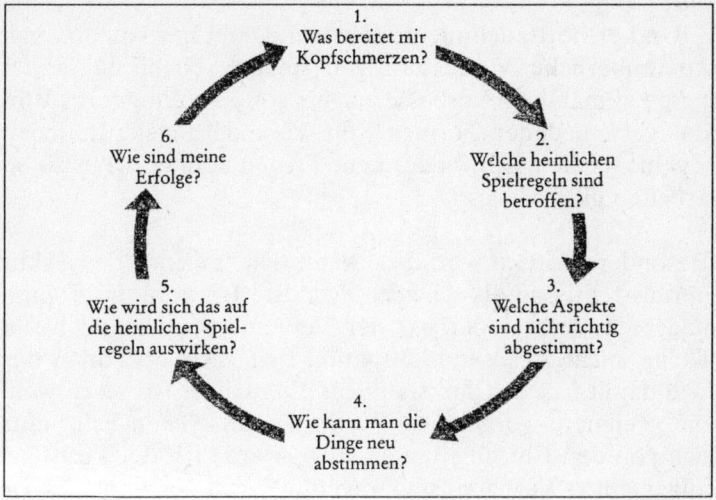

Der sechste Schritt dient der Überprüfung bisheriger Erfolge. Wie gut sind die Veränderungsmaßnahmen aus Stadium vier und fünf umgesetzt worden? Da man eine Analyse heimlicher Spielregeln völlig reibungslos durchführen kann, bietet es sich an, eine Routineauswertung in die Umsetzungsphase jeder Veränderungsinitiative einzubauen. Damit läßt sich leicht herausfinden, wie sich die ungeschriebenen Gesetze sechs Monate nach Beginn des Veränderungsprogramms angepaßt haben. Haben sie sich den Wünschen entsprechend gewandelt? Müssen bestimmte Aspekte besonders in Schwung gebracht werden, weil sie hinterherhinken? Ist es aufgrund der Veränderung zu unbeabsichtigten Nebeneffekten gekommen?

Am Ende der sechsten Stufe hat man den Kreis durchlaufen. Durch die Routineauswertung ist man vielleicht auf ein neues Problem gestoßen und muß den Kreislauf noch einmal absolvieren. Oder man hat die ursprüngliche Hauptfrage erfolgreich gelöst und kann sich jetzt dem nächsten Punkt auf der Problemliste zuwenden. Und wieder beginnt der Kreislauf.

Und er hört auch nicht mehr auf. Denn nur so kann man kontinuierliche Verbesserungen steuern. Nicht nur anhaltende allmähliche Verbesserungen, sondern ein ganzes Bündel verschiedener Formen von Veränderungen. In jedem Zyklus schälen sich wieder neue Fragen heraus, die es zu bearbeiten gilt.

Besonders kritisch wird dies, wenn sich am Ende des Zyklus herausstellt, daß als schwerwiegendste Barriere das Topmanagement selbst oder gar der Vorstandsvorsitzende bleibt. Keine leicht zu lösende Situation sicherlich, aber man darf sich damit trösten, daß sie nichts Einmaliges ist. Auch wenn die geeignete Vorgehensweise in einem solchen Fall natürlich von den Einzelheiten abhängt, werde ich doch oft nach allgemeinen Verhaltensmaßregeln gefragt. Nach meiner Erfahrung hat sich folgender Ansatz am besten bewährt.

Man durchläuft den sechsstufigen Kreis noch einmal, aber diesmal im Hinblick auf die Frage: Welche Behinderungen der Umsetzung werden vom Topmanagement oder dem Vorstandsvorsitzenden verursacht? Es geht hier also um die Aufdeckung heimlicher Spielregeln und bezeichnender unbeabsichtigter Nebeneffekte der Unternehmensspitze. Oder manchmal nur des Vorstandsvorsitzenden. Besonders häufig stößt man auf dieses Problem, wenn dieser auch der Gründer des Unternehmens ist.

Das Ziel der Analyse bleibt unverändert. Die Kompetenz der Manager vorausgesetzt, muß ihre Verhinderungstaktik – zumindest ihnen – sinnvoll erscheinen, auch wenn sie sie intellektuell vielleicht nicht billigen oder vielleicht gar nichts davon wissen. Man stellt also die üblichen Verbindungen zwischen Ursache und Wirkung her und hält den Managern den Spiegel vor. Eine heikle Angelegenheit? Natürlich. Hier bleibt einem wohl nichts anderes übrig, als sich auf sein Gespür für das Machbare zu verlassen.

Worauf muß man sich also gefaßt machen, wenn man den Topmanagern oder einer mächtigen Einzelperson unangenehme Wahrheiten sagt? Die Kündigung ist natürlich immer eine Möglichkeit. Niemand behauptet, daß wir in einer gerechten Welt leben. Aber wer sich ernsthaft Sorgen um seinen Arbeitsplatz machen muß, der sollte die Auswertung von einem Außenstehenden vornehmen lassen. Der wird ja auch dafür bezahlt, daß sich andere an ihm abreagieren.

Wer jedoch selbst die Auswertung durchführen und ihre Ergebnisse weiterreichen muß, der möge sich mit folgendem trösten. Ich mache solche Auswertungen schon seit vielen Jahren. Schon oft fand ich mich in der Rolle des bezahlten Söldners wieder, der sich für die anderen abschlachten lassen soll. Aber noch nie habe ich auch nur einen Kratzer abbekommen.

Zugegeben, manchmal muß man sehr schnell den Kopf einziehen. Aber es ist wirklich erstaunlich, wie oft sich die Dinge doch noch zum besten wenden. Besonders gut erinnere ich mich an eine Konferenz, in der ich dem Leiter eines der Kernunternehmen eines berühmten Multis Bericht erstatten mußte. Er hörte sich die Präsentation meiner Kollegen eine Viertelstunde lang relativ gelassen an und erhob sich dann: »Meine Herren, ich glaube Ihnen kein Wort. Sie irren sich.« Seine Stimme erfüllte den Raum: »Alles *Pferdemist!*« Eine ebenso eigenwillige wie knappe Ausdrucksweise.

Von seiten der zahlreich anwesenden Manager des Multis war ein beifälliges Flüstern zu hören, in dem sich allmählich so etwas wie eine Lynchstimmung kundzutun schien. Auch meine Kollegen blickten ernst, und nur dank ihrer Berufserfahrung merkte man ihnen nicht an, wie unwohl sie sich fühlten.

Mit diplomatischem Fingerspitzengefühl war hier nichts mehr auszurichten. »Machen Sie sich doch nicht zum Narren, Dr. Schneider«, sagte ich und registrierte die Schockwelle, die durch den Raum schwappte. »Wenn sich hier jemand irrt, dann sind Sie es!« Atemlose Stille. »Sie haben solch eine energische und charismatische Persönlichkeit, daß niemand hier auch nur ein Wort gegen Sie sagen wird.« Ich deutete mit einer schwungvollen Armbewegung auf seine Untergebenen. »Das Dumme daran ist nur, daß sich niemand vor Sie hinstellt, Ihnen in die Augen schaut und sagt: ›Dr. Schneider, Sie haben unrecht.‹« Ich stand auf. »Also muß ich es wohl tun.« Ich hielt festen Blickkontakt mit ihm. Meine Stimme wurde lauter. »Ich muß Ihnen leider sagen« – mit immer noch zunehmender Lautstärke – »diesmal haben Sie einfach ganz und gar, hundertprozentig und absolut *UNRECHT!*«

Das letzte Wort hatte ich gebrüllt, und ich blieb einige Sekunden stehen, damit alle Anwesenden die theatralische Wirkung voll auskosten konnten. Dr. Schneider wandte den Blick von mir und sah nach seiner Gefolgschaft. Niemand wagte es, zu ihm aufzusehen. Niemand sagte etwas. Niemand widersprach mir. Als er mich wieder anblickte, setzte ich ein gewinnendes Lächeln auf: »Können wir jetzt mit der Präsentation fortfahren, um über die notwendigen Maßnahmen zu entscheiden?«

Ich setzte mich wieder hin. Die Präsentation lief bis zum Schluß völlig ungestört. Eine Stunde später bot mir Dr. Schneider einen Job an. Und ich hätte ihn sogar fast genommen.

In anderen Fällen dagegen geht alles ganz glatt über die Bühne. Ein Paradebeispiel dafür war die Entwicklungsabteilung eines Industrieunternehmens vor gut einem Jahr. Selbst bei Anlegung strengster Kriterien ist in der Entwicklung ein gewisses Maß an kontrolliertem Risiko unabdingbar. Dennoch stießen wir in dieser Abteilung auf eine heimliche Spielregel, die besagte: »Sicherheit geht vor, nur keine Fehler machen.« Eine Regel mit fatalen Auswirkungen.

Wie war sie entstanden? Durch die irrtümliche Übertragung eines oft wiederholten Lieblingssatzes des allmächtigen Vorstandsvorsitzenden: »Beim ersten Mal muß es stimmen.« Als er davon hörte, war er ganz entgeistert. Am nächsten Tag teilte er der gesamten Abteilung mit, daß er den Satz nicht auf sie bezogen hatte. Und schon nach einigen Tagen war das Unternehmen wieder auf Entwicklungskurs.

Sein Kommentar zur impliziten Kritik an seinem Führungsstil? »Die nützlichste Rückmeldung von unten, die ich je bekommen habe!« Ich denke, daran sollten sich alle Vorstandsvorsitzenden ein Beispiel nehmen.

Flagge zeigen

Bei meiner ersten Beratertätigkeit in Taiwan erkannte ich, wie stark die nationale Kultur die Auslegungen heimlicher Spielregeln beeinflussen kann. Im Fernen Osten hat der Wunsch, zu einer größeren Gruppe zu gehören und das Gesicht nicht zu verlieren, absolute Priorität. In Lateinamerika können sich trotz ausgeprägter hierarchischer Strukturen ganz andere unbeabsichtigte Nebeneffekte einstellen als in Nordamerika, weil sich die Mitarbeiter viel mehr mit ihrem Unternehmen identifizieren. Aber selbst zwischen ähnlichen Kulturen kann es zu Problemen kommen.

Beispiel Disneyland. Mit großem Erfolg vermittelte man den Mitarbeitern in Ausbildungsprogrammen in Anaheim und Orlando Verhaltensweisen, die von Amerikanern als natürlich empfunden werden. Auch in Tokio funktionierte alles prächtig. Doch als man diesen Managementansatz dann in Europa ausprobierte, erlitt man einen Kulturschock. Zum Beispiel verbieten die Disney-Regeln das Tragen eines Bartes (seltsam genug, wenn man an Walt Disneys Schnurrbart denkt), und damit verärgerte man nicht wenige Mitarbeiter. Ein ungeschriebenes Gesetz in manchen europäischen Ländern besagt, daß alle geschriebenen Gesetze verhandelbar sind. Insofern wirkte sich auch die Regel gegen den Verkauf von Alkohol in Frankreich als Beleidigung des Nationalstolzes aus. Der Präsident der französischen Filiale bemerkte dazu: »Derselbe Franzose, der Disneyland in Orlando ›fantastique‹ findet, wird das europäische Disneyland als ›kulturelles Tschernobyl‹ beschreiben.« Die heimliche Spielregel hieß hier: »In Frankreich muß Mickymaus trinken, was die Franzosen trinken.«

Auf jeden Fall wirkte sich der Versuch, ein festgelegtes Regelwerk auf viele verschiedene Nationalkulturen zu übertragen, denkbar ungünstig aus: hohe Personalfluktuation und niedrige Besuchszahlen im Vergnügungspark. Die in Amerika und Japan bewährten Regeln griffen im multikulturellen Europa nicht. Der an sich so kulturerfahrene Disney-Konzern konnte die Nebeneffekte seiner offiziellen Regeln nicht voraussagen. Und vielen Unternehmen, die einen neuen Markt betreten, ergeht es nicht anders. Was lernen wir daraus? Beim Durchlaufen der im vorigen Kapitel beschriebenen sechs Stufen gilt es, auch die nationale und regionale Kultur zu berücksichtigen.

Neuer Schwung im neuen Takt

Dem Fernsehen verdanken wir zwei höchst verschiedene Versionen einer überaus erfolgreichen Serie: ›Raumschiff Enterprise‹ und ›Raumschiff Enterprise, das nächste Jahrhundert‹. Wenn man sie miteinander vergleicht, erkennt man einen deutlichen Unterschied im Führungsstil der beiden Bordkapitäne.

Captain James T. Kirk ist der klassische Vorstandsvorsitzende nach dem Muster ›Befehl und Kontrolle‹. Wenn er in einer Krise will, daß die Enterprise schneller fliegt, dann nimmt er den Kontakt zu seinem Chefingenieur Leutnant Scott auf: »Mehr Energie, Scottie! Ich brauche mehr Energie!« Und dieser meldet unverzüglich zurück: »Unmöglich, Captain. Wir sind schon bei Warp neun. Wenn ich weiter raufgehe, bricht sie auseinander!« Aber Kirk will davon nichts wissen. Er hat bereits die Sprechanlage ausgeschaltet.

Kirk sieht seine Aufgabe nicht darin, sich um Einwände seiner Mannschaft zu kümmern. Und um verborgene Nebeneffekte seiner Befehle, ausgelöst durch heimliche Spielregeln, macht er sich erst recht keine Gedanken. Seine Rolle besteht darin, durch die Kraft seiner Persönlichkeit Grenzen zu überwinden und »in Galaxien vorzudringen, die kein Mensch zuvor gesehen hat«.

Aber in der neuen Serie gibt es eine neue Enterprise mit dem neuen Captain Jean Luc Picard, der einen neuen Führungsstil pflegt. Eines der Mitglieder seines leitenden Managements ist ein ›Berater‹, der der Spezies der Betazoiden angehört. Diese haben einen sechsten Sinn, mit dessen Hilfe sie verborgene Motive und psychologische Strömungen einer Situation erkennen können. In unserer Terminologie: Sie verstehen die heimlichen Spielregeln.

Und Captain Picard schätzt diese Hinweise. Er setzt sich nicht darüber hinweg, sondern nutzt sie als Grundlage einer durchdachten Entscheidung. Ein Vorbild für zukünftige Manager. Zumal diese eingangs des 21. Jahrhunderts noch nicht einmal einen Betazoiden brauchen, um die heimlichen Spielregeln zu begreifen.

Dem Fortschritt voraus

Der heutige Präsident eines großen multinationalen Unternehmens erläuterte mir vor Jahren seine Auffassung von Verantwortlichkeit.

»Ich werde dafür sorgen, daß sich alle meine Manager verantwortlich fühlen. Ich will, daß sie meine Signale klar und deutlich lesen können. Wenn sie gute Arbeit leisten, werden sie belohnt.« Mit entschlossenem Gesichtsausdruck lehnte er sich nach vorne. »Und wenn sie schlechte Arbeit leisten«, seine Stimme senkte sich beinahe zu einem Flüstern, »dann werden sie *bestraft*«.

Kann man ihn als einen Manager der neuen Welle bezeichnen? Ohne Zweifel. Er war einer der ersten Vorstandsvorsitzenden, der die enorme Macht heimlicher Spielregeln erkannte. Es steht nirgendwo geschrieben, daß ein ›neuer‹ Manager nicht hart sein kann. Er muß nur einfühlsam sein.

Und diese beiden Dinge schließen sich natürlich nicht aus. Nur in den zweidimensionalen Macho-Stereotypen des alten Hollywood-Kinos sind sie miteinander unvereinbar. Der Schlüssel für den Manager von morgen liegt in der Erkenntnis, daß Härte nicht dasselbe ist wie das blinde Durchpeitschen einer Veränderung, die in krassem Widerspruch zu den ungeschriebenen Gesetzen steht. Diese Form des Managements mit brutaler Gewalt und Ignoranz führt nur zu tückischen Nebeneffekten, die heute gar nicht mehr verarbeitet werden können, ehe die nächste Welle von Veränderungen heranrollt und noch größere Probleme schafft.

Wer den Übergang zum neuen Führungsstil hinter sich hat, findet zu einer ganz anderen Einstellung und fühlt sich auch nicht mehr isoliert. Aus diesem Grund hier noch einmal ein kurzer Überblick über die wichtigsten Dinge, die ich in den vergangenen Jahren gelernt habe.

Alles, was man über die heimlichen Spielregeln wissen muß

Was sie sind:

Es sind vernünftige Handlungsweisen im Hinblick auf die offiziellen Regeln und das Verhalten des Topmanagements.

Unter offizielle Regeln fallen alle formalen Aspekte von Strategie, Prozessen, Ressourcen und Organisation. Diese senden zusammen mit dem Verhalten der Topmanager Signale an das Unternehmen. Aber Faktoren, die sich jeder unmittelbaren Kontrolle entziehen – nationale und regionale Kultur, ökonomisches Klima, Rechtsprechung, Verwaltungsrichtlinien, Privatinteressen, bestehende heimliche Spielregeln –, verwandeln die Signale in parallele ungeschriebene Gesetze.

Sie sind weder gut noch schlecht, nur für die Unternehmensziele geeignet oder ungeeignet.

Das Alltagsverhalten jedes einzelnen wird von einem Komplex heimlicher Spielregeln bestimmt. Manchmal teilen auch sämtliche Mitglieder großer Gruppen *dieselben* heimlichen Spielregeln und interpretieren eine Grundsatzerklärung oder ein Memorandum im Lichte dieser Regeln. Es wäre jedoch sinnlos, die ungeschriebenen Gesetze selbst zu verdammen. Ob sie angemessen sind oder nicht, hängt einzig und allein von den eigenen Zielen ab.

Weshalb sie wichtig sind:

Sie stehen oft in Konflikt mit Veränderungsinitiativen und gefährden deren Erfolg.

Es gibt drei Grade von Veränderungen: schrittweisen Wandel, Umstrukturierung, Neugestaltung. Je mehr man sich vom schrittweisen Wandel aus auf eine Neugestaltung zubewegt, desto größer wird auch die Wahrscheinlichkeit, daß man auf gegensätzliche heimliche Spielregeln stößt. Auch mit Intuition kommt man hier nicht weiter, zumal sie sich oft auf überholte Erfahrungen stützt. Bemühungen um eine Neugestaltung, die die heimlichen Spielregeln einfach außer acht lassen, scheitern in sieben von zehn Fällen.

Wenn sie im Konflikt stehen zu Veränderungen, die um jeden Preis durchgedrückt werden, kommt es zu ernsten Nebeneffekten.

Je mehr man auf einem Veränderungsprogramm beharrt, das im Widerspruch zu wichtigen heimlichen Regeln steht, desto mehr drängt man die daraus entspringenden negativen Nebeneffekte in den Untergrund. Und von den neun häufigen Nebeneffekten sind die verborgenen die gefährlichsten, weil sie die Mitarbeiter zu völlig unprofessionellen Handlungen bewegen. Aber ihr Verhalten ist im Rahmen der ungeschriebenen Gesetze durchaus sinnvoll. Niemand ist daran schuld, und man sollte auch niemandem die Schuld geben.

Wenn man diese Konflikte nicht bewußt auflöst, zwingt man das Unternehmen in eine Todesspirale.

In unserer Zeit muß ein Unternehmen eine Welle von Veränderungsinitiativen nach der anderen umsetzen. Wenn man sich den vielen Konflikten mit heimlichen Spielregeln nicht stellt, kann man die leistungshemmenden Barrieren nicht durchbrechen, ehe die nächste Veränderung noch mehr Nebeneffekte heraufbeschwört. All diese Nebeneffekte wirken zusammen und verstärken sich, bis das Unternehmen mit ungelösten Konflikten gesättigt ist: Veränderungsmüdigkeit tritt ein.

Wie man sie aufdeckt:

Man verwendet Methoden, mit deren Hilfe man sich auf für bestimmte Punkte relevante Regeln konzentrieren kann.

In einer fünftägigen Reihe von Interviews – anfangs meist mit Managern der mittleren Ebene – bespricht man spezifische Geschäftsfragen. Dann ordnet man die Äußerungen der Befragten in drei Kategorien: Motivierende Kräfte (*was* den Leuten wichtig ist) bestimmen über die anderen heimlichen Spielregeln unter den Rubriken machtausübende Kräfte (*wer* den Leuten wichtig ist) und handlungsauslösende Kräfte (*wie* sie bewertet werden oder erreichen, was ihnen wichtig ist).

Man verwendet Methoden, die Verbindungen zu inadäqua-
ten offiziellen Regeln und Managementverhaltensweisen auf-
zeigen.

Motivierende, machtausübende und handlungsauslösende
Kräfte entspringen aus sämtlichen offiziellen Regeln und
Managementhandlungen des Unternehmens. Motivierende
Kräfte betreffen Bezahlung, Zufriedenheit mit der Arbeit,
Aufstiegsmöglichkeiten, Status, Ausbildung, Einstellung und
Kündigung. Machtausübung bezieht sich auf Arbeits-
beschreibungen, Organisationspläne, Berichtspflichten und
Abnahmeverantwortung. Handlungsauslösend meint Lei-
stungsmaßstäbe, Wegmarken, Bewertungskriterien, Zielset-
zungen, Visionen und Strategie.

Was man daraus lernt:

Sie erklären Fehlschläge, die von scheinbar unzusammenhän-
genden offiziellen Regeln und Managementhandlungen ver-
ursacht werden.

Die Aufdeckung heimlicher Spielregeln kann das fehlende
Glied zum Verständnis der Ereignisse sein. Mit ihrer Hilfe
kann man die ›Probleme‹ als unbeabsichtigte Nebeneffekte
begreifen, die aus Ungereimtheiten zwischen offiziellen Regeln oder Managementhandlungen und den beabsichtigten
Veränderungen entstanden sind. Ohne diese Einsicht läßt
sich nicht vorhersagen, wo die schwierigsten Barrieren für
den Wandel liegen werden.

Sie erklären das Zustandekommen von Spitzenleistungen, so
daß man diese anderswo wiederholen kann.

Die Aufdeckung ungeschriebener Gesetze ist nicht nur eine
Methode zur Korrektur von Fehlern, sondern auch zur Entschlüsselung und damit Wiederholbarkeit des Erfolgs. Im

Zuge des Bemühens um einen tiefgreifenden Wandel sollte man einerseits eine Festlegung neuer offizieller Regeln und Handlungsweisen vermeiden, die unbeabsichtigte negative Nebeneffekte auslösen, und andererseits verborgene Vorteile existierender Grundsätze und Prozesse zur Kenntnis nehmen und für die eigenen Ziele nutzbar machen.

Sie bieten die einzige praktische Methode zur Erkennung fehlender Abstimmung zwischen den Schlüsselfaktoren eines Unternehmens.

Wenn die Strategie zur Erfüllung der Bedürfnisse aller Interessengruppen nicht in Einklang steht mit den Prozessen zur Umsetzung der Strategie oder wenn die Ressourcen und die Organisation nicht die Prozesse abstützen, dann führt diese fehlende Abstimmung zu negativen Nebeneffekten. Nur mit Hilfe der heimlichen Spielregeln lassen sich diese ausmachen und bis zu ihren Ursachen zurückverfolgen.

Wie man sie für sich nutzt:

Sie eröffnen neue Perspektiven auf Geschäftsprobleme und ermöglichen das Durchbrechen von Barrieren.

Um einer möglichen Komponente ungeschriebener Gesetze auf die Spur zu kommen, muß man sich immer wieder fragen: Wenn nicht alle Unternehmensangehörigen inkompetent sind, wie konnte dann das Problem überhaupt entstehen? Die Antwort findet man in einem Kreislauf mit sechs Stufen: Was bereitet mir Kopfschmerzen? Welche heimlichen Spielregeln sind betroffen? Welche Aspekte sind nicht richtig abgestimmt? Wie kann man die Dinge neu abstimmen? Wie wird sich das auf die heimlichen Spielregeln auswirken? Wie sind meine Erfolge?

Sie helfen bei der Findung pragmatischer Lösungen für eine notwendige Neuabstimmung der Ziele auf die Realität.

Handlungsauslösende und machtausübende Kräfte lassen sich modifizieren, aber von den motivierenden sollte man die Finger lassen. Statt dessen sollte man besser nach neuen Möglichkeiten suchen, um den Schwerpunktinteressen der Mitarbeiter zu entsprechen. Leistungsmaßstäbe lassen sich relativ problemlos verändern, oft stellen sich die Leute schon nach weniger als einem halben Jahr darauf ein; eine Korrektur an der Machtstruktur dauert länger und geht auch nicht schmerzlos über die Bühne. Beide bieten jedoch einen sehr viel praktischeren Ansatzpunkt als eine direkte Veränderung der motivierenden Kräfte.

Der Funke der Revolution

Wer die heimlichen Regeln versteht, ist deswegen noch kein Zauberer. Er hat damit noch nicht alle Managementprobleme gelöst. Ich wäre der letzte, der andere bewährte Ansätze zur Leistungssteigerung verwerfen würde. Die Beherrschung ungeschriebener Gesetze ist weder das einzige noch das wichtigste Instrument für ein Management des Wandels. Aber sie paßt erstaunlich gut zu den anderen.

Auch der Blick auf das Unternehmen aus Sicht der heimlichen Spielregeln ist nicht mehr oder weniger richtig als eine Betrachtungsweise, die von Prozessen, Qualität, strategischen Geschäftsbereichen, Interessengruppen oder Informationen ausgeht. Es gibt eine große Zahl gleichermaßen wertvoller Perspektiven, von denen jede ihre Vor- und Nachteile hat. Und die Untersuchung heimlicher Spielregeln bildet da keine Ausnahme.

Aber dennoch hat dieser Ansatz etwas grundlegend Neues und Beflügelndes. Er ist keine Fortsetzung gewohnter Me-

thoden und eröffnet uns – zumindest für den Augenblick –
eine unverbrauchte Alternative. Er befaßt sich mit Unternehmenskultur, ohne sich in Abstraktionen und Beschreibungen zu verlieren. Er zeigt einen pragmatischen Weg, wo
früher oft nur ein Glaubensakt weiterhalf. Und er trifft den
Kern einer Sache, die für alle immer mehr Bedeutung gewinnt: der Wandel.

Ich kann selbst nicht genau sagen, weshalb dieser Ansatz
bei den Managern so große Begeisterung weckt. Vielleicht
sehen sie darin die Chance, bei Veränderungsvorhaben das
Ruder wieder in die Hand zu nehmen. So ähnlich äußerte
sich jedenfalls erst kürzlich ein Unternehmenspräsident
gegenüber einem meiner Kollegen von Arthur D. Little:
»Erst jetzt habe ich wieder das Gefühl, das Heft wirklich in
der Hand zu haben.«

Vielleicht hat der große Enthusiasmus auch damit zu
tun, daß Analysen, für die man früher Monate brauchte,
jetzt binnen Wochen erledigt sind. Und Veränderungen
dauern nicht mehr Jahre, sondern nur noch Monate. Vor
einiger Zeit berichtete ein Team dem Topmanagement
über die Ergebnisse einer einwöchigen Auswertung heimlicher Spielregeln der Zentrale. Dabei wies man unter anderem auf einen drohenden Nebeneffekt hin, der die Manager in ihrer Leistungsfähigkeit behindern werde. Da
erhob sich der Personalleiter und sagte: »Wir haben gerade eine achtzehnmonatige Studie abgeschlossen. Und
die zeigt, daß wir genau unter dem Effekt leiden, den Sie
gerade beschrieben haben. Wir konnten uns die Sache
aber nicht erklären.«

Oder vielleicht ist der Ansatz deshalb so aufregend, weil
er vielseitig verwendbar ist? Menschen aus allen Lebensbe-
reichen denken darüber nach, wie sie die heimlichen Spielregeln ihrer Umgebung verändern können. Vom hochrangi-
gen Regierungsbeamten bis hin zum berühmten Sportler
stellen alle fest, daß sie nach ungeschriebenen Gesetzen
leben. Einer der Topstars der englischen Fußballiga ruft
mich in regelmäßigen Abständen an, um sich mit mir über

seine neuesten Probleme mit den heimlichen Spielregeln des Profifußballs zu unterhalten. In der renommierten Londoner Business School läuft zur Zeit ein Forschungsprogramm, in dessen Rahmen ein Stipendiat die Auswirkungen ungeschriebener Gesetze auf die Umsetzung von Strategien untersucht. Und bei meinem Pragbesuch vor einiger Zeit erzählte man mir, daß die Unternehmen in den ehemaligen Ostblockländern geradezu nach den heimlichen Spielregeln leben.

Möglicherweise rührt die Euphorie auch daher, daß der Ansatz soviel Spaß macht, daß er so anders und doch vertraut ist, so naheliegend und leicht verständlich. Die Leute müssen nicht lange überlegen, ob sie daran glauben können. Sie kannten ihn ja ohnehin schon, nur hatten sie nicht über all seine Konsequenzen nachgedacht.

Mich persönlich fasziniert der Gedanke an die Tragweite einer wachsenden Sensibilität für heimliche Spielregeln. Und damit meine ich nicht nur eine Beschleunigung des Wandels oder dessen Beständigkeit. Ich spreche von den Folgen für den Managementstil. Davon, wie man sich als Angehöriger eines Unternehmens fühlen wird, das seine heimlichen Spielregeln auf Kurs gebracht und damit kleinlichen Frustrationen und Heucheleien die Grundlage entzogen hat. Wie man sich in einem Gemeinwesen fühlen wird, dessen Behörden ihre ungeschriebenen Gesetze im Griff haben und den Bürger nicht mehr zum Opfer pedantischer Willkür degradieren.

Der Grundsatz der achtziger Jahre, nach dem Gewinne den Vorrang haben vor menschlichen Belangen, hat ausgedient, zumal er letzten Endes nur in eine Sackgasse geführt hat. Wie schon zu Anfang dieses Buches erwähnt, muß man das Unternehmen aus der Warte des einzelnen betrachten, weil der Weg zu Höchstleistungen nur über ihn führt.

Aber der springende Punkt ist, daß alle diesen Wandel wollen. Sie wollen die Fesseln der Vergangenheit abschütteln. Sie wollen die heimlichen Spielregeln durchbrechen.

Sie wollen eine Revolution. Wir alle ärgern uns über unnötige Scherereien, Heucheleien und Schmerzen, die wir im Betrieb und auch in der Gemeinschaft als etwas Unvermeidliches kennengelernt haben. Und mit jedem Schritt hin zu einer Harmonisierung der Regeln erobern wir uns ein Stück Freiheit. Freiheit vom schwelenden Unmut über ein unfaires Betriebsumfeld, in dem Verbesserungen unmöglich und unerwünscht scheinen. Freiheit vom Gefühl des Hinundhergerissenseins zwischen Karriere und Familie. Und schließlich auch die Freiheit von einer feindlichen Umwelt, für deren überflüssige Belastungen und Zwänge sich niemand verantwortlich fühlt.

Jeder, der schon einmal in einem Organisationsverband oder anderswo unter widersprüchlichen heimlichen Regeln zu leiden hatte, will im Grunde diese Revolution. Und wenn sie kommt, dann muß sie von innen kommen. Nur der Funke muß überspringen.

Ketzerei ist keine Hexerei

Ein Leitfaden zum Verständnis der heimlichen Spielregeln

Der Leitfaden für Ketzer legt in aller Ausführlichkeit dar, wie man die heimlichen Spielregeln eines Unternehmens aufdecken und erfassen kann. Von den vielen bei Arthur D. Little erprobten Ansätzen hat sich dieser als unverwüstlich und zudem leicht erlernbar erwiesen.

Wie Sie diesen Leitfaden nutzen können

Noch einmal ein kurzer Überblick über die wichtigsten Aspekte der Methode: Die Auswertung soll die wesentlichen ungeschriebenen Gesetze im Zusammenhang mit spezifischen Problemen ermitteln, die sich auf die Unternehmensleistungen auswirken. Im allgemeinen erreicht man mit der Analyse von Prozessen sehr viel mehr als mit der spezifischer Inhalte. Die entscheidenden Fragen beginnen also mit Wie oder Warum und nicht mit Was.

Das bloße Aufdecken und Erfassen heimlicher Spielregeln wäre bestenfalls von akademischem Interesse. Die Auswertung jedoch leistet viel mehr. Sie klärt die Kausalzusammenhänge zwischen heimlichen Spielregeln und bestimmten leistungsrelevanten Aspekten auf. Darüber hinaus weist sie auch die Verbindung zwischen den ungeschriebenen und geschriebenen Gesetzen sowie den Managementhandlungen nach, aus denen die heimlichen Spielregeln hervorgehen. Anhand dieser logischen Kette – vom Geschäftsproblem bis hin zu Managementinstrumenten – lassen sich Barrieren für den Wandel durchbrechen.

Erfassen kann man die heimlichen Spielregeln und ihre Verbindungen mit einer sorgfältig durchdachten Sequenz von zweistündigen Interviews. Im Hinblick auf eine spezifische Geschäftsfrage und im Rahmen einer Gruppe mit etwa denselben ungeschriebenen Gesetzen läßt sich eine Auswertung innerhalb von fünf Arbeitstagen vornehmen. Wenn keine schwerwiegenden Gründe dagegen sprechen, bietet sich als besonders ergiebige Quelle für Daten ein Querschnitt durch das mittlere Management an. Im Idealfall werden die Interviews von einem Gesprächsleiter und einem Assistenten geführt.

Wie sieht nun der Leitfaden aus? Teil A behandelt die für die Auswertung zu verwendende Interviewtechnik, die sehr wahrscheinlich von gewohnten Vorstellungen abweicht. Erst letztes Jahr zum Beispiel habe ich diese Methoden einer Gruppe schottischer Interviewexperten beigebracht. Und obwohl mich ein Fax nach dem anderen davor gewarnt hatte, ihre Zeit mit Dingen zu verschwenden, die sie ohnehin schon aus dem Effeff beherrschen, beschäftigten wir uns schließlich fast zwei volle Tage mit der Technik. Am Ende hatten sie es begriffen, doch anfangs stellten sich die meisten ziemlich unbeholfen an.

Teil B geht auf die Sequenz ein, der man im Rahmen der Auswertung und der Durchführung der ersten sieben Interviews folgen muß. In Teil C ist die Rede vom ersten Teamworkshop, der nächsten Staffel von sieben Interviews und dem abschließenden Teamworkshop, bei dem die heimlichen Spielregeln und ihre Verbindungen zu unbeabsichtigten Nebeneffekten sowie motivierenden, machtausübenden und handlungsauslösenden Kräften herausgearbeitet werden. Teil D stellt ein Beispiel für die Ergebnisse einer Auswertung vor, die als Grundlage für einen Workshop des Topmanagements zur Vereinbarung geeigneter Maßnahmen dienen können.

Das ist alles. Mit diesem Leitfaden ist Ketzerei keine Hexerei. Mit seiner Hilfe kann man sich die heimlichen Spielregeln aneignen und sie beherrschen. Und die damit einhergehende Macht ausüben.

Aber Vorsicht vor der dunklen Seite der Macht. Wer die ungeschriebenen Gesetze des eigenen Unternehmens von Grund auf kennt, kann sein erworbenes Wissen nicht nur dazu nutzen, Konflikte und Heucheleien im Unternehmen abzustellen und damit die Gesamtleistungen zu verbessern.

Er kann sein Wissen auch für eigene Zwecke mißbrauchen. Er kann im verborgenen die Fäden in der Hand halten, an denen seine Kollegen tanzen wie Marionetten. Und auch wenn die Gesamtleistungen des Unternehmens darunter leiden, er selbst behält im eigenen Drehbuch immer die Oberhand.

Ich persönlich kann die dunkle Seite aus zwei Gründen gar nicht ernst nehmen. Zum einen hat mich bloße Macht nie besonders interessiert. Zum anderen sind die wahren Manipulatoren von jemandem, der sich auf die heimlichen Regeln versteht, so leicht zu durchschauen, daß sie fast ein wenig pathetisch wirken. Und wer möchte das schon? Aber es ist wirklich eine Gefahr. Eigentlich sogar eine doppelte Gefahr. Nicht nur muß man sich vor der dunklen Seite hüten, man muß auch jeden *Eindruck* von Manipulation vermeiden.

Gegen beide Risiken gibt es einen mächtigen Talisman: Offenheit. Man muß alle Beteiligten wissen lassen, was man macht und warum man es macht. Nie jemanden in Zweifel über die eigenen Motive lassen, damit sich niemand den Kopf über mögliche andere Beweggründe zerbricht. Wenn man etwas als Mittel zum Zweck betreibt, immer ausdrücklich darauf hinweisen. Nie so tun, als benutzte man die heimlichen Spielregeln nicht. Die anderen stets genauestens davon in Kenntnis setzen, welcher ungeschriebenen Gesetze man sich bedient. Mit einem Wort: Offenheit in allem. Und damit schafft man etwas, was auch der mächtigsten grauen Eminenz im Hintergrund niemals gelingt: Man erreicht die eigenen Ziele mit Wissen und Billigung aller.

Wer sich für die dunkle Seite der Macht entscheidet, zahlt einen hohen Preis. Im besten Fall wird er sehr mächtig, ist aber gleichzeitig isoliert und zynisch. Im schlimmsten Fall ist er einsam und verbittert, verliert die Selbstachtung und wird entlarvt. Die Versuchung ist besonders stark für jene, die nach Macht um ihrer selbst willen streben oder sich mit ihrer Hilfe bereichern wollen. Und die Klügsten glauben immer, daß sie alle anderen einwickeln können. Sie betrachten ihr Spiel als intellektuelle Herausforderung und meinen, alles stets im Griff zu haben. Sie sind der Droge verfallen. Ihr gesamtes Handeln ist von Selbstsüchtigkeit erfüllt, und manchmal bringen sie es damit sogar zu sehr großen Erfolgen.

Jeder muß sich selbst entscheiden. Wer die heimlichen Spielregeln meistert, für den ist es ein leichtes, die damit gewonnene Macht zu mißbrauchen. Aber er kann auch von jedem entlarvt werden, der die ungeschriebenen Gesetze ebenfalls beherrscht. Für mich liegt etwas Tröstliches in dieser Symmetrie. Ich freue mich schon auf die zukünftigen Schlachten zwischen den Repräsentanten der dunklen Seite und jenen, die sich für die Befreiung aus ihrer Umklammerung einsetzen. Es verspricht ein Kampf zwischen Gut und Böse zu werden, wie ihn selbst Hollywood noch nicht gesehen hat.

Und damit öffnet sich, im guten oder im schlechten, das Tor zu einer anderen Dimension.

A. Das Tor zu einer anderen Dimension

Mund halten und zuhören!

Die Interviewtechnik zur Auswertung heimlicher Spielregeln unterscheidet sich von den meisten anderen Interviewtypen. Wichtigstes Gebot ist es, daß der Gesprächsführer einen persönlichen Kontakt zum Befragten herstellt. Ohne diese Empathie ist das Interview fruchtlos. Der Befragte soll möglichst frei darüber reden, welche Zwänge er und andere im Unternehmen spüren und wie sich diese auf spezifische Aspekte der Unternehmensleistungen beziehen. Aufgabe des Assistenten ist es, das Interview möglichst genau, das heißt mittels wörtlicher Zitate, aufzuzeichnen, den Gesprächsführer bei der anschließenden Analyse zu unterstützen, ihn im Laufe des Interviews auf Versäumnisse hinzuweisen und oft auch das Interview genau zu beobachten, um später selbst Interviews führen zu können.

Das probateste Mittel, um den Befragten zu einem freien Redestrom zu bewegen, liegt für beide Interviewer darin, sich möglichst schweigsam zu verhalten. Der Assistent sollte in der Regel immer eine passive Rolle spielen und sein Schweigen nur in seltenen Fällen brechen, und auch dann nur, um eine ermunternde Bemerkung zu machen.

Aber auch der Gesprächsführer muß den Mund halten und zuhören. Er muß die Rolle des Managers oder Beraters aufgeben und in die eines Enthüllungsjournalisten schlüpfen. Er darf keinen Rat geben, außer wenn er ausdrücklich darum ersucht wird. Glänzen kann man in einem solchen Interview weniger durch das Vorzeigen eigener Sachkundigkeit als durch einfaches Verständnis. Enorm viel hängt davon ab, daß man sich in den Befragten hineinversetzt. Nur so läßt sich abschätzen, wie er mit bestimmten Umständen fertig wird.

Schweigen ist auch ein sehr wirkungsvolles Mittel, um den Befragten zu unüberlegten Äußerungen zu bewegen. Wenn er auf eine wichtige Frage nur eine kurze Antwort gibt, schweigt man dazu. Man sieht ihn aufmunternd an und wartet. Über die dadurch oft entstehende Verlegenheit kann man sich ganz gut hinweghelfen, indem man sich vornimmt, erst dann den Mund aufzumachen, wenn man leise bis zehn gezählt hat. Das ist nur selten wirklich nötig, weil die meisten Befragten schon vorher aus sich herausgehen und dabei oft sehr hilfreiche Hinweise geben. Als Faustregel gilt: *Nach dem letzten Wort des Befragten immer erst drei Sekunden verstreichen lassen.* Und auch dann kann man sich darauf beschränken, seinen letzten Satz zu wiederholen, um ihn zu weiteren Aussagen zu ermuntern.

Ich habe diese Interviewtechnik schon sehr vielen verschiedenen Menschen beigebracht und kann inzwischen sagen, daß die ›Drei-Sekunden-Regel‹ von all meinen Empfehlungen die wichtigste ist. Sie macht redselige Dogmatiker zu aufmerksamen Beobachtern und penetrante Vertreter zu verständnisvollen Zuhörern. Und viele Topmanager haben sich im Anschluß an die Interviews darum bemüht, dieses Prinzip auch auf andere Bereiche der Informationsermittlung zu übertragen, die mit heimlichen Spielregeln überhaupt nichts zu tun haben. Augen und Ohren offenzuhalten für das, was andere wirklich meinen, erweist sich in der Praxis oft als sehr schwierig. Wir neigen alle mehr zum Reden als zum Zuhören. Ich spreche aus persönlicher Erfahrung.

Um ein Vertrauensverhältnis herzustellen, sollten beide Interviewer statt einer verurteilenden eine unterstützende Haltung einnehmen. Als grundlegende Voraussetzung für ein Interview zur Auswertung ungeschriebener Gesetze gilt: »All Ihre Äußerungen und Verhaltensweisen sind zumindest für Sie sinnvoll und für uns auch verstandlich. An Ihrer Stelle würden wir wahrscheinlich genauso handeln.« Das läßt sich noch bekräftigen mit Sätzen wie »Das habe ich auch schon erlebt« oder »Das Problem kennen wir auch«.

Selbst wenn man mit einer Aussage des Befragten nicht einverstanden ist, sagt man nichts und gibt ihm mit einem Nicken zu verstehen, er möge weiterreden. Unter Umständen ist die Meinungsverschiedenheit sehr groß, oder man hat den Eindruck, der Befragte bringe Dinge vor, die er selbst nicht glaubt. In diesem Fall kann man den Advocatus Diaboli spielen und zu bedenken geben, daß ›manche Leute‹ vielleicht anderer Ansicht sind. Wer die implizite Kritik auf sich selbst bezieht, zerstört damit nur das mühsam aufgebaute Vertrauen. In diesem Stadium haben die Interviewer nicht die Aufgabe, über den Befragten zu richten, sondern die Beweggründe seines Denkens zu verstehen.

Während der Befragte im Idealfall über neunzig Prozent der Zeit redet, muß der Gesprächsführer interessante Punkte festhalten und darüber hinaus aus den Äußerungen Schlüsse über das Verhalten des Befragten ziehen. Er sollte ableitbare Gedanken und Gefühle immer wieder paraphrasieren (»Verstehe ich Sie richtig…?«) und den Befragten in seltenen Fällen durch vorsichtige Auslegungen verborgener Gefühle in eine bestimmte Richtung lenken. Trifft man ins Schwarze, macht man einen Sprung nach vorne. Trifft man daneben, entweder weil man etwas Unrichtiges sagt oder weil der Befragte sich nicht dazu bekennen kann, muß man sofort eine Beschwichtigungstaktik einschlagen. Man kann sich natürlich einfach entschuldigen, aber am leichtesten rettet man die Situation, wenn man den Befragten einfach um eine ausführliche Richtigstellung bittet. Und den nächsten Versuch, einem Kerngedanken auf die Spur zu kommen, leitet man dann am besten mit einem abschwächenden Vorsatz ein: »Ich möchte Ihnen nichts in den Mund legen, aber…«

Um das Gespräch nicht zu stören, sollte der Gesprächsleiter Punkte, die einer eingehenden Klärung bedürfen oder mit anderen Aussagen verglichen werden müssen, auf einem eigenen Blatt Papier notieren. Darauf sollten auch alle anderen offenen Fragen aus früheren Interviews und Besprechungen mit externen Beratern festgehalten sein. Der Gesprächsführer muß jede sich bietende Gelegenheit wahrnehmen, um die Unterhaltung auf diese Themen zu lenken, ohne jedoch den Befragten in seinem Redefluß zu unterbrechen.

Dies läßt sich in der Regel durch Wortassoziationen bewerkstelligen. Auf der Liste des Interviewers steht zum Beispiel der Punkt Abteilungsorganisation, und der Befragte spricht über den Teamaufbau. Hier kann der Gesprächsführer einhaken: »Okay, wir haben jetzt über die Teamorganisation geredet, aber wie steht's denn mit der Abteilungsorganisation?« Wenn man es geschickt anfängt und den richtigen Zeitpunkt trifft, dann wirkt dieser offensichtliche Themenwechsel wie eine freie Gedankenassoziation. Viele Befragte bemerken überhaupt nichts davon und sind am Ende verwirrt: »Es hat Spaß gemacht, aber eigentlich habe ich nur die ganze Zeit geredet; es gab ja überhaupt keine Struktur. Ich weiß nicht, ob sich daraus etwas Konkretes schließen läßt.«

Bisweilen wird es sich nicht vermeiden lassen, das Gespräch auf deutlich ersichtliche Weise in eine andere Richtung zu dirigieren. Im Verlauf eines Interviews sollte dies jedoch nicht mehrfach geschehen, weil man dadurch den Befragten zu sehr einschränkt. Die Erschließung von Verhaltensweisen noch während des Gesprächs und dessen unmerkliche Strukturierung sind die schwierigsten Anforderungen für die Durchführung eines Interviews zur Auswertung heimlicher Spielregeln. In der Ausbildung sollte man sich also auf die Einübung entsprechender Fähigkeiten konzentrieren.

Natürlich wäre es wunderbar, wenn jeder Befragte warmherzig, freundlich und hilfsbereit wäre. Aber machen wir uns nichts vor. Manche sind einfach unausstehlich. Aber dafür wird es dem Interviewer auch nicht langweilig. Und jeder Ketzer weiß ja: Wenn es hart auf hart kommt, dann hilft nur noch … Einfühlungsvermögen.

Nervös, reizbar oder berechnend?

Als Ketzer weiß man nie, was auf einen zukommt. Der Befragte kann die Liebenswürdigkeit selbst oder der Teufel in Person sein. Daher beginnt man das Interview immer auf die gleiche Weise. Man bestätigt den Kontext und den zeitlichen Rahmen des Treffens und sichert dem Befragten zu, daß alle Angaben anonym bleiben. In manchen Fällen kann der Zusatz hilfreich sein, nur einige wichtige Personen des Unternehmens seien für die Interviews ausgewählt worden. Dann muß man jedoch ganz besonders darauf achten, daß der Betreffende hinter dieser Äußerung nicht irgendwelche geheimen Motive vermutet.

Man sollte den Befragten schon im Vorfeld schriftlich zum Interview bitten und ihn über dessen Zweck informieren, so daß die Einleitung des Gesprächs relativ kurz gehalten werden kann. Aber man darf auch nichts überstürzen, weil sich hier eine ideale Gelegenheit bietet, den Stil, die Erwartungen und die Anliegen des Befragten abzuschätzen. Auf der Grundlage dieser ersten Eindrücke muß sich der Gesprächsleiter umgehend für eine Interaktionsstrategie entscheiden, mit der er möglichst rasch ein Vertrauensverhältnis herstellen kann. Außerdem kann er nur in diesen ersten Minuten mehr reden und somit nur in dieser kurzen Zeit das gewünschte Bild von sich vermitteln.

Mitunter setzt der Befragte sofort zu einem Monolog an, den er mit folgenden Worten einleitet: »Ich habe mir schon meine eigenen Gedanken über die heimlichen Spielregeln bei uns gemacht.« Das bedeutet in den meisten Fällen, daß der Betreffende zu den 10 bis 20 Prozent gehört, die die ungeschriebenen Gesetze ohne Hilfe verbalisieren können. Und das kann eine immense Abkürzung sein. Hier heißt es wieder: Mund halten und zuhören, zustimmend nicken und den Redefluß nicht unterbrechen.

Meist sagt der Befragte nach der Vorstellung jedoch nur: »Ich stehe Ihnen ganz zur Verfügung. Schießen Sie los.« Am einfachsten schafft man hier den Übergang, wenn man auf den spezifischen Unternehmensaspekt eingeht, mit dem sich die Auswertung auseinandersetzen soll. Zum Beispiel: »Wir möchten ein Gespür dafür bekommen, wie die Arbeit bei X ist, und zwar speziell im Hinblick auf [Aspekte der Unternehmensleistung]. Sie wissen schon: wie das System eigentlich funktioniert, was Ihnen wichtig erscheint und so weiter. Vielleicht fangen wir einfach damit an und kreisen dann interessante Themen ein, die sich daraus ergeben.«

In der Regel reicht dies, um den Befragten zum Sprechen zu bewegen. Wenn nicht, kann man deutlicher werden: »Wer sind für einen mittleren Manager bei X die wichtigsten Leute im Hinblick auf [Aspekte der Unternehmensleistung]? Was sind ihre Beweggründe? Ihre bedeutendsten Maßstäbe?« Wenn man auch damit nichts erreicht, sollte man den Befragten nicht mehr zu allgemeinen Aussagen drängen: »Vergessen Sie alle anderen, was ist speziell für *Sie* das Wichtigste, was sind Ihre Beweggründe? Wer ist für Sie die wichtigste Person im Unternehmen, besonders im Hinblick auf [Aspekte der Unternehmensleistung]? Was sind die entscheidenden Dinge, die Ihnen passieren?«

Wenn alle Stricke reißen, muß man auf einen direkteren Ansatz zurückgreifen: »Lassen wir das mal beiseite. Erzählen Sie mir einfach, was Sie persönlich über [Aspekte der Unternehmensleistung] denken.« Der Nachteil dieses Vorgehens liegt allerdings darin, daß der Befragte oft einen altbewährten Monolog zum Thema herunterspult, der natürlich darunter leidet, daß er ursprünglich auf ein Publikum im Unternehmen zielt. Eine sehr viel frischere und aufschlußreichere Darstellung erhält man, wenn man ihn dazu bringt, die Dinge aus einer anderen Perspektive zu betrachten.

In 20 bis 30 Prozent aller Fälle scheinen die Gesprächspartner zu keinen brauchbaren Aussagen bereit. Unter Umständen reden sie viel, aber es klingt alles nach der ›offiziellen Geschichte‹ oder so, als wollten sie den Erwartungen des Interviewers entsprechen. Keine besonders kontroversen Bemerkungen, nichts Gutes, aber auch nichts Schlechtes. Leider sind viele der klassischen Interviewtechniken zur Lösung dieses Problems, wie zum Beispiel zu unterbrechen und die Frage betont deutlich zu wiederholen, zumindest in der ersten Hälfte des Interviews völlig ungeeignet, weil man damit das Vertrauensverhältnis gefährdet. Statt dessen muß man versuchen, sich in den Befragten hineinzuversetzen, und ihm dies auch vermitteln.

Meist gehört der Befragte in solch einer Situation zu einem von drei Typen: vorsichtig oder nervös; gelangweilt oder gereizt; oder einfach berechnend. Die nervösen Befragten glauben gute Gründe dafür zu haben, sich zu bestimmten Themen nicht sehr deutlich zu äußern. Letztlich haben sie einen oder beide Interviewer im Verdacht, das Gehörte nicht vertraulich zu behandeln. Die Gereizten halten das Interview für Zeitverschwendung. Die Berechnenden versprechen sich persönliche Vorteile von ihrem Verständnis der heimlichen Spielregeln und halten deshalb dicht.

Bei allen drei Typen geht man zunächst auf gleiche Weise vor: Der Gesprächsführer bemüht sich ganz besonders um die Schaffung eines Vertrauensverhältnisses. Im Sinne dieser Absicht muß der Assistent ganz in den Hintergrund treten, schweigen und ausdruckslos bleiben. Am besten blickt er in erster Linie auf seine Notizen, während der Gesprächsleiter mittels Blickkontakt und Körpersprache den empathischen Prozeß vorantreibt. Beide Interviewer müssen völlig ruhig, entspannt und selbstbewußt wirken.

Der Assistent sollte weiterhin Notizen machen. Nur wenn der Befragte etwas Vertrauliches vorbringen möchte, legt der Assistent den Stift weg und blickt auf. Damit unterstreicht man die Diskretion, und der Befragte fühlt sich vielleicht zum Weitersprechen animiert, auch wenn er soeben noch unschlüssig war. Ist nach einer angemessenen Pause der Blick des Befragten auf den Gesprächsleiter gerichtet, kann der Assistent seine Aufzeichnungen in aller Stille wiederaufnehmen.

Wenn ein Vertrauensverhältnis entsteht, taut der Befragte

unter Umständen auf und gibt bisweilen hochbrisante Informationen preis. Geschieht dies zum ersten Mal, sollte man sehr interessiert und konstruktiv darauf eingehen. Auch bei einem gereizten Befragten wächst vielleicht die Bereitschaft, seine Zweifel am Wert des Interviews anzudeuten, so daß der Gesprächsführer die Möglichkeit hat, darauf zu reagieren und die Bedenken des Befragten zu mindern.

Berechnende Interviewpartner gehen nur selten auf vertrauensbildende Maßnahmen ein. Sie können reichlich schnoddrige und abfällige Bemerkungen machen und sich sogar ausgesprochen widerwärtig benehmen. Darauf sollte man keinesfalls hereinfallen, weil man damit jede Chance auf einen Nutzen des Interviews verspielt. Man muß alles abprallen lassen und genau beobachten. Lächeln. Den Kiefer bewußt entspannen. Es ist ziemlich auffällig, wenn jemand lächelt und gleichzeitig mit den Zähnen knirscht. Vielleicht erinnert man sich daran, daß man ja schließlich dafür bezahlt wird. Man kann an irgendwelche anderen Dinge denken, um sich von Beleidigungen nicht aus dem Konzept bringen zu lassen. Wer sich wirklich ärgert, kann dies vor dem Gesprächspartner nicht kaschieren, weil sich die Körpersprache kaum verbergen läßt. Der einzige Ausweg liegt darin, die Situation einfach nicht ernst zu nehmen. Und oft zollt der Betreffende dieser Reaktion widerstrebenden Respekt, so daß schließlich doch noch ein persönliches Verhältnis zustande kommt. Manchmal kann man den Befragten auch zu prahlerischen Äußerungen darüber anstacheln, wie sich ›bestimmte Leute‹ – also er selbst – in dieser oder jener Situation besonders clever aus der Affäre ziehen. Wenn man das schafft, hat man ihn im eigenen Spiel geschlagen.

Ende gut, alles gut

Der Wert der Aussagen eines Befragten wächst meist mit dem Vertrauen, und die besten Erkenntnisse kommen oft erst am Ende des Gesprächs. Manchmal geht der Gesprächspartner erst in der letzten halben Stunde so richtig aus sich heraus. Er kommt vielleicht noch einmal auf ein bereits besprochenes Thema zurück, aber diesmal mit weiterführenden Details oder aus einem anderen Blickwinkel. Mitunter sieht er die Dinge gegen Ende des Interviews völlig anders und möchte seine früheren Äußerungen korrigieren.

Daher sollte man das Interview so einteilen, daß man sich bei der Bearbeitung unerledigter Fragen nicht überstürzen muß. Eile macht einen unprofessionellen Eindruck und verdirbt die Möglichkeit zu einem flüssigen Gespräch, bei dem am Schluß noch wertvolle Informationen zutage treten. Besser ist es, einige Fragen einfach offenzulassen.

Besonders offen sollte man sein, wenn der Befragte mit dem Gedanken spielt, etwas mitzuteilen. Manchmal ist er gerade bei den Themen zurückhaltend, die ihm am meisten zu schaffen machen. Manchmal liegt die wesentliche Einsicht wie ein Subtext zum gesamten Gesprächsverlauf direkt unter der Oberfläche. Wer sich hier unbeholfen oder gleichgültig zeigt, weil er an diesem Tag schon vier Interviews absolviert hat, der verpaßt vielleicht eine glänzende Gelegenheit. Wer jedoch durchweg einfühlsam und interessiert auftritt, der kann vielleicht kurz vor Ende der Sitzung noch eine weitere Schicht der Fassade abschälen.

Freilich sollte man nie die vereinbarte Zeit überschreiten. Zwei Stunden ist viel länger als die meisten anderen Interviews, und wer selbst die noch überzieht, hinterläßt einen unhöflichen Eindruck. Will der Befragte jedoch aus freien Stücken weitermachen, dann liegt die Sache anders. Am Ende des Interviews sollte immer noch Zeit bleiben für ›irgendwelche anderen Fragen‹, und der Befragte muß natürlich auch die Möglichkeit haben, Kontakt zum Gesprächsführer aufzunehmen, falls ihm später noch etwas sehr Wichtiges einfällt.

Damit wäre abgehandelt, wie man die Befragten zum Sprechen bringt. Aber wie geht man nun die Auswertung an?

B. Reise ins Unbekannte

Vor dem Sturm

Die Auswertung heimlicher Spielregeln zu einer bestimmten Unternehmensfrage umfaßt mindestens vierzehn Interviews und zwei Workshops. Dem folgen die Ausarbeitung einer Dokumentation und die Rücksprache mit dem leitenden Management, das nun seinerseits einen Workshop veranstaltet, um über geeignete Maßnahmen zur Überwindung der Leistungshemmnisse zu entscheiden. Bei Zeitdruck läßt sich der eigentliche Auswertungsteil in fünf Tagen bewältigen, vorausgesetzt, daß die Gruppe der Befragten in etwa denselben ungeschriebenen Gesetzen folgt. Will man zwei oder mehr Regelwerke, beispielsweise in einzelnen Abteilungen des Unternehmens, voneinander unterscheiden, sind für jedes weitere Regelwerk rund zehn zusätzliche Interviews nötig. Auch eine Auswertung mit vierundzwanzig Interviews kann man in einer Woche bewältigen, aber dafür benötigt man entweder zwei gut aufeinander eingespielte Interview-Teams oder sehr lange Arbeitstage. Ich selbst mußte einmal achtundzwanzig zweistündige Interviews innerhalb von vier Arbeitstagen durchführen, die meisten davon ohne Assistenten. Ich möchte es nicht weiterempfehlen.

Die Auswertung mit vierzehn Interviews zerfällt in drei Teile:

- Vorbereitung
- Auswertung
  - Erste Staffel von sieben Interviews
  - Erster Teamworkshop
  - Zweite Staffel von sieben Interviews
  - Abschließender Teamworkshop
- Dokumentation, Rücksprache und Workshop des leitenden Managements

Der Aufbau des Interviewprogramms und die Dynamik der Einzelinterviews erlauben ein relativ problemloses Herausarbeiten heimlicher Spielregeln und ihrer Verbindungen sowohl zu Problemen als auch zu Managementinstrumenten des Wandels.

Will man Interviews und Workshops in einer Woche durchführen, kann man einen Zeitplan ansetzen, wie er in Übersicht 12 vorgeschlagen wird.

Als Alternative für jemanden, der sich bei seinen ersten Auswertungen nicht einem solchen Zeitdruck aussetzen möchte, bietet es sich an, schon am Donnerstag mit den ersten Interviews zu beginnen, den ersten Workshop am Wochenende abzuhalten und die Auswertung in der folgenden Woche abzuschließen.

In den nächsten Abschnitten wollen wir die Phasen der Auswertung einzeln durchgehen. Doch vorher noch ein Wort zu den Vorbereitungen für die Interviews. Einige Wochen vor Beginn bittet man die lokale Unternehmensleitung um eine Auswahl von Kandidaten, die für das Umfeld repräsentativ sind. Wenn Zweifel bestehen, sollte man auf das mittlere Management hinweisen, weil dessen Mitglieder nach aller Erfahrung am meisten unter den Nebeneffekten heimlicher Spielregeln zu leiden haben. Falls externe Berater bereits mit dem Unternehmen vertraut sind, sollte man sich mit ihnen in Kontakt setzen. Aus ihren Berichten kann man mitunter bereits im Vorfeld eine Liste potentieller ungeschriebener Gesetze und Nebeneffekte zusammenstellen und muß dann nicht bei Null anfangen.

Vor den Interviews sollte man sich die Befragten im groben skizzieren lassen, um zu wissen, was ihre roten Tücher, ihre Hauptanliegen und so weiter sind. Die Betriebsleitung sollte die Befragten schriftlich über den Zweck des Interviewprogramms benachrichtigen und sie zu einem Treffen bitten. Darüber hinaus kann man sie in dem Memo zu einer vor Beginn der Interviews angesetzten Präsentation über

Erste Staffel von sieben Interviews
Montag

9.00 – 10.00 Fakultativ   Öffentliche Präsentation zu den heimlichen
                              Spielregeln

11.00 – 12.00 Interview 1   Phase I: Bestätigung der Schlüsselfrage

13.00 – 15.00 Interview 2 ⎫
15.30 – 17.30 Interview 3 ⎭   Phase II: Erkunden verwandter Fragen

Dienstag

8.30 – 10.30 Interview 4 ⎫
10.30 – 12.30 Interview 5 ⎪
13.30 – 15.30 Interview 6 ⎬   Phase III: Vertiefen der Fragen
15.30 – 17.30 Interview 7 ⎭

Erster Teamworkshop
Mittwoch (vormittags)

7.30 – 11.00 Workshop 1   Phase IV: Herausarbeiten wichtiger Verhaltensweisen

Zweite Staffel mit sieben Interviews
Mittwoch (später Vormittag und Nachmittag)

11.30 – 13.00 Interview 8
14.00 – 16.00 Interview 9 ⎫
16.00 – 18.00 Interview 10 ⎭ Phase V: Ermitteln von Ursache und Wirkung

Donnerstag

8.30 – 10.30 Interview 11 ⎫
10.30 – 12.30 Interview 12 ⎪
13.30 – 15.30 Interview 13 ⎬ Phase VI: Bestätigung der Ergebnisse
15.30 – 17.30 Interview 14 ⎭

Abschließender Teamworkshop
Freitag

8.30 – 12.30 Workshop 2   Phase VII: Erfassen der heimlichen Spielregeln
15.00 – 16.00 Fakultativ   Erste Rücksprache mit dem leitenden Management

heimliche Spielregeln einladen. Im Idealfall sollte in der
Nachricht auch das grundlegende Konzept der ungeschriebenen Gesetze erklärt werden, weil die potentiellen Befragten

dann unter Umständen schon vor den Interviews eigene hilfreiche Überlegungen anstellen. Manchmal ist es jedoch völlig unpassend, die heimlichen Spielregeln auch nur zu erwähnen, dann nämlich, wenn die Unternehmensangehörigen Verhaltensprobleme grundsätzlich nicht ernst nehmen, weil sie viel zu ›verwaschen‹ sind. In diesem Fall sollte man besonders betonen, daß die Interviews darauf zielen, Leistungshemmnisse oder Barrieren für die Umsetzung einer Verbesserungsinitiative zu verstehen.

Bei der zeitlichen Planung muß man sich darüber im klaren sein, daß die Durchführung einer Auswertung über einen ganzen Monat hinweg sehr viel problematischer ist als in einer Woche, weil sich wiederkehrende Muster in den Aussagen nicht so leicht erkennen lassen. Aus dem gleichen Grund sollten sich parallel arbeitende Interview-Teams möglichst auf homogene Gruppen von Gesprächspartnern (zum Beispiel aus dem gleichen Gebäude oder dem gleichen Funktionsbereich) konzentrieren, statt von einer Gruppe zur anderen zu springen.

Schmerz ist der erste Schritt zur Erkenntnis

Am Montag morgen geht es los, und zwar eventuell mit einem einstündigen Überblick über die heimlichen Spielregeln vor Unternehmensangehörigen, darunter auch den späteren Interviewpartnern. Mit dieser Einführung spart man Zeit für die Interviews und regt die Befragten zum Nachdenken an. Jetzt steht Phase 1 der Auswertung an: die Bestätigung der Schlüsselfrage (Interview 1).

Im Idealfall sollte man das erste Interview mit einem leitenden Manager des Klienten führen. Ziel ist die Bestätigung des Geschäftskontexts für die Befragungen. Welche Probleme bereiten dem Topmanagement ›Schmerzen‹? Wo liegt der neuralgische Punkt? Nicht vergessen, ungeschriebene Gesetze sind weder gut noch schlecht, sie sind nur angemessen oder unangemessen für die Unternehmensziele. Im Sinne ihrer Zweckmäßigkeit muß man die Auswertung also im Geschäftskontext ansiedeln.

Dieses Eingangsinterview dauert nur eine Stunde. Es ist die einzige Sitzung, in der die speziell auf die Ermittlung heimlicher Spielregeln ausgelegte Interviewtechnik nicht zum Einsatz kommt. In dieses Interview geht man wie in ein ganz normales Geschäftsgespräch. Man forscht nicht nach ungeschriebenen Gesetzen, auch wenn man natürlich den einen oder anderen Hinweis durchaus zur Kenntnis nimmt. Man versucht, die Geschäftsrisiken und Leistungshemmnisse zu verstehen, über die sich die Linienmanager den Kopf zerbrechen und die vielleicht durch Konflikte zwischen geschriebenen und ungeschriebenen Gesetzen hervorgerufen oder zumindest verschärft werden. Mit diesem Interview vertieft man also sein Verständnis der Faktoren, die einen Blick auf die heimlichen Spielregeln angebracht erscheinen lassen.

Manchmal wird man gebeten, fundamentale Probleme wie etwa ›Schwierigkeiten mit der Produktentwicklung‹ anzupacken. Ein anderes Mal wird man auf sogenannte ›Grundübel‹ hingewiesen, wie zum Beispiel schlechte Teamarbeit, mangelnde funktionsübergreifende Kooperation, kurzfristige Orientierung, fehlende Risikobereitschaft. Natürlich handelt es sich hier nicht wirklich um Grundübel, aber diese Punkte weisen zumindest auf die Verbindung zwischen unbeabsichtigten Nebeneffekten und allgemeinen Unternehmensproblemen. Mitunter werden nur die ›Grundübel‹ angeführt, ohne Zusammenhang mit der Gesamtleistung. Doch ob sie nun ausdrücklich benannt werden oder nicht, die Auswirkungen solcher Nebeneffekte auf die Geschäftsleistungen sind den Beteiligten meistens völlig klar.

Aus diesem ersten Interview sollte man als wichtigstes Ergebnis eine Erkenntnis zur geeigneten Darstellung des Projekts gewinnen, um die Linienmanager von dessen Bedeutung und Zweckmäßigkeit zu überzeugen. Aber man muß auch genügend vom spezifischen Geschäftskontext verste-

hen, um in den nachfolgenden Interviews Wichtiges von
›heißer Luft‹ unterscheiden zu können. Dies ist eine der
Voraussetzungen dafür, daß ein Interview zur Auslotung
heimlicher Spielregeln nicht in eine allgemeine Untersuchung der Sozialnormen eines Unternehmens abgleiten
kann. Jedes Interview geht in erster Linie von einer Problemstellung aus.

Manchmal höre ich die Frage, ob das denn nicht heißt, daß
ich je nach ausgewählter Problemstellung immer wieder auf
andere ungeschriebene Gesetze stoße.

Ja, das heißt es. Und das ist ja auch der Grund, weshalb
man sich auf nur eine Geschäftsfrage konzentriert. Auf diese
Art und Weise entdeckt man lediglich die Regeln, die zu der
erwünschten Veränderung in Beziehung stehen. Andernfalls
sähe man sich einer Lawine gegenüber. In einem Unternehmen kann es Hunderte von heimlichen Spielregeln geben.
Und es wäre eine Heidenarbeit, alle zu erfassen. Glücklicherweise lehrt jedoch die Erfahrung, daß man bei noch so
verschiedenen Problemen doch immer wieder auf die gleichen wesentlichen ungeschriebenen Gesetze trifft. Und
daher kann man mit ziemlicher Sicherheit davon ausgehen,
daß spätere Veränderungen an heimlichen Spielregeln nicht
zu einer Unvereinbarkeit mit der Masse nicht erfaßter Regeln führen werden.

Die Konzentration auf eine Geschäftsfrage setzt allerdings
voraus, daß man beträchtliche Vorkenntnisse über die betreffende Branche in die Interviews mitbringt. Nur wer sich
auf reiche Erfahrungen mit der Arbeitsweise eines Unternehmens stützen kann, wird letztlich in der Lage sein, Entscheidendes von Banalem zu trennen. Dieses Wissen
braucht man also von Anfang an. Leute mit geringen Ge-
schäftskenntnissen können auch keine guten Interviews zur
Auswertung heimlicher Spielregeln führen.

Und dieses Wissen ist oft sogar branchenspezifisch. Also
Vorsicht. In der Vergangenheit haben sich schon so manche
Kenner ungeschriebener Gesetze nach großen Erfolgen im

eigenen Unternehmen bei Gastspielen in einem anderen Unternehmen oder gar einer anderen Industrie die Finger verbrannt.

Im weiteren Verlauf der Auswertung muß man die Aussagen der Befragten immer in Beziehung setzen zu den Erkenntnissen des ersten Interviews. Alles beginnt mit Schmerzen. Wir wollen sehen, was sie verursacht.

Verirrt in der Wildnis

Jetzt beginnt Phase II der Auswertung: die Erkundung verwandter Fragen (Interviews 2 und 3). Beim ersten Interview über heimliche Spielregeln fühlt man sich wahrscheinlich orientierungslos. Verirrt in der Wildnis. Aber das ist normal. Wenn man von Kollegen oder externen Beratern bereits Tips zu ungeschriebenen Gesetzen oder irgendwelchen potentiellen Nebeneffekten bekommen hat, dann hat man zumindest eine vage Vorstellung davon, welche Fragen mit der im ersten Interview bestätigten Hauptproblematik verknüpft sind. Wenn nicht, dann beginnt man bei Null.

Die Standarderöffnung für alle folgenden Interviews heißt: Vorstellung, Erläuterung des Zwecks (ausgehend von Interview 1), Herstellung eines Vertrauensverhältnisses. Man muß sich nach Kräften bemühen, den Befragten zwei Stunden lang zum Reden zu bringen. In Phase II sollte man keine großen Einsichten erwarten. Mit Glück stößt man auf einen Gesprächspartner, der das Arbeitsleben im Unternehmen und vielleicht einige heimliche Spielregeln mit den dadurch verursachten Problemen auf eindringliche Weise schildern kann. Aber das ist eher unwahrscheinlich. Zunächst einmal gilt es schlicht, alle verwandten Fragen aufzuzeichnen, die der Befragte anspricht.

Am Ende hat man einen Waschzettel mit motivierenden, machtausübenden, handlungsauslösenden Kräften, ungeschriebenen Gesetzen, potentiell verwandten Problemen und vielen, vielen Geschichten, deren Relevanz noch nicht geklärt ist. Aber das spielt auch gar keine Rolle. In diesem Stadium erarbeitet man sich ein Gespür für das Unternehmen. Man sammelt Anekdoten und Beispiele, auf die man sich in den folgenden Interviews indirekt beziehen kann, um die Befragten zum Sprechen zu ermutigen.

Auch wenn die Ergebnisse der Interviews am ersten Tag noch so verwirrend erscheinen, sollte man keine Angst haben, sich in der Wildnis zu verirren. Denn die Konfusion ist nur vorübergehend.

Lange bevor man die Orientierung in einem Meer scheinbar zusammenhangloser Daten vollends verliert, stößt man auf die ersten Wegweiser.

Erste Wegweiser

Dienstag morgen. Über Nacht hat man begonnen, das leere Gerede aus den Äußerungen vom Montag herauszufiltern, und ist somit bereit für Phase III der Auswertung: die Vertiefung der Fragen (Interviews 4–7). Selbst wenn man die Interviews dieser Phase ohne weitere Vorbereitungen durchführen wollte, würde man dennoch wahrscheinlich automatisch nach Belegen für eine Reihe von Punkten suchen, die sich tags zuvor ergeben haben.

Trotzdem sollte man sich vor dem ersten Interview ein paar Minuten lang die wichtigsten Fragen des vergangenen Tages ins Gedächtnis rufen und sie mit den eigenen Aufzeichnungen vergleichen. Man wird feststellen, daß man die Liste am Dienstag morgen schneller abfassen kann als am Montag abend. Parallele Interviewteams sollten diese Liste gemeinsam erstellen – z. B. beim Frühstück.

Die Interviews beginnen nach dem üblichen Muster, und dann kann man das Gespräch auf einen der Punkte auf der Liste bringen. Ohne es sich anmerken zu lassen, muß man das Interview zu *allen* Fragen hindirigieren. Man sollte sich nicht auf die Diskussion von Lösungen einlassen, sondern sich nur auf Probleme konzentrieren. In zwei Stunden kann man eine kurze Liste von Fragen bequem abhandeln und findet daher auch Gelegenheit, die Unterhaltung im richtigen Moment unauffällig in die gewünschte Richtung zu lenken. Neu auftauchende Probleme sollte man in die Liste aufnehmen.

Die Durchführung aller Interviews der Phase III am selben Tag hat den Vorteil, daß sich die Aussagen der Befragten ineinanderfügen. Dadurch lassen sich wiederkehrende Muster fast von selbst erkennen. Wenn man beim sechsten oder siebten Interview ankommt, zeichnet sich vielleicht bereits eine deutliche Übereinstimmung der Aussagen zu verschiedenen Punkten ab. Unter Umständen kann man sogar einige der oben geschilderten neun häufigen Nebeneffekte ausmachen. Oder auch nicht. Doch selbst wenn noch kein Gesamtbild sichtbar wird, braucht man nicht in Panik zu verfallen. Der erste Workshop gibt dem gesamten Team Gelegenheit, eine Interviewpause einzulegen und darüber zu reden, was die Befragten eigentlich zu sagen haben.

C. Fehler finden

Flipcharts ausfüllen

Die Struktur einer Auswertung läßt sich ganz einfach beschreiben: Zur Erfassung heimlicher Spielregeln und ihrer Nebeneffekte ist es das Ziel der zweiten Staffel von Interviews (Phase V–VII), Hypothesen zu überprüfen, die aus der ersten Staffel (Phase I–III) hervorgehen.

Mitunter erreicht man nach einem der Interviews in Phase I–III einen Punkt, an dem ein Gefüge aus motivierenden, machtausübenden und handlungsauslösenden Kräften, aus zugehörigen heimlichen Spielregeln und Nebeneffekten Gestalt anzunehmen scheint. Manchmal hört man von Symptomen, die so gut zu einem der oben beschriebenen häufigen Nebeneffekte passen, daß man sofort eine Hypothese formulieren kann. Meist geschieht dies, wenn man mit einem der ungewöhnlichen Menschen spricht, die die ungeschriebenen Gesetze ohne fremde Hilfe in Worte fassen können.

Ein anderes Mal vollzieht sich der Erkenntnisprozeß in einem schrittweisen Übergang, bei dem die in Phase II angedeuteten Regeln und Nebeneffekte erst langsam schärfere Konturen gewinnen. Aber auch wenn sich der Übergang nicht schon nach der Hälfte der Interviews auf natürliche Weise ergibt, ist dies kein Anlaß zur Sorge, da er nach der Phase IV, dem Herausarbeiten wichtiger Verhaltensweisen (erster Teamworkshop), praktisch von selbst eintritt. In dieser Sitzung erarbeitet das Team gemeinsam eine unstrukturierte Liste ungeschriebener Gesetze und erkannter Probleme.

Am Mittwoch morgen oder vielleicht auch schon am Dienstag abend beginnt das gesamte Team mit der Erörterung seiner Erkenntnisse. Dazu benötigt man sämtliche Aufzeichnungen über die Interviews und zwei Flipcharts. Der eine oder andere wird in den folgenden dreieinhalb Stunden vielleicht einen starken Kaffee brauchen.

Die Interview-Assistenten berichten anhand ihrer Aufzeichnungen über relevante Themen. Diese werden vom Interviewleiter mit weiteren Details oder Bemerkungen zum Ablauf der Gespräche ergänzt, also beispielsweise, weshalb sie an bestimmten Punkten eine andere Richtung eingeschlagen haben, was sie aus den Reaktionen der Befragten entnommen haben oder welche weiteren Schlüsse sie inzwischen daraus ziehen. Ein Supervisor muß auf disziplinierte Arbeitsberichte und eine sachbezogene Diskussion dringen, damit aus dem Workshop kein Kaffeekränzchen wird und damit man die Themen leichter nach ihrer Priorität ordnen kann. Der Supervisor hat zudem die Aufgabe, die vorgebrachten Punkte in eine Flipchart einzutragen, und zwar unter eine von zwei Überschriften: ›Regeln‹ oder ›Probleme‹.

Unter der Überschrift ›Regeln‹ verzeichnet er alle heimlichen Spielregeln, die von den Befragten erwähnt worden sind: alle Handlungszwänge, die sie aus eigenem Vermögen nicht verändern können. Typische ungeschriebene Gesetze können lauten: »Den Chef zufriedenstellen«, »Schnell die Position wechseln«, »Sich nicht in Fehlschläge hineinziehen lassen« oder »Sich vor den richtigen Leuten zeigen«. Natürlich lehnt sich der eine oder andere vielleicht gegen diesen Anpassungsdruck auf. Entscheidend ist jedoch, daß der Zwang existiert.

In diesem Stadium sollte man sich nicht um eine logische Verknüpfung heimlicher Spielregeln oder um eine klare Unterscheidung zwischen ungeschriebenen Gesetzen und den dahinterstehenden motivierenden, machtausübenden und handlungsauslösenden Kräften bemühen. Der ›rasche Stellenwechsel‹ kann zum Beispiel eine sehr vernünftige heimliche Spielregel sein, die die Unternehmensangehörigen aus der motivierenden Kraft ›Aufstiegsmöglichkeiten‹ herleiten. Dazu kommt vielleicht die ergänzende Regel »Nach guten Jobs Ausschau halten«, die ihrerseits vom ›raschen Stellenwechsel‹ abgeleitet ist. Solche Kausalketten muß man im Rahmen dieses Workshops nicht aufspüren. Hier gilt es nur, die drei Regeln als solche festzuhalten.

Schädliche Verhaltensweisen, die sich als schwerwiegende Hindernisse für Verbesserungen auswirken, ergeben sich nur in den seltensten Fällen direkt aus heimlichen Spielregeln. Vielmehr handelt es sich hier meistens um Nebeneffekte, die oft aus Konflikten zwischen ungeschriebenen und geschriebenen Gesetzen resultieren. Eine chronisch kurzfristige Orientierung etwa rührt so gut wie nie von einer heimlichen Spielregel her, die besagt: »Immer nur kurzfristig denken«. Im Normalfall liegt hier ein Gegensatz zwischen einem ungeschriebenen Gesetz (›Rascher Stellenwechsel‹) und einem geschriebenen (»Nur die aktuellen Leistungen der Abteilung werden anerkannt«). Genausowenig wahrscheinlich ist eine heimliche Spielregel, die heißt: »Die Teamarbeit im verborgenen untergraben«. Wenn freilich das geschriebene Gesetz besagt: »Teamwork ist wichtig für das Unternehmen«, während das ungeschriebene Gesetz lautet: »Man muß sich als einzelner hervortun, um aufzusteigen«, dann verhindert unter Umständen das Profilierungsstreben jegliche Teamarbeit.

Unmittelbar schädliche heimliche Spielregeln sind auch deshalb ungewöhnlich, weil die meisten Leute unter solchen Bedingungen nicht arbeiten können und der Konflikt meist sehr schnell gelöst wird. Daher sollte man Hinweise der Befragten auf ›Probleme‹ oder ›Leistungshemmnisse‹ eher als Indizien für Nebeneffekte als für ungeschriebene Gesetze werten. Diese kommen auf die zweite Flipchart unter die Überschrift ›Probleme‹.

Aber Vorsicht. Nicht jede Verhaltensweise, die man in einem anderen Unternehmen als Nebeneffekt kennengelernt hat, muß auch von den aktuellen Interviewpartnern so verstanden werden. In manchen Unternehmen heißt es vielleicht: »Kein Risiko eingehen«, weil die offizielle Regel »Niemand wird von einer Abteilung in eine andere versetzt« die heimliche Regel »Auf seinen Ruf bei den Kollegen achten« verstärkt. Zwar fühlen die Mitarbeiter keinen direkten Zwang zum Sicherheitsdenken und würden diesen auch vehement ablehnen, aber sie verhalten sich trotzdem so.

Bei einer Behörde hingegen kann das Sicherheitsdenken sehr wohl eine heimliche Spielregel sein. Dieses aus einem spürbaren Zwang entstandene Gesetz erscheint den Mitarbeitern zwar vielleicht nicht als schädlich, aber sie sind durchaus imstande, negative Nebeneffekte wie ›Mangelnde Innovationen‹ oder ›Einfallslose Lösungen‹ als direkte Folgen dieser Regel wahrzunehmen. Und in einigen Finanzinstituten schließlich kann das Sicherheitsdenken sogar in einer offiziellen Grundsatzerklärung festgehalten sein.

Obwohl man sich oft auf die negativen Nebeneffekte konzentrieren muß, kann man die Auswertung auch für die Entschlüsselung von Erfolgsfaktoren nutzen. In diesem Fall richtet sich das Augenmerk neben den negativen auch auf die positiven Nebeneffekte. Aber selbst bei einer Untersuchung von Fehlschlägen stößt man vielleicht auf positive Nebeneffekte, die es zu bewahren oder zu verstärken gilt. Beispielsweise kann die heimliche Spielregel »Sich in der Gruppe konstruktiv zeigen« zu einem positiven Nebeneffekt führen: »Anerkennung wirkt als starke, nichtfinanzielle motivierende Kraft.«

Genau dies stellte erst kürzlich eine führende Öl- und Gasgesellschaft, fest, als man auf einem der hauseigenen Ölfelder eine Analyse der heimlichen Spielregeln vornahm. Man war überzeugt davon, daß die streitbaren Bohrer und Wartungskräfte »nur auf Geld reagieren«. Aber die Untersuchung erbrachte sehr schnell, daß das Feld mit seinen 170 Mitarbeitern einer Dorfgemeinschaft glich. Jeder legte größten Wert darauf, bei seinen Kollegen gut angeschrieben zu sein. Die Anerkennung seitens der Kollegen war also eine motivierende Kraft mit Schlüsselfunktion. Und demzufolge wirkte sich ein öffentliches Lob auch außerordentlich prestigefördernd aus. Vor der Analyse behandelten die Manager die Ölfeldarbeiter als ›knallharten Haufen‹, der auf solche nichtfinanzielle Anerkennung nie eingehen würde. Erst danach erkannten sie, was für eine große Chance sich ihnen hier bot.

Immer mit Blick auf die Unterscheidung zwischen Regeln und Problemen arbeitet der Workshop die Aufzeichnungen zu den sieben Interviews durch. Jedesmal wenn ein Problem oder ein Gesetz in einem anderen Interview bekräftigt wird, hakt man es auf der Flipchart ab. Je mehr Haken, desto deutlicher die Bekräftigung. Wenn einzelne Punkte offensichtlich miteinander verbunden sind, sollte man dies im Schaubild festhalten. Die eigentliche Strukturierung ist jedoch Aufgabe des abschließenden Teamworkshops.

Dieser Vorgang sollte nach zweieinhalb Stunden abgeschlossen sein. Auf den Flipcharts stehen jetzt mehrere Probleme und Regeln, die alle mindestens einmal abgehakt worden sind. Wenn man in diesem Stadium keine zwei überzeugenden Listen vorweisen kann, sollte man die Nachmittagsinterviews verschieben und erfahrene Berater hinzuziehen, denn irgend etwas ist schiefgelaufen. Aber wir wollen hoffen, daß die Flipcharts ungefähr so wie die Beispiele auf der folgenden Seite aussehen. In der Praxis füllt man sehr wahrscheinlich mehrere Blätter. Meistens sind es zehn bis zwanzig Regeln und etwas weniger Probleme.

Einige Wochen nachdem ich dies niedergeschrieben hatte, erhielt ich einen Anruf von einem meiner Kollegen aus Caracas. Er leitete zum erstenmal einen ersten Teamworkshop und machte sich Sorgen, weil alles viel zu lange dauerte. Die Auswertung der einzelnen Zitate aus den Interviewaufzeichnungen erwies sich für sein Team als quälend und geisttötend. Was sollte er tun?

Lockerer an die Sache herangehen. Und weniger schematisch. In solch einer Situation legt man die Interviewaufzeichnungen am besten erst einmal ganz zur Seite und macht aus dem Gedächtnis weiter. Man schreibt in die Flipcharts, was man instinktiv für die wichtigen heimlichen Spielregeln hält. Man benutzt seinen Sachverstand, um die schwerwiegendsten Probleme auszusondern. Und erst dann greift man wieder zu den Aufzeichnungen, um nach einer Bekräftigung der eigenen Vermutungen zu suchen. Damit spart man unter Umständen sehr viel Zeit und Mühe. Es ist viel leichter, eine intuitiv entwickelte Hypothese zu überprüfen, als die Hypothese rein mechanisch aus nackten Daten abzuleiten. Und warum sollte man sich die im eigenen Gehirn bereits vollzogene Datenverarbeitung nicht zunutze machen?

Wenn man mit den zwei Listen zufrieden ist, bereitet man sich in der verbleibenden Stunde auf die zweite Staffel von Interviews vor, um sich auf die zu überprüfenden Hypothesen zu einigen. Falls noch nicht geschehen, muß man als erstes herausfinden, um wie viele Gruppen mit deutlich verschiedenen heimlichen Spielregeln es sich handelt. Also zum Beispiel ›Senkrechtstarter‹ gegen den Rest des Unternehmens, Abteilung A gegen Abteilung B. Daneben muß man natürlich auch Hinweise auf ›Die-und-Wir‹-Situationen berücksichtigen, etwa im Falle eines kürzlich aufgekauften Unternehmens.

Unterschiede bei ungeschriebenen Gesetzen lassen sich im allgemeinen gut durch Einschränkungen ergründen. Zum Beispiel: »Nicht zu lange außerhalb der Zentrale arbeiten, außer man ist ein Senkrechtstarter.« Oder: »Schnell die Position wechseln, außer man ist in der Forschung und Entwicklung.« Wenn solch einfache Einschränkungen ausreichen, kann man von der Anfangshypothese ausgehen, daß man es im großen und ganzen nur mit einer Gruppe zu tun hat. Sollte sich bei den folgenden Interviews herausstellen, daß die Senkrechtstarter generell nach anderen Spielregeln handeln, dann muß man im abschließenden Teamworkshop zwei voneinander verschiedene Regelwerke erarbeiten. Falls man jedoch bereits in diesem Stadium die ungeschriebenen Gesetze von zwei oder mehr Gruppen nicht mehr unter einen

Regeln

Alles für die Karriere tun* ✓ ✓

Den Chef zufriedenstellen ✓ ✓ ✓ ✓ ✓

Das eigene Revier schützen ✓ ✓ ✓

Schnell die Position wechseln* ✓ ✓ ✓ ✓ ✓ ✓

~~Man muß wechseln, bis man neunzig ist~~

Mit 45 ist man draußen ✓ ✓ ✓ ✓ ✓ ✓

Das eigene Land nicht verlassen ✓ ✓ ✓

Sich von den anderen abheben ✓ ✓ ✓ ✓

Auf Quartalserfolge achten ✓ ✓ ✓

Sich nicht in Fehlschläge hineinziehen lassen ✓ ✓ ✓ ✓ ✓ ✓

Zusehen, daß man einen Stellenabbau überlebt ✓ ✓

Einflußreiche Freunde können nicht schaden ✓ ✓ ✓ ✓

Ausschau halten nach einem guten Job ✓ ✓ ✓ ✓ ✓

Probleme

Chronisch kurzfristige Orientierung ✓ ✓ ✓ ✓ ✓ # 2
   (langfristig bedeutet zweites Quartal!)

~~Intrigen~~ (keine Bekräftigung)

Niemand geht ein Risiko ein* # 3 ✓ ✓ ✓ ✓

Sehr lange Vorlaufzeiten**
   (es dauert ewig) ✓ ✓ ✓

Langweilige Produkte* ✓ ✓

Abteilungen
Funktionsbereiche } arbeiten nicht zusammen** # 1 ✓ ✓ ✓ ✓ ✓ ✓ ✓
Geschäftsbereiche

Schlimmer

Die Teams arbeiten nicht richtig ✓ ✓ ✓ # 4

Nur die Besten und Schlechtesten sind bereit, ins Ausland zu gehen ✓ ✓

Hut bringen kann, dann muß man die Zahl der für die Auswertung benötigten Interviews überdenken.

Wenn man zu einer Einigung über die Zahl der Gruppen gekommen ist, ordnet man die Probleme in der Reihenfolge ihrer angenommenen Schädlichkeit für die Unternehmensleistungen. Probleme, die keine Bekräftigung gefunden haben, werden ausgeschieden. In den letzten Minuten sollte man noch ein kurzes Brainstorming zu möglichen Zusammenhängen zwischen den wichtigsten Problemen und den heimlichen Spielregeln auf dem anderen Flipchart machen. Um ein besseres Verständnis dieser Zusammenhänge geht es nämlich in der nächsten Interview-Staffel.

In der ersten Hälfte der Auswertung bestätigt man deren Kontext und deckt eine Reihe verwandter Geschäftsfragen auf. Im Verlauf des ersten Teamworkshops kommt man zu Hypothesen über die Zahl verschiedener Regelsysteme, die für die spezifischen Fragen maßgeblichen ungeschriebenen Gesetze und ihre Auswirkungen auf die Leistung. In der zweiten Hälfte der Auswertung geht es um die Klärung der motivierenden, machtausübenden und handlungsauslösenden Kräfte, ihre Interpretation durch heimliche Spielregeln und die daraus entstehenden positiven und negativen Nebeneffekte.

Die zweite Staffel von sieben Interviews steht nun bevor. Allein drei davon noch an diesem Mittwoch, auch wenn man nach dem Workshop vielleicht schon das Gefühl hat, sich einen starken Drink verdient zu haben. Aber leider ist es erst 11 Uhr vormittags.

Verbindungen knüpfen

Wir treten in Phase V der Auswertung ein: die Ermittlung von Ursache und Wirkung (Interviews 8–10). Von jetzt an kommt es darauf an, das Verständnis heimlicher Spielregeln samt ihrer Nebeneffekte auf die Leistung zu vertiefen. Dabei gilt es speziell zu erfassen, *weshalb* sich die Nebeneffekte auf ganz natürliche Weise aus den ungeschriebenen Gesetzen ergeben. Aus diesem Grund ist gegenüber den ersten Interviews eine kleine Akzentverschiebung notwendig.

Gleich nach Beginn des Interviews kann man (ohne den Urheber zu nennen) einige Beispiele und Geschichten ansprechen, die man in der ersten Hälfte der Auswertung gehört hat, um die Befragten möglichst schnell zu detailreichen Aussagen zu bewegen. Diese Gespräche zeigen oft eine seltsame Dynamik. Die Befragten sehen, daß andere bereits einige brisante heimliche Spielregeln und Nebeneffekte ausgeplaudert haben, und wollen diese nun mit ihren eigenen Anmerkungen ergänzen. Dauert es in den ersten Interviews oft eine Stunde, bis das Gespräch auf heiklere Fragen kommt, so kann dies hier schon nach wenigen Minuten der Fall sein. Freilich kann man auch jetzt immer noch auf Gesprächspartner stoßen, die keine brauchbaren Angaben machen wollen oder können.

Während der Interviews kann man jetzt die Regeln unter Äußerungen über motivierende, machtausübende und handlungsauslösende Kräfte zusammenfassen. Eine Aussage über motivierende Kräfte (»Was für mich wichtig ist«) bezieht sich meist auf Belohnungen und Bestrafungen, verkörpert durch Bezahlung, Status, Zufriedenheit mit dem Arbeitsplatz und Aufstiegschancen. Beispiele wären: »Die größte Belohnung besteht darin, sich als führende Autorität im eigenen Fach zu beweisen« oder »... soviel Geld wie möglich zu verdienen«; oder: »Die größte Strafe besteht darin, bei der Beförderung übergangen zu werden« oder »... gekündigt zu werden«.

Die motivierenden Kräfte der Befragten sind nicht unbedingt identisch mit jenen, auf die das Unternehmen zur Leistungssteigerung setzt. Eine große Chance vergibt beispielsweise ein Forschungsinstitut, das seine Mitarbeiter durch Bezahlung motivieren will, obgleich es diesen vor allem auf einen interessanten Arbeitsplatz ankommt. Motivierende Kräfte sind Gegebenheiten, an denen die Befragten nicht rütteln wollen oder können. Viele heimliche Spielregeln sind direkt von solchen Kräften bedingt und bringen die natürlichen Verhaltensweisen zum Ausdruck, die aus diesen folgen. Die motivierenden Kräfte bestimmen zusammen mit den aus ihnen folgenden heimlichen Spielregeln *alle anderen ungeschriebenen Gesetze*. Jedem unverkennbaren Merkmal einer Aussage über eine motivierende Kraft entspricht wahrscheinlich eine machtausübende Kraft, die den fraglichen Lohn- oder Strafaspekt gewähren beziehungsweise verhängen kann. Aussagen über machtausübende Kräfte (»Wer ist wichtig für mich?«) sind zum Beispiel: »Über die jährliche Gehaltserhöhung entscheidet der Linienmanager«, »Einen Stellenwechsel erreicht man nur durch einen Bereichsleiter«, »Jeder Abteilungsleiter kann ein Budget mit seinem Veto zu Fall bringen«, »Man steht und fällt mit der Lobby bei den Kollegen« oder »Nur mit dem Zugang zum Computernetz verschafft man sich den nötigen Durchblick«.

Jede Kombination aus motivierenden und machtausübenden Kräften ist wahrscheinlich verknüpft mit einer handlungsauslösenden Kraft, zum Beispiel einem Leistungsmaßstab, den die machtausübende Kraft anlegt. Die für eine Gruppe machtausübenden Kräfte lassen sich den entsprechenden Aussagen (»Wie ich beurteilt werde« oder »Wie ich anfange, die für mich wichtigen Ziele zu erreichen«) entnehmen. Beispiele: »Befördert oder übergangen wird man abhängig von den aktuellen Gewinnen oder Verlusten der eigenen Abteilung«, »...abhängig vom Erfolg des eigenen Teams«, »...abhängig von der Qualität der Vorarbeiten, die in einigen Jahren zum Erfolg führen sollen«, »...abhängig vom Vierteljahrespreis der Unternehmensaktien«, »...abhängig vom Eindruck, den die verschiedenen Bereichsleiter von einem haben« oder »...abhängig von der Einhaltung von Zusagen«.

Oft stehen die formellen, geschriebenen Gesetze des Unternehmens in Einklang mit einigen Aspekten der Aussagen über motivierende, machtausübende und handlungsauslösende Kräfte. Zum Beispiel: »Wir möchten unseren Mitarbeitern eine interessante, langfristige Karriere in einem gesunden Umfeld bieten« (motivierende Kraft), »Der Linienmanager bestimmt über die Leistungsbeurteilung« (machtausübende Kraft), »Die Formel zur Errechnung der leistungsbezogenen Vergütung lautet ...« (handlungsauslösende Kraft).

Andere Elemente dieser Kräfte leiten sich unter Umständen aus dem Verhalten des Managements oder anderen nichtschriftlichen Quellen her.

Zum Beispiel: »Das Unternehmen kümmert sich immer um seine Angehörigen« (motivierende Kraft), »Wenn man weiterkommen will, muß man Mitglied im Klub sein« (machtausübende Kraft), »Wenn man sein Soll erreicht, kann man sich alles herausnehmen« (handlungsauslösende Kraft).

Manche Aspekte können durch Faktoren bestimmt sein, die sich der Kontrolle des einzelnen entziehen, wie etwa nationale und regionale Kultur, Verwaltungsrichtlinien und Gesetzgebung, ökonomisches Klima und Privatinteressen der Mitarbeiter. Zum Beispiel: »Man muß innerhalb der eigenen Gemeinschaft angesehen sein« (motivierende Kraft), »Die politische Partei an der Macht verfügt über die drei oberen Ebenen der Institution« (machtausübende Kraft), »Solange es auf dem Arbeitsmarkt so schlecht aussieht, können die Leute nicht kündigen« (handlungsauslösende Kraft).

In den Interviews 8–10 sollte man die Befragten immer wieder dazu ermuntern, sich ausführlich zu den drei Kräften zu äußern, wie sie sie wahrnehmen. Dadurch gelangt man allmählich zu einer neuen Perspektive der konstatierten Probleme im Unternehmen, die von den heimlichen Spielregeln ausgeht. Und damit lassen sich die bewußten Probleme als unbeabsichtigte Nebeneffekte erkennen, die von gegenläufigen ungeschriebenen Gesetzen ausgelöst worden sind.

Am Ende dieses langen Arbeitstags mit einem Workshop und drei Interviews hat man genügend erfahren, um sich am nächsten Tag intensiv mit den verbleibenden vier Gesprächspartnern befassen zu können.

Doch jetzt darf man sich zuerst einmal zurücklehnen und sich den ersehnten Drink genehmigen.

Fangfragen

Donnerstag. Auf der Tagesordnung stehen die letzten vier Interviews und damit Phase VI der Auswertung: die Bestätigung der Ergebnisse (Interviews 11–14). In diesen letzten Gesprächen möchte man herausfinden, weshalb die heimlichen Spielregeln leistungshemmende Nebeneffekte hervorrufen. Zu Anfang der Sitzungen erwähnt man einige der bisher gefundenen motivierenden, machtausübenden und handlungsauslösenden Kräfte und bittet die Gesprächspartner um ihre Bestätigung. Im Verlauf der Interviews befragt man sein Gegenüber zum Zusammenhang zwischen diesen Faktoren mit den ungeschriebenen Gesetzen und den daraus hervorgehenden konstatierten Nebeneffekten. In Phase VI geht es nicht mehr um die Aufdeckung neuer heimlicher Spielregeln, sondern um eine Vertiefung des Wissens über die bereits bekannten. Aus diesem Grund verlangt die Interviewtechnik eine stärkere Beteiligung des Gesprächsführers, der sein Gegenüber sozusagen mit ›Fangfragen‹ in die gewünschte Richtung lenken soll.

Es gilt, eine klare Hierarchie von Ursache und Wirkung zu etablieren. Motivierende, machtausübende und handlungsauslösende Kräfte bringen je eigene Systeme ungeschriebener Gesetze mit sich. Zum Beispiel kann sich die Regel »Den Chef zufriedenstellen« von der Aussage »Der Chef bestimmt über alle wichtigen Belohnungen und Strafen« herleiten. Diese Regel weist also auf eine machtausübende Kraft.

»Schnell die Position wechseln« ist eine Regel, die hervorgeht aus der motivierenden Kraft »Die größte Belohnung besteht darin, so schnell wie möglich Erfahrungen in allen Bereichen des Unternehmens zu sammeln«. Diese Kombination trifft man oft in Unternehmen an, in denen als geschriebenes Gesetz gilt: »In eine Führungsposition steigt man nur auf, wenn man Erfahrungen in allen Bereichen des Unternehmens hat.«

Es hängt viel davon ab, die heimlichen Spielregeln mit größter Sorgfalt zu kategorisieren und die richtigen Verbindungen zu den jeweiligen Kräften zu knüpfen. Darüber hinaus muß man auch registrieren, ob ein ungeschriebenes Gesetz aus allen Aspekten einer bestimmten motivierenden, machtausübenden oder handlungsauslösenden Kraft hervorgeht oder nur aus Teilen. In dem obigen Beispiel wird die Regel »Schnell die Position wechseln« nur von dem Teil der Aussage über eine motivierende Kraft bestimmt, der für breite Kenntnisse eintritt. Keine Verbindung hingegen besteht zu einem anderen Teil, wie zum Beispiel: »Es ist sehr befriedigend, von den Kollegen respektiert zu werden.«

Andere Konsequenzen der motivierenden Kraft »Die größte Belohnung besteht in vielseitigen Erfahrungen« könnten sein: »Sich nicht zu sehr spezialisieren« und »Nicht zu lange an einer Position kleben, das schadet der Karriere«. Letzteres klingt – aufgrund des Bezugs zu einer Strafe – nach einer Regel, die auf eine handlungsauslösende Kraft hinweist. *Doch da dieses Gesetz von einer motivierenden Kraft bestimmt wird, muß man es auch so einordnen.* Damit macht man sich das Leben sehr viel leichter. Die Kategorisierung folgt also weniger einem akademischen System als einem pragmatischen Kausaldenken.

In der Praxis leiten sich nur die wenigsten ungeschriebenen Gesetze ausschließlich von einer Kraft her. Zum Beispiel ist die heimliche Spielregel »Über Langzeitfolgen eigener (In-)Aktivität muß ich mir keine Sorgen machen, denn die Vergangenheit holt mich ohnehin nicht ein« eine durchaus nachvollziehbare Konsequenz aus der Aussage über eine handlungsauslösende Kraft »Belohnung und Strafe richten sich nur nach den aktuellen Leistungen der eigenen Abteilung« und der Regel aus einer motivierenden Kraft »Schnell die Position wechseln«.

Man muß also die Schlußfolgerungen aus Sicht des Befragten betrachten und die logischen Verbindungen zwischen den drei Kräften einerseits und bestimmten Verhaltensweisen andererseits durchdenken. Wird das Verhalten mehr von der handlungsauslösenden als von der motivierenden Kraft bestimmt? Denken die Mitarbeiter kurzfristig, weil sie bald versetzt werden oder weil sie nur für aktuelle Erfolge belohnt werden? Wenn die Befragten den raschen Stellenwechsel als eigentlichen Ansporn sehen, dann sollte man dieses ungeschriebene Gesetz als Regel aus einer motivierenden Kraft klassifizieren. Dies wäre auch insofern die zweckmäßigste Lösung, weil eine Veränderung der geschriebenen Gesetze in diesem Fall sicher einfacher zu bewerkstelligen ist als die Einrichtung eines Systems, das Jahre zurückliegende Handlungen auf faire Weise sanktioniert. Verbindungen von motivierenden und handlungsauslösenden Kräften sollten bei dieser heimlichen Regel freilich in jedem Fall Eingang in die Aufzeichnungen finden.

In jedem Interview kann es der Klärung eigener Gedanken dienen, spezifische Verbindungen wie in der folgenden Aufstellung aufzuzeichnen. In diesen Zusammenhängen findet man die nötigen Anhaltspunkte, um am nächsten Tag als Magier in Erscheinung treten zu können.

Übersicht 14: Beispiel für ein Resultat aus Phase VI der Auswertung

MOTIVIERENDE KRÄFTE	*Heimliche Spielregeln*
Vielseitige Erfahrungen (für Aufstieg)	Rascher Stellenwechsel (1) Nicht zu sehr spezialisieren Nicht klebenbleiben (2)
usw. usw.	
MACHTAUSÜBENDE KRÄFTE	
Linienmanager (für Aufstieg)	Keine Fehlschläge Chef zufriedenstellen Sich abheben
Kollegen (für Ansehen) usw.	~~Nicht drängeln usw.~~ Mitglied bei der alten Riege werden
HANDLUNGSAUSLÖSENDE KRÄFTE	
Gewinn/Verlust (für Chef) ? für Kollegen	Revier schützen Auf Quartalserfolge achten (3) Nicht drängeln usw.
ALSO: Nicht strategisch denken!	(aus 1, 2 und 3)

Das Kaninchen aus dem Hut

Freitag morgen, man tritt in Phase VII der Auswertung: die Erfassung der heimlichen Spielregeln (abschließender Teamworkshop). Endlich kann man das Kaninchen aus dem Hut zaubern. Ein psychologisch wichtiger Schachzug, denn die vom Unternehmen abgestellten Interview-Assistenten machen sich mittlerweile vielleicht schon Sorgen, ihre Zeit mit endlosen Diskussionen verschwendet zu haben. Und plötzlich kann man ihnen wie ein Magier etwas Konkretes vor die Nase halten. Im Verlauf des Workshops arbeitet man dann mit ihnen zusammen die heimlichen Spielregeln samt Nebeneffekten heraus, die sich hinderlich oder förderlich auf die Leistungen des Unternehmens auswirken.

Natürlich hat das Ganze in Wirklichkeit nichts mit Zauberei zu tun, weil man einem präzisen Programm zur Strukturierung ungeschriebener Gesetze gefolgt ist. Das schwerste Stück Arbeit hat man also bereits hinter sich, wenn man den letzten Workshop eröffnet. Eigentlich bildet dieser eher eine Möglichkeit zur Dokumentation und Verarbeitung der Erkenntnisse, die mit den Interviews der Phase VI bereits untermauert worden sind.

Wie beim ersten Teamworkshop sollte auch hier das gesamte Interview-Team teilnehmen. Nach aller Wahrscheinlichkeit benötigt man mindestens vier Stunden für diese Sitzung. Falls die Zeit knapp scheint, sollte man bereits am Abend vorher in den Workshop einsteigen. Zur Strukturierung der Ergebnisse hält man sich am besten an folgendes Modell:

- Motivierende, machtausübende und handlungsauslösende Kräfte entsprechen den heimlichen Spielregeln, sind aber nur selten mit ihnen identisch; eine Gruppe von Aussagen über motivierende Kräfte bestimmt diejenigen über machtausübende und handlungsauslösende Kräfte.

- Zu den Systemen von motivierenden, machtausübenden und handlungsauslösenden Kräften gehören jeweils eigene ungeschriebene Gesetze. Wenn sich eine heimliche Spielregel von mehr als nur einer der drei Kräfte herleitet, klassifiziert man sie unter derjenigen, die sie am stärksten bedingt.

- Nebeneffekte, die aus Konflikten zwischen Regeln entstehen, werden unter denjenigen Kräften erfaßt, die sie am stärksten bedingen.

Zunächst hängt man je ein Flipchart für ›motivierende‹, ›machtausübende‹ und ›handlungsauslösende‹ Kräfte hoch und gut sichtbar im Raum auf. Drei weitere Flipcharts erhalten die Überschrift ›Heimliche Spielregeln‹ und kommen direkt unter die drei anderen. Komplettiert wird das Ganze von drei weiteren Schaubildern mit dem Titel ›Nebeneffekte‹.

Damit hat man einen Satz von drei mal drei Flipcharts. Wenn es Schwierigkeiten gibt, weil man die obersten Schaubilder nicht mehr erreicht oder weil nicht genug Platz an den Wänden ist, dann muß man alles neu arrangieren.

Nach diesem kleinen Vorspiel beginnt die Auflistung der motivierenden, machtausübenden und handlungsauslösenden Kräfte sowie der heimlichen Spielregeln und Nebeneffekte, von denen man im Lauf der vier vergangenen Tage gehört hat. Dabei vergleicht man immer wieder mit den Aufzeichnungen, um alle bekräftigten Äußerungen zu präsentieren. Je strittiger ein Punkt, desto mehr Bekräftigung braucht er. Entscheidend für die Aufnahme solcher Punkte in die Liste ist, ob man sie im Lichte der Interviewaussagen für überzeugend hält.

In diesem Stadium des Workshops kommt es nämlich darauf an, ausschließlich jene Äußerungen in die nächste Runde einziehen zu lassen, die auf glaubhafte Weise erhärtet worden sind. Die Dokumentation muß zudem mit wörtlichen, aber anonymen Zitaten aus den Interviews abgerundet werden, um die wichtig erscheinenden ungeschriebenen Gesetze und Nebeneffekte zu belegen. Die Zahl der Zitate zu einem bestimmten Thema weist meistens darauf hin, wie oft davon im Verlauf der Interviews gesprochen worden ist, nicht jedoch darauf, ob eine Aussage tatsächlich unterstützt oder als wichtig erkannt wird. Oft werden Punkte, zu denen ein allgemeiner Konsens herrscht, kaum erwähnt, weil sie einfach als selbstverständlich vorausgesetzt werden.

Selbst der beste Workshop-Supervisor wird nicht verhindern können, daß die Teilnehmer noch während der Auflistung über Verbesserungsmöglichkeiten diskutieren. Diese ›Schnellschüsse‹ sollte man nicht einfach außer acht lassen, sondern auf ein weiteres Flipchart als Ansatzpunkte für die späteren Erörterungen festhalten.

Die Strukturierung der Flipchart-Eintragungen beginnt mit den Aussagen über motivierende, machtausübende und handlungsauslösende Kräfte. Man ordnet die verbleibenden Punkte und schreibt sie, falls nötig, auf ein neues Blatt. Jetzt kann man die Aussagen noch einmal Revue passieren lassen. Würde man die Verbindungslinien erkennen, auch wenn man mit niemandem aus dem Unternehmen gesprochen hätte? Steht jedem Teil der Aussage über motivierende Kräfte ein entsprechender Teil der Aussage über machtausübende und handlungsauslösende Kräfte gegenüber? Lassen sich aus den drei Kräften noch weitere Schlüsse ziehen, die noch nicht erfaßt sind? Ergeben sich rein logisch aus der Kombination von je zwei Kräften heimliche Spielregeln, die noch fehlen? Wenn ja, sind sie vielleicht von einem der Befragten auf indirekte Weise angesprochen worden? Erscheinen weitere Nachforschungen im Zuge einer vertieften Auswertung nützlich?

Als nächstes folgt die Zuordnung der negativen oder positiven Nebeneffekte unter die zugehörigen motivierenden, machtausübenden und handlungsauslösenden Kräfte. Im Fall von Überschneidungen erhält die wichtigere Verbindung Vorrang. »Chronisch kurzfristige Orientierung«, »Kein

Interesse an Strategie« und »Keine Angst, von Fehlern der Vergangenheit eingeholt zu werden« klassifiziert man also als Nebeneffekte der motivierenden Kräfte, da sie mehr bestimmt werden von entsprechenden Regeln wie zum Beispiel »Bei jeder Beförderung möglichst in eine andere Abteilung« und »Nicht zu lange an einer Position klebenbleiben« als von der Aussage über eine handlungsauslösende Kraft »Man wird nur für die aktuellen Leistungen der Abteilung belohnt«. Glücklicherweise ist es nicht immer so kompliziert. In einem anderen Unternehmen wird die chronisch kurzfristige Orientierung vielleicht nur von einer handlungsauslösenden Kraft bestimmt: »Man wird nach dem Vierteljahrespreis der Unternehmensaktien belohnt«.

Nebeneffekte, die aus einer Unstimmigkeit zwischen ungeschriebenen und geschriebenen Gesetzen entstehen, kategorisiert man nach der betreffenden heimlichen Spielregel. »Im verborgenen die Teamarbeit untergraben« kann man daher als Nebeneffekt der Regeln aus machtausübenden Kräften einordnen, weil er aus dem Konflikt zwischen der offiziellen Aussage über eine handlungsauslösende Kraft »Teamarbeit ist wichtig für das Unternehmen« und der heimlichen Regel »Wenn man vorankommen will, muß man sich als einzelner hervortun« entspringt, die sich aus der Aussage über eine machtausübende Kraft »Nur die Bereichsleiter entscheiden über die Beförderung« ergibt. In der Praxis entspricht dem geschriebenen Gesetz »Teamarbeit ist wichtig« vielleicht die heimliche Regel aus einer handlungsauslösenden Kraft »Das Teamwork-Ideal nach außen hin beherzigen«. In diesem Fall würde man beide Ursachen des Nebeneffekts festhalten.

Wenn man die Bereinigung der Klassifizierung abgeschlossen hat, dann ist man – Überraschung, Überraschung – auch schon am Ende angelangt. Falls noch Zeit bleibt, kann man mit der Zuordnung von Zitaten beginnen, um die Analyse abzustützen. Oder man kann sich auf eine erste Rücksprache mit dem leitenden Management vorbereiten, in aller Regel also mit dem Gesprächspartner aus Interview 1. Dazu reicht es meist, einfach die Endergebnisse von den Flipcharts abzuschreiben. Für die eigentliche Präsentation braucht man allerdings schon etwas Besseres.

Das Ruder übernehmen

Unabhängig von einer mündlichen Rücksprache am Ende der Auswertung legt man, gestützt auf die Ergebnisse des abschließenden Teamworkshops, einen schriftlichen Bericht vor. Auf dieser Grundlage kann das leitende Management in einem eigenen Workshop über geeignete Maßnahmen entscheiden. Mit seiner Hilfe kann das Management das Ruder übernehmen. Es kann die Weichen für den Wandel stellen. Ein Beispiel für einen typischen Bericht befindet sich im letzten Teil dieses Leitfadens.

Doch bevor es ernst wird, noch einige Worte zum Format des Auswertungsberichts. Nach einer kurzen Einleitung folgt eine Übersicht über motivierende, machtausübende und handlungsauslösende Kräfte, daraus abgeleitete heimliche Spielregeln und wahrgenommene potentiell positive oder negative Nebeneffekte. Abgeschlossen wird der Bericht mit Belegzitaten, die nach den auch für die Übersicht gültigen Gesichtspunkten geordnet sind. Wenn die Auswertung auf ein Verständnis der Barrieren zielt, kann man die positiven Nebeneffekte weglassen. Aber eigentlich ist es natürlich schade darum.

Aus dem Beispiel läßt sich ersehen, daß der Bericht von einem durchgängigen Verweissystem zusammengehalten wird. Obgleich dies anfangs vielleicht ein wenig abschreckend erscheint, bedeutet diese Vereinfachung letztlich für den Workshop des leitenden Managements eine große Zeitersparnis. Das System funktioniert folgendermaßen. Allen Faktoren im Zusammenhang mit motivierenden, machtausübenden und handlungsauslösenden Kräften steht ein Mo, ein Ma beziehungsweise ein Ha voraus, so daß sich die Herleitung einer heimlichen Spielregel oder eines Nebeneffekts sofort erkennen läßt. In einem Bericht wird meist vielfach auf motivierende Kräfte verwiesen. Die von den Befragten als wichtigste eingeschätzte erhält die Bezeichnung Mo1, die nächstwichtige Mo2 und so weiter. Oft lassen sich die motivierenden Kräfte nicht so ohne weiteres nach ihrer Bedeutung ordnen, doch die Reihenfolge sollte insgesamt von den stärkeren zu den schwächeren führen. Man sollte nie mehr als neun motivierende Kräfte auflisten. Typisch sind drei bis fünf.

Machtausübende und handlungsauslösende Kräfte *werden nach den sie bestimmenden motivierenden Kräften numeriert.* Ma1 ist also die machtausübende Kraft, die die motivierende Kraft Mo1 bewilligen kann. Ha1 ist die handlungsauslösende Kraft, die Ma1 zur Bewilligung von Mo1 veranlaßt. Ist zum Beispiel Mo3 »Achtung (von Kollegen)«, dann könnte Ma3 »Kollegen (für Achtung)« sein, und Ha3 könnte heißen: »Ansehen (bei Kollegen)«. Die strikte Einhaltung dieser Numerierung erleichtert die Überprüfung logischer Stimmigkeit in den Beziehungen zwischen motivierenden, machtausübenden und handlungsauslösenden Kräften.

Heimliche Spielregeln werden so gezählt, daß ihre primäre Herleitung von den jeweiligen Kräften deutlich wird. Ha31 wäre demnach das erste ungeschriebene Gesetz im Zusammenhang mit Ha3, Ha32 das zweite und so weiter. Ist zum Beispiel Ha3 »Ansehen (bei Kollegen)«, dann könnte Ha31 »Man darf sich nicht egoistisch zeigen« und Ha32 »Zu Kollegen muß man immer hilfsbereit sein« heißen. Wenn möglich, sollte man die heimlichen Spielregeln in der Rangfolge ihrer Bedeutung auflisten. Im Normalfall werden einer bestimmten Kraft nicht mehr als drei Regeln zugeordnet. Ungeschriebene Gesetze, die nicht eindeutig herzuleiten sind, erhalten die Bezeichnung Mo0, Ma0 oder Ha0, je nach ihrer allgemeinen Verbindung zu motivierenden, machtausübenden oder handlungsauslösenden Kräften. Ha02 wäre also die zweite nichtspezifische Regel aus handlungsauslösenden Kräften.

Potentiell positive Nebeneffekte erhalten je nach ihrer

Herleitung die Bezeichnung Mo+, Ma+ beziehungsweise Ha+. Analog heißen negative Nebeneffekte Mo–, Ma– beziehungsweise Ha–. Auch die Nebeneffekte werden in der Reihenfolge ihrer Bedeutung beziffert. Mo–2 ist demnach der zweitschädlichste negative von einer motivierenden Kraft verursachte Nebeneffekt. Und Ma+1 ist der günstigste positive Nebeneffekt einer machtausübenden Kraft. Nach jedem Nebeneffekt werden die ihn bestimmenden heimlichen Spielregeln in der Reihenfolge ihrer Wichtigkeit aufgelistet. In dem folgenden Bericht in Teil D des Leitfadens zum Beispiel wird Mo–5, »Schlechte Beziehungen zu Kunden«, erläutert durch Mo22, Mo32, Mo52, Mo41, Ha11, Mo21, Mo11, Ma53, Ha02, Ha53, Ha51, Ha52. Dies bedeutet, daß der negative Nebeneffekt Mo–5 am stärksten bestimmt wird von der Regel aus einer motivierenden Kraft Mo22, »Nicht zu lang an einer Position klebenbleiben«, und am schwächsten von der Regel aus einer handlungsauslösenden Kraft Ha52, »Auf die Quartalserfolge achten«. Natürlich ist die relative Wertigkeit der Ableitungen höchst subjektiv, aber in jedem Fall sollte die allgemeine Tendenz von den stärksten zu den schwächsten bestimmenden Faktoren verlaufen. Manchmal lassen sich für einen unbeabsichtigten Nebeneffekt bis zu zwölf heimliche Spielregeln anführen.

Bei der Zuordnung zitierbarer Zitate im letzten Teil des Berichts stellt man unter Umständen fest, daß man für bestimmte ungeschriebene Gesetze oder Nebeneffekte weit weniger Belegzitate findet als im Verlauf des abschließenden Teamworkshops angenommen. Wenn dies so ist, sollte man alle Aufzeichnungen noch einmal durchgehen, um vielleicht an Aussagen erinnert zu werden, die man nicht niedergeschrieben hat. Aber Vorsicht. Man darf hier nicht der Versuchung zu eigener Kreativität erliegen und Äußerungen angeben, die die Befragten getan haben *könnten*. Entweder merkt man zu dem betreffenden Punkt an, daß er noch durch weitere Untersuchungen zu erhärten wäre, oder aber man verzichtet auf seine Erwähnung. Zuletzt liest man die Zitate unter den einzelnen heimlichen Spielregeln und Nebeneffekten. Nur selten belegen alle Zitate genau dieselbe Botschaft, so daß man sie am besten zu einer Gedankenfolge ordnet, die zur Gesamtüberschrift hinleitet. Danach sollte man überprüfen, ob wirklich alle Zitate die Überschrift untermauern. Möglicherweise müssen bestimmte ungeschriebene Gesetze oder Nebeneffekte noch einmal ein wenig umformuliert werden.

Soweit die Theorie. Doch wie sieht das Ganze nun in der Praxis aus?

D. Analyse einer fremden Welt

Ein Bericht für **Ghee Formulates**
Heimliche Spielregeln
Pilotauswertung

Das Ghee-Vermächtnis

Geschichte

Um die heimlichen Spielregeln bei Ghee Formulates in einen historischen Kontext zu stellen, blicken wir auf die Gründung des Unternehmens zurück. Seine Anfangsjahre gleichen denen vieler anderer Unternehmen, die heute ebenfalls in aller Munde sind.

Im Jahre 1919 landet Robert McGregor Ghee als Einwanderer in New York. Er ist schottisch-indischer Abstammung und bringt eine Geheimformel mit, die seit dem frühen 16. Jahrhundert im McGregor-Clan auf die ältesten Söhne des jeweiligen Familienoberhaupts übergegangen ist. Robert ist eigentlich nur der Neffe des derzeitigen Oberhaupts, und dies ist auch einer der Hauptgründe dafür, daß er seine Heimat schleunigst verlassen hat, nachdem sein älterer Cousin die Formel bei einem dreiwöchigen Trinkgelage ausgeplaudert hat.

Die Formel enthält das Rezept für einen geheimen Zusatz, mit dem man gewöhnlichen Malt-Whiskey in ein überaus wirksames Medikament verwandeln und so eine Vielzahl von Krankheiten wie Staupe und Scherpilzflechte heilen kann. In einer Ecke seines Mietzimmers in einem ärmlichen Viertel Manhattans baut Robert eine kleine Fabrik auf. Zunächst sind die Umsatzzahlen seines Ghee Wizz-Elixiers nicht gerade ermutigend. Doch nach einem Jahr bitterer Armut erlebt sein Unternehmen einen wundersamen Aufschwung.

Von 1920 bis 1923 wird Robert zum Milliardär. Interessanterweise fällt das goldene Zeitalter für sein Unternehmen fast exakt mit den Jahren der Prohibition in den USA zusammen. Ende der zwanziger Jahre produziert seine neugegründete Gesellschaft Ghee Formulates eine ganze Reihe von Erzeugnissen auf Alkoholbasis – vom immer noch überaus beliebten Elixier bis hin zu einem einzigartigen Raketentreibstoff, der noch keinen Markt gefunden hat. 1935 beschließt Robert jedoch zu diversifizieren. Als begeisterter Funkamateur und Besitzer mehrerer Glasflaschenfabriken entscheidet er sich für thermionische Ventile als ideales Expansionsfeld. Dies führt zum Eintritt in die Elektronikbranche und schließlich zur Trennung von allen auf Alkohol basierenden Unternehmenszweigen. Der Rest ist natürlich allgemein bekannt.

Worum geht es?

Einführung

Dieses Dokument enthält die Ergebnisse einer Pilotauswertung der heimlichen Spielregeln für die in Forschung und Entwicklung tätigen Vertragsunternehmen von Ghee Formulates (GF). Diese Unternehmen widmen sich bahnbrechenden Elektronik- und Computerprojekten für US-amerikanische und internationale Kunden. Die wichtigsten Laboreinrichtungen und die Unternehmenszentrale haben ihren Sitz in New York. Kleinere, im Zuge von großen kundenspezifischen Vorhaben entwickelte Labors sind in Edinburgh, München und Taipeh angesiedelt.

Die Pilotauswertung stützte sich auf eine einwöchige Interviewserie, die Anfang der neunziger Jahre von Mitgliedern der GF-Arbeitsgruppe Hochleistung durchgeführt wurde. Die Arbeitsgruppe sollte sich auf überflüssige Leistungshemmnisse konzentrieren. Mit einer Ausnahme dauerten alle vierzehn Interviews zwei Stunden. An jedem Interview nahm ein Vertreter der Arbeitsgruppe teil. Die Befragten wurden nach Möglichkeit aus allen Vertragsfirmen geholt und stammten in erster Linie aus dem mittleren Management.

Die Übersicht umfaßt motivierende, machtausübende und handlungsauslösende Kräfte, sowie abgeleitete heimliche Spielregeln, die, gestützt auf das in der vorangehenden Woche gesammelte Material, von der Arbeitsgruppe ermittelt wurden. Die Übersicht enthält darüber hinaus auch unbeabsichtigte Nebeneffekte, *wie sie von den Befragten gesehen werden.* Aufgrund der geringen Anzahl von Interviews konnten sich wesentliche Unterschiede zwischen den ungeschriebenen Gesetzen der drei Geschäftsbereiche nicht nachweisen lassen, obgleich es wahrscheinlich durchaus verschiedene Schwerpunkte und Abweichungen in Nuancen gibt.

Den Abschluß des Dokuments bildet eine Auswahl wörtlicher Zitate der Befragten, die nach den zugehörigen Kräften, heimlichen Spielregeln und Nebeneffekten angeordnet sind. Jedes dieser Zitate wurde nur dann in die Analyse einbezogen, wenn es sich durch andere Aussagen der Befragten hinreichend erhärten ließ. Viele scheinbar interessante Äußerungen mußten aus diesem Grund unberücksichtigt bleiben. Im allgemeinen spiegelt sich in der Zahl der Zitate zu einem bestimmten Thema auch die Zahl seiner Erwähnungen im Verlauf der Interviews. Es geht jedoch nicht daraus hervor, in welchem Ausmaß eine bestimmte Aussage unterstützt oder für wichtig befunden wurde. Zu beachten ist in diesem Zusammenhang, daß Themen, zu denen ein hochgradiger Konsens besteht, aus diesem Grund auch nur selten Erwähnung finden. Eine genauere quantitative Gliederung ist im Rahmen einer solch kurzen Auswertung nicht möglich.

Ein kurzer Blick

Übersicht:
Motivierende Kräfte

Zeit: Jetzt
Rang: Mittelmanagement
Kategorie: New Yorker Zentrale

N. B. Heimliche Spielregeln können grundsätzlich alle vorteilhaft sein, auch wenn Nebeneffekte und Konflikte zu Leistungshemmnissen führen.

Motivierende Kräfte

Mo1	Seinen Job bis 45 behalten (angesichts der Welle von Rationalisierungsmaßnahmen)
Mo2	An die Spitze von GF gelangen (dazu braucht man vielseitige Erfahrung in der Forschung und Entwicklung)
Mo3	Achtung (von Kollegen bei GF)
Mo4	Interessante Arbeit (intellektuell befriedigend)
Mo5	Geld (hohe individuelle Prämien)

Zugehörige heimliche Spielregeln

Mo11	Das Profil ehrgeiziger und tüchtiger Geschäftsorientierung zeigen
Mo12	Über fünfzig wird hier fast keiner
Mo13	Anfang Vierzig den Abgang planen, wenn man noch Chancen auf dem Arbeitsmarkt hat
Mo21	Jede Beförderung möglichst in einen anderen Bereich der Forschung und Entwicklung
Mo22	Nicht zu lange an einem Job klebenbleiben
Mo24	Immer nach dem nächsten Job in der Forschung und Entwicklung Ausschau halten

Mo31	Die Kollegen auf eigene Leistungen aufmerksam machen
Mo32	Das externe Profil spielt keine besonders große Rolle
Mo41	Nicht dieselbe Art von Arbeit zweimal machen
Mo42	Zum richtigen Zeitpunkt zur Stelle sein
Mo51	Alles für eine Erhöhung der eigenen Prämien tun
Mo52	Um Dinge, die nicht beurteilt werden, muß man sich nicht weiter kümmern

Daraus folgende potentiell positive Nebeneffekte
für die Leistungen

| Mo+1 | Kollegiales Umfeld mit kontinuierlicher wechselseitiger Inspiration (Mo31, Mo11, Mo22, Ha41, Mo21, Mo24, Ma41, Ha22, Ma21, Ma31, Ma32) |
| Mo+2 | Vielseitige Mitarbeiter mit klarem Blick für Einzelziele (Mo21, Mo22, Mo51, Mo42, Mo32, Ha41, Ha53, Ha52, Ma31) |

Daraus folgende potentiell negative Nebeneffekte
für die Leistungen

Mo−1	Niemand denkt strategisch (Mo21, Mo22, Ha52, Ha53, Mo11, Mo12, Mo13, Mo51, Mo52)
Mo−2	Chronisch kurzfristige Orientierung (Mo51, Mo24, Mo22, Mo21, Mo52, Ha52, Ha53)
Mo−3	Niemand kümmert sich um langfristige Konsequenzen seiner (In-)Aktivität (Mo52, Mo51, Mo21, Mo22, Ha52, Ha51)
Mo−4	Die Prophezeiung, daß Mitarbeiter über fünfzig unproduktiv sind, erfüllt sich selbst (Mo12, Mo13, Ha41)
Mo−5	Schlechte Beziehungen zu Kunden

(Mo22, Mo32, Mo52, Mo41, Ha11, Mo21, Mo11,
Ma53, Ha02, Ha53, Ha51, Ha52)

Übersicht:
Machtausübende Kräfte

Zeit: Jetzt
Rang: Mittelmanagement
Kategorie: New Yorker Zentrale

*N. B. Heimliche Spielregeln können grundsätzlich alle vor-
teilhaft sein, auch wenn Nebeneffekte und Konflikte zu Leistungshemmnissen führen.*

Machtausübende Kräfte

Ma1	Die Familie Ghee und Ressortleiter (für Kündigung)
Ma2	Die Familie Ghee (für schnellen Aufstieg)
Ma3	Kollegen (für Achtung)
Ma4	Ressortleiter (für interessante Arbeit)
Ma5	Der Linienchef und sein Vorgesetzter (für Einzelprämien)

Zugehörige heimliche Spielregeln

Ma01	Man darf sich niemals bei Fehlschlägen ertappen lassen
Ma11	Sich immer gut mit der Familie Ghee stellen
Ma12	Nie die Ressortleiter verstimmen
Ma21	Alles tun, um zu den Insidern zu gehören
Ma22	Nichts ist wichtiger als das Wohlwollen der Familie Ghee
Ma31	Die Mitgliedschaft im ›Club‹ muß man sich durch Loyalität verdienen

Ma32	Gemeinsame Aktivitäten mit Kollegen außerhalb der Arbeitszeit sind wichtig
Ma41	Ständig auf Tuchfühlung mit dem eigenen Funktionsbereich bleiben
Ma51	Den Linienchef und seinen Vorgesetzten zufriedenstellen
Ma53	Sich von den anderen abheben, aber nicht zu sehr

Daraus folgende potentiell positive Nebeneffekte für die Leistungen

Ma+1	Konstruktives Umfeld gegenseitiger Unterstützung (Ma31, Ma22, Ma32, Ma21, Ma11, Ma12, Ma51, Mo42, Ha21, Ha32)
Ma+2	Wichtige Arbeiten können manchmal ›aus Gefälligkeit‹ extrem schnell erledigt werden (Ma22, Mo11, Ma11, Ha23, Ma12, Ma51, Ma0l, Mo42, Ma53, Ha32, Mo51)

Daraus folgende potentiell negative Nebeneffekte für die Leistungen

Ma−1	Lange Vorlaufzeiten wegen mangelnder übergreifender Kooperation (Ma53, Ma51, Ha51, Ma0l, Ma12, Mo52, Ha15, Ma11, Mo51, Mo22)
Ma−2	Kunden finden Lösungen fachlich solide, aber wenig aufregend (Ma01, Ma12, Ma11, Ha02, Mo32, Mo52, Mo41)
Ma−3	Unfähigkeit zur Weitergabe von Führungskenntnissen (Ma53, Mo41, Ma51, Ha02, Ha51, Ma12, Ha41, Mo51, Mo32)
Ma−4	Voice-Mail-Überlastung für alle (Ma53, Ha22, Ha02, Ma41, Mo31, Ma31, Ma11, Ma12, Ha41, Mo11, Ha01, Ha13, Mo24)

Übersicht:
Handlungsauslösende Kräfte

Zeit: Jetzt
Rang: Mittelmanagement
Kategorie: New Yorker Zentrale

N. B. Heimliche Spielregeln können grundsätzlich alle vorteilhaft sein, auch wenn Nebeneffekte und Konflikte zu Leistungshemmnissen führen.

Handlungsauslösende Kräfte

Ha1	Richtiges Profil (um nicht gekündigt zu werden)
Ha2	Wert für die Firma (für Familie Ghee)
Ha3	Ansehen (bei Kollegen)
Ha4	Technische Kompetenz (für Ressortleiter)
Ha5	Aktuelle finanzielle Erfolge der derzeitigen Gruppe (für Linienvorgesetzten)

Zugehörige heimliche Spielregeln

Ha01	Bei allen wichtigen Machtinstanzen Kredit anhäufen
Ha02	Auf Nummer Sicher gehen
Ha11	Das eigene Land nicht verlassen
Ha12	Ehrgeiz artikulieren
Ha13	Für Teamorientierung eintreten
Ha14	Niemals gegenüber der Familie Ghee etwas ›Alkoholisches‹ befürworten
Ha15	Vor Ressortleitern nicht zu loyal gegenüber Linienchefs erscheinen
Ha21	An den Lieblingsprojekten der Familie Ghee teilnehmen
Ha22	Sich über Präsentationen und Berichte profilieren

Ha23	Der Familie Ghee unerbetene Gefälligkeiten erweisen
Ha31	Nicht egoistisch erscheinen
Ha32	Immer hilfsbereit zu den Kollegen sein
Ha41	Sich als Experte zeigen
Ha51	Das eigene Revier schützen
Ha52	Auf die eigenen Quartalsergebnisse achten
Ha53	Der eigenen Gruppe *jetzt* Verträge sichern

*Daraus folgende potentiell positive Nebeneffekte
für die Leistungen*

Keine.

*Daraus folgende potentiell negative Nebeneffekte
für die Leistungen*

Ha–1	Die Teamarbeit klappt nicht (Ha22, Ha51, Ha41, Ma53, Mo51, Mo52, alle trotz Ha13 und Ha31)
Ha–2	Nur die Besten, die Schlechtesten oder die über vierzig sind bereit, ins Ausland zu gehen (Ha11, Ha02, Ha01, Mo42, Ha22, Ma41, Ha41, Mo24, Mo31, Ha23, Mo12, Mo13, Ma32)
Ha–3	Fehlende Vielfalt im Personalbereich (Ha02, Ha12, Ha41, Mo11, Ha32, Ha31, Ha12, Ha13, Mo12, Ma11, Ma12, Ma32)
Ha–4	Standards, Disziplin und Unternehmensbewußtsein haben nachgelassen (Ha53, Ha52, Ha51, Mo41, Mo52, Mo22, Ma01, Ma22, Mo11, alle trotz Ha02)

Zuordnung zitierbarer Zitate

Regeln und Nebeneffekte mit Belegzitaten:
Motivierende Kräfte

Zeit: Jetzt
Rang: Mittelmanagement
Kategorie: New Yorker Zentrale

N. B. Heimliche Spielregeln können grundsätzlich alle vor-
teilhaft sein, auch wenn Nebeneffekte und Konflikte zu Lei-
stungshemmnissen führen.

Motivierende Kräfte

Mo1   *Seinen Job bis 45 behalten (angesichts der Welle*
       von Rationalisierungsmaßnahmen)
       »Wir arbeiten alle gern hier.«
       »Niemand möchte gehen, wenn er nicht unbe-
       dingt muß.«
       »GF hat etwas Besonderes.«
       »Ich bleibe bis Mitte Vierzig wie die anderen
       auch.«
       »Warum sollte ich gehen, bevor ich muß?«
       »Den meisten von uns gefällt es hier.«
       »Auf einmal hat man seinen Job nicht mehr si-
       cher.«
       »Früher konnte man automatisch davon ausge-
       hen, daß man bei GF Karriere macht.«
       »Die Zeiten haben sich geändert.«

Mo2   *An die Spitze von GF gelangen (dazu braucht man*
       vielseitige Erfahrung in der Forschung und Ent-
       wicklung)
       »Wir sind alle sehr ehrgeizig.«
       »Ich will an die Spitze wie die anderen.«

»Ehrgeizig sind wir praktisch alle, und das erwartet man ja auch von uns.«

»Die höchste Auszeichnung für mich ist es, ganz nach oben zu kommen.«

»Jeden Sonntagmorgen Kaffee mit der Familie Ghee – daran könnte ich mich gewöhnen!«

»Ich sehe mir das Leben der Topmanager an und denke: Genau das richtige für mich.«

»Limousine mit Speziallänge, Eckbüro, Mitglied des inneren Kreises.«

»Wenn ich wirklich ehrlich sein soll, dann zieht es mich stark nach oben.«

Mo3   *Achtung (von Kollegen bei GE)*

»Achtung ist extrem wichtig – Achtung von Kollegen und Vorgesetzten bei GF.«

»Einmal öffentlich von einem Mitglied der Familie Ghee erwähnt werden – und man kommt groß raus.«

»Es gibt keine größere Auszeichnung, als in der Ansprache zur Lage des Unternehmens erwähnt zu werden.«

»Wir wollen uns in der Projektarbeit erfolgreich zeigen.«

»Man möchte von den Kollegen für zuverlässig gehalten werden.«

»Jeder möchte für wichtige Projekte ausgezeichnet werden.«

»Die Auszeichnungszeremonie ist schon nicht schlecht.«

»Es ist einfach ein schönes Gefühl, wenn man sich in der Einzelarbeit hervortun kann.«

»Sichtbare Erfolge in der Einzelarbeit sind an sich schon eine Belohnung.«

»Wir wollen alle respektiert werden.«

»Ich möchte bei meinen Kollegen anerkannt sein.«

»Kollegen können meinen Wert am besten beurteilen.«

»Wenn man von den Kollegen nicht geachtet wird, von wem dann?«

Mo4 *Interessante Arbeit (intellektuell befriedigend)*
»Wir möchten schließlich alle geistig angeregt werden.«

»Geben Sie mir etwas Interessantes zu tun, und ich bin glücklich.«

»Die Leute hier wollen ein elektronisches Gegenstück zu einem Kreuzworträtsel.«

»Wir lösen gern Probleme, die uns herausfordern.«

»Es ist wie beim Studium, nur daß man gut bezahlt wird.«

»Wenn die Arbeit langweilig würde, dann wäre ich weg.«

»Ich möchte eigentlich nur kreativ sein können.«

»Ich suche die geistige Herausforderung!«

Mo5 *Geld (hohe individuelle Prämien)*
»Prämien für einzelne können ganz schön hoch ausfallen. Sie hinaufzuschrauben wirkt wirklich motivierend.«

»Wenn ich dafür den Spaß an der Arbeit nicht opfern muß, dann möchte ich soviel Geld verdienen wie möglich.«

»Heutzutage will doch jeder möglichst gut leben.«

»Ich möchte ein schnittiges Auto und einen Swimmingpool wie alle anderen.«

»Natürlich zählt das Geld – ich habe Familie und muß mein Haus abzahlen.«

»Schauen Sie sich doch die Leute an der Spitze an – die scheffeln das Geld nur so.«

»Meine Urlaubsfahrten sind ziemlich teuer,

darum strenge ich mich besonders an, weil ich
mir dann vielleicht ein besseres Hotel leisten
kann.«

»Manche tun so, als ginge es ihnen nicht ums
Geld – glatt gelogen!«

Zugehörige heimliche Spielregeln

Moll *Das Profil ehrgeiziger und tüchtiger Geschäftsori-
entierung zeigen*
»Wir haben hier lauter ehrgeizige Klone.«
»Das Profil des einzelnen muß voll auf Geschäfts-
orientierung zielen.«
»Manche Leute können eben gut schauspie-
lern.«
»Harvard-Absolventen sind Götter und werden
vom ganzen Unternehmen hofiert.«
»Wieso arbeiten, wenn man auch eine Sitzung ab-
halten kann?«
»Wenn man zeigt, daß die eigenen Sachen zur
Strategie passen, dann ist Schulterklopfen ange-
sagt.«
»Man muß sich als Führungskraft zeigen, nicht als
Verwalter.«
»Wir sollen alle aggressiv sein. Aggressiv und
männlich.«
»Panikprestige: Prestigeverdächtig ist man nur,
wenn man Panik hat oder schafft, um das Ganze
dann wieder auf die Reihe zu kriegen.«
»Je attraktiver, desto besser; belohnt wird man für
das Erfinden neuer Dinge.«
»Wir sind eine Organisation von hemmungslosen
Gestaltern, voller Energie und Ideen, aber es
fehlt an Leuten, die etwas beenden und umsetzen
können.«
»Wir werden aggressiv den falschen Weg beschreiten.«

Mo12   *Über fünfzig wird hier fast keiner*
»Das aktuelle Ziel heißt: bis fünfzig überleben.«
»Es herrscht allgemein die Überzeugung, daß für uns spätestens mit fünfundvierzig Schluß ist.«
»Die Grauhaarigen sind verschwunden.«
»Leute Ende Vierzig sind hier nicht gern gesehen.«
»Nicht Erfahrung zählt, sondern Jugend.«
»Jeder möchte ein junger Bill Gates oder Steve Jobs sein.«
»Anscheinend glauben die, mit den Haaren verliert man auch seinen IQ.«
»Wie kann man aufgeweckt und fantasievoll sein, wenn man alt ist?«
»Auch wenn es keiner wahrhaben will, wir haben viele wirklich gute Leute verloren.«
»Alle, die noch da sind, sind überdurchschnittlich, also ist es jetzt schon fast ein Lotteriespiel.«
»Keiner fühlt sich sicher.«

Mo13   *Anfang Vierzig den Abgang planen, wenn man noch Chancen auf dem Arbeitsmarkt hat*
»Man muß nur von selbst gehen, bevor man hinausgeworfen wird.«
»Wenn man etwas zu bieten hat, ist es kein Problem.«
»Man darf es nicht zu lange hinausschieben, sonst kann man seine zweite Karriere vergessen.«
»Nach dem vierzigsten Geburtstag sollte man sich allmählich überlegen, wie man hier rauskommt.«
»Ungefähr mit vierzig geht es los.«
»Vierzig bis fünfundvierzig – das ist die richtige Zeit.«
»Fünfzig wäre viel zu spät.«
»Niemand möchte länger bleiben, als er willkommen ist.«
»Man muß seinen Abgang sorgfältig planen, sonst

muß man alles überstürzen, und dabei verliert man nur.«

»Wenn man auf dem Arbeitsmarkt keine Chance hat, dann muß man sich so lange wie möglich an seinem Job festklammern.«

»Wenn man nicht marktfähig ist, dann sitzt man in der Klemme.«

Mo21   *Jede Beförderung möglichst in einen anderen Bereich der Forschung und Entwicklung*
»Natürlich muß man herumkommen.«

»Eine Beförderung hätte doch gar keinen Zweck, wenn man im gleichen Bereich weiterarbeitet.«

»Ich möchte nicht stehenbleiben.«

»Man muß von einer Abteilung der Forschung und Entwicklung in die nächste springen.«

»Nur durch schnellen Stellenwechsel in der Forschung und Entwicklung kommt man voran.«

»Herumkommen heißt für uns nach oben kommen.«

»Das Management setzt auf Job-Rotation, um neue Ideen zu verbreiten.«

»Man kann nur selten direkt in die Fußstapfen seines Chefs treten.«

»Unsere Arbeit ist wirklich faszinierend, deshalb suchen wir ständig nach neuen Herausforderungen.«

»Ich schätze den Wandel in unserem Karriereweg.«

»Wir flattern von einer Blume zur anderen.«

»Aber wir sind keine Schmetterlinge, wir wollen nur das Gesamtbild sehen.«

Mo22   *Nicht zu lange an einem Job kleben bleiben*
»Wenn man zu lange bei einem Job bleibt, zeigen die Leute mit Fingern auf einen.«

»Die Leute würden denken: Anscheinend ist er ja

doch nicht so ein Senkrechtstarter, wie wir meinten.«

»Zuviel Stabilität führt zur Stagnation.«

»Wir sind wie Haie – wir müssen ständig woandershin, um atmen zu können.«

»Wer zu lange klebenbleibt, der ruiniert seine Karriere.«

»Mir hat man gesagt, ich bin erledigt, wenn ich mich nicht versetzen lasse.«

»X wollte sein Projekt bis zum Ende begleiten, aber er fühlte sich durch ein Beförderungsangebot so unter Druck gesetzt, daß er ging. Es ist uns allen klar, daß das Projekt darunter gelitten hat. Der Kunde war alles andere als glücklich.«

Mo24 *Immer nach dem nächsten Job in der Forschung und Entwicklung Ausschau halten*

»Man muß die Augen immer offenhalten – alle sind auf denselben Job aus.«

»Man hält immer Ausschau – man weiß nie, wann sich die nächste Gelegenheit in der Forschung und Entwicklung ergibt.«

»Man entwickelt einen Radarsinn zum Aufspüren des nächsten Jobs.«

»Man muß seine Antenne stets ausgefahren haben.«

»Man muß seine Fühler im ganzen Betrieb ausstrecken.«

»Man muß den Instinkt eines guten Spürhunds haben.«

»Manche Leute lassen sich in ihre aktuelle Arbeit so hineinziehen, daß sie selbst beste Gelegenheiten verpassen.«

»Bei mir hört die Suche nie auf.«

Mo31 *Die Kollegen auf eigene Leistungen aufmerksam machen*

»Wenn man hier etwas gut gemacht hat, dann prahlt man damit.«

»Was zählen Erfolge, von denen keiner weiß?«

»Die Kollegen beurteilen mich nach dem, was sie über mich hören.«

»Alle machen ihre Leistungen publik, und wenn man es nicht genauso macht, dann glauben die Kollegen, man hat nichts Prestigeträchtiges geleistet.«

»Wenn man etwas geschafft hat, dann setzt man es in Szene.«

»Am meisten gelobt werden die, die einen großen Erfolg gelandet haben.«

»Die Leute wollen mit ihren Leistungen brillieren.«

»Die Leute sollen glauben, daß man die Hand von König Midas hat.«

»Große Einzelerfolge muß man an den Mann bringen.«

»Die Leute werden gern als Stars gefeiert.«

»Ein Held ist, wer große Projekte durchzieht.«

Mo32 *Das externe Profil spielt keine besonders große Rolle*

»Letzten Endes zählt nur die Meinung der Kollegen.«

»X widmete sich zu sehr seinem externen Profil und konzentrierte sich zuwenig auf seine Kollegen – also wurde er hinausgedrängt. Eigentlich schade, denn wahrscheinlich hat er sogar die Werbetrommel für uns gerührt. Aber so hat das keiner hier gesehen.«

»Es klingt vielleicht hart, aber die Kunden kommen bei uns erst an zweiter Stelle.«

»Bei Kundenklagen ist der Betreffende völlig sicher, wenn wir alle wissen, daß er gute Arbeit leistet.«

»Um die Welt draußen muß man sich eigentlich nicht weiter kümmern.«

»Wir sind unsere eigenen Qualitätshüter.«

Mo41 *Nicht dieselbe Art von Arbeit zweimal machen*

»Wir verkaufen Verstand und keine Methoden.«

»Letztlich verkaufen wir Expertenkenntnisse.«

»Das Ganze hier lebt doch nur von seiner Kreativität.«

»Wir funktionieren nicht auf Knopfdruck.«

»Weshalb sollte jemand dieselbe Art von Arbeit zweimal machen wollen?«

»Wenn man mich dazu zwingen würde, immer das gleiche zu machen – dann würde ich GF sehr schnell den Rücken kehren.«

»Natürlich müssen andere Leute mit den gleichen Problemen klarkommen wie ich. Daraus entsteht vielleicht ein ganz neuer Ansatz.«

»Man darf die Kreativität nicht abwürgen.«

»Manchmal machen wir immer wieder dieselben Fehler, aber das ist wohl ein notwendiger Preis.«

»Intelligente Leute müssen aus *eigenen* Fehlern lernen.«

Mo42 *Zum richtigen Zeitpunkt zur Stelle sein*

»Meine ganze Zukunft kann davon abhängen, ob ich gerade im Büro bin, wenn noch jemand für ein Projekt gesucht wird.«

»Es läuft alles ziemlich spontan.«

»Man muß unbedingt dafür sorgen, daß man verfügbar ist, wenn man gebraucht wird.«

»Man kann nicht einfach sagen: Tut mir leid, ich bin zwar interessiert, aber ich hänge noch sechs Monate in diesem Projekt. Dann wird einfach jemand anderer gefragt.«

»Wenn sich die Chance bietet, muß man zugreifen.«

»Opportunismus heißt die heimliche Regel dieses Spiels.«

Mo51 *Alles für eine Erhöhung der eigenen Prämien tun*
»Man hat nie genug Zeit am Tag – also konzentriert man sich auf Dinge, die Einfluß auf die eigene Brieftasche haben.«
»Die Leute richten ihre Aktivitäten am Prämiensystem aus.«
»Der elaborierte Beurteilungsprozeß sorgt für ein absolut trügerisches Gefühl von Genauigkeit.«
»Wir handeln alle nach einer besonders ausgetüftelten Formel, von der unsere Vergütung abhängt.«
»Prämienzahlungen haben einen ziemlichen Stellenwert, aber sie ruinieren die Teamarbeit.«
»Man macht das Nötige.«
»Man muß sein Quartalssoll von Arbeitsstunden einhalten, die externen Kunden in Rechnung gestellt werden.«
»Die Prämien hängen ausschließlich von den Abrechnungen ab.«
»Eigentlich wird man nur an den abrechenbaren Arbeiten der eigenen Gruppe gemessen.«
»Der Druck, einen bestimmten Prozentsatz an Abrechenbarkeit zu erreichen, ist mehr als deutlich.«
»Es gibt diesen Druck, soviel abrechenbare Arbeit zu machen wie möglich.«
»Nicht abrechenbare Zeit gilt als Sünde.«
»Die Besprechungen am Montagmorgen sind eigentlich sehr hilfreich, aber man hat das Gefühl, daß man seine Zeit mit etwas Nützlicherem verbringen müßte.«
»Es gibt einen Mythos, daß wir ein Team sind und geleitet werden, aber wenn die Abrechenbarkeit darunter leidet, dann bekommt man das

auch zu hören und am eigenen Portemonnaie zu spüren.«

»Wenn man mithilft, ein Projekt durchzubringen, dann nur deshalb, weil man dafür einen Teil des Verdienstes am Verkauf einheimst.«

»Der Verkauf kommt erst nach dem Verdienst dran.«

»Wenn man kann, reißt man sich potentielle Neukunden unter den Nagel.«

»Viele Leute frisieren ihre Berichte über potentielle Neukunden.«

»Es gibt häufig Querelen um Neukunden.«

»Wenn jemand glaubt, man könnte ihm potentielle Neukunden wegschnappen, dann schreibt er einen total verschwommenen Bericht, aus dem andere nicht schlau werden.«

»Wenn man sich einen Neukunden reservieren will, muß man eben den Bericht als vertraulich bezeichnen.«

»Oft geht ein guter Teil des Projektbudgets drauf, weil ein potentieller Kunde nicht neu zugeteilt wird.«

»Das Verkaufsverdienst überläßt man nicht einfach anderen.«

Mo52   *Um Dinge, die nicht beurteilt werden, muß man sich nicht weiter kümmern*

»Man zählt nur, wenn man dem Unternehmen viel Geld einbringt.«

»Der Startschuß ist gefallen, jetzt werden nur noch Zahlen anerkannt.«

»Mein Beitrag für GF ist nur so gut wie meine Erfolgsbilanz der letzten ein, zwei Monate.«

»Sie versuchen es mit einem Management durch Zahlen.«

»Wenn es Spitz auf Knopf steht, dann bemüht man sich nur noch um möglichst gute Zahlen.«

»Zahlen, Zahlen, Zahlen.«

»Die Berichte, die wir bekommen, verstärken diese Tendenz.«

»Sobald die Rentabilität abfällt, fallen uns die Memos auf den Kopf.«

»Es heißt immer, die Zahlen haben kein größeres Gewicht als andere Sachen, aber die Wirklichkeit sieht anders aus.«

Daraus folgende potentiell positive Nebeneffekte für die Leistungen

Mo+1   *Kollegiales Umfeld mit kontinuierlicher wechselseitiger Inspiration*

»Machen wir uns nichts vor, es ist immer noch so wie an der Uni.«

»Alles zusammen führt dazu, daß es hier wirklich sehr dynamisch zugeht.«

»Man hört alles mögliche.«

»Man arbeitet immer mit neuen interessanten Leuten zusammen.«

»Wie auf einem Karussell – es macht Spaß!«

Mo+2   *Vielseitige Mitarbeiter mit klarem Blick für Einzelziele*

»Als älterer Mitarbeiter in diesem Betrieb weiß man über alles Bescheid.«

»Altgediente Leute kann man überall hinstellen, weil sie alles schon mal gemacht haben.«

»Einseitige Leute gibt es hier kaum, sie werden meistens ausgemustert.«

»Hier haben alle eine sehr umfassende Perspektive.«

»Wir wissen alle, worauf es ankommt, und richten uns danach.«

Daraus folgende potentiell negative Nebeneffekte
für die Leistungen

Mo-1 *Niemand denkt strategisch*
»Sie sehen nicht, daß es in unserem Geschäft wichtige Erfolgsfaktoren gibt, die sich nicht so ohne weiteres quantifizieren lassen.«
»Weshalb diese sture Ausrichtung an Zahlen?«
»Ich bin keine Zahl – ich bin ein freier Mensch!«
»Nicht abrechenbare und verkaufsorientierte Aktivitäten sollte man auf ein Minimum reduzieren.«
»Eigentlich zählen nur Verkauf und Abrechenbarkeit.«
»Auch wenn andere Dinge nicht unerledigt bleiben dürfen – die Erfolgsbilanz der eigenen Gruppe ist immer noch das einzig wichtige Kriterium.«
»Wenn meine Arbeit nicht abrechenbar ist, dann leiste ich keinen echten Beitrag.«
»Strategie – welche Strategie?«
»Unser Unternehmen ist viel zu dynamisch, um langfristig zu denken.«
»Mit langfristigem Denken würden wir unsere Handlungsfähigkeit einschränken.«
»Wir müssen ungebunden und reaktionsfähig bleiben.«
»Wie soll man etwas so Unsicheres vorausplanen?«

Mo-2 *Chronisch kurzfristige Orientierung*
»Tief drinnen sind wir nicht gerade die Geduldigsten.«
»Wenn etwas nicht sofort funktioniert, dann probieren wir es kein zweites Mal.«
»Wir probieren ein paar gute Ideen aus, aber wenn sie nicht zu durchschlagenden Erfolgen

werden, machen wir unseren alten Stiefel weiter.«

»Oft probieren wir etwas nur einmal aus. Und das wird dann meistens überbewertet.«

»Wir denken so kurzfristig, daß wir einfach nicht in Ausbildung, Produkte oder die Zukunft allgemein investieren können.«

»Wir haben einen zu kurzen Horizont für Rentabilität.«

»Was mir Sorgen macht, ist, daß die Einhaltung der zahlenmäßigen Vorgaben und der kurzfristigen Perspektive von Rentabilität unsere Arbeit beeinträchtigt.«

»Zwei Quartale unter dem Soll, und es gibt sofort einen Lohn- und Einstellungsstopp.«

»Natürlich denken einige Manager mittelfristig – das heißt bis zum Ende des Quartals!«

Mo–3   *Niemand kümmert sich um langfristige Konsequenzen seiner (In-)Aktivität*

»Man kann nie sagen, was passieren wird, nachdem man versetzt worden ist.«

»Der eigene Einfluß läßt sich eigentlich nicht mehr messen, wenn man in einer neuen Position ist.«

»Es gibt weder nennenswerte Belohnungen noch anschauliche Erfolgsmodelle dafür, daß man sich um langfristige Konsequenzen eigener Handlungen kümmern sollte.«

»Was wir auch immer unseren Kunden sagen: ›Geschafft wird, was bewertet wird.‹ Weder Bewertung noch Belohnung *noch* Management sind bei uns langfristig.«

»Wir müssen die Leute auf Erfolge oder Fehlschläge ihrer Vergangenheit aufmerksam machen.«

»Das Management muß solch eine neue Idee mit seinem Vorbild unterstützen.«

»Die Führung muß durch Taten beweisen, daß langfristige Konsequenzen relevant sind.«

»Es muß im Interesse jedes einzelnen liegen.«

»Es gibt absolut keinen Anreiz, sich darum zu kümmern.«

»Andere Unternehmen belohnen Dinge wie strategische Initiativen, die sich auszahlen – warum nicht auch wir?«

»Wir brauchen ein paar wirklich glaubwürdige Beispiele, um diesen Punkt durchzusetzen – Unternehmenserfolge als Vorbilder.«

»Wir brauchen ein Ideal, nach dem die Leute streben und zu dem sie aufblicken können wie zu einem Helden.«

»Das Management muß diese Beiträge bewerten und bei Leistungsbeurteilungen wirklich berücksichtigen.«

»Ach was! Die Realität ist doch, daß einen die Vergangenheit nie einholt.«

»Mir brennen im Augenblick mehr als genug Dinge unter den Fingernägeln, da kann ich mich nicht auch noch um die Vergangenheit kümmern.«

»Natürlich sind nach meinem Weggang einige Dinge schiefgelaufen – aber ich bin ehrlich davon überzeugt, daß daran jeweils mein Nachfolger schuld war.«

»Wozu sollte ich mir Sorgen machen?«

Mo–4 *Die Prophezeiung, daß Mitarbeiter über fünfzig unproduktiv sind, erfüllt sich selbst*

»Natürlich haben wir keine guten Leute über fünfzig – sie gehen alle vorher.«

»Die Guten gehen alle schon in den Vierzigern.«

»Es bleiben eigentlich nur die, die wir gar nicht wollen.«

»Wenn sie draußen nicht gebraucht werden – wir brauchen sie bestimmt nicht.«
»Wir sind in einem Teufelskreis gefangen.«
»Eine Prophezeiung, die sich selbst erfüllt.«

Übersicht 15: Ein negativer Nebeneffekt unter der Lupe

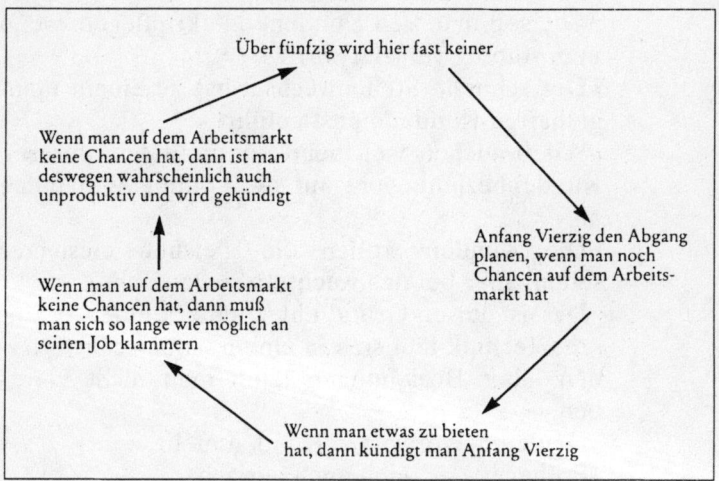

Über fünfzig wird hier fast keiner

Wenn man auf dem Arbeitsmarkt keine Chancen hat, dann ist man deswegen wahrscheinlich auch unproduktiv und wird gekündigt

Anfang Vierzig den Abgang planen, wenn man noch Chancen auf dem Arbeitsmarkt hat

Wenn man auf dem Arbeitsmarkt keine Chancen hat, dann muß man sich so lange wie möglich an seinen Job klammern

Wenn man etwas zu bieten hat, dann kündigt man Anfang Vierzig

Mo–5   *Schlechte Beziehungen zu Kunden*
»Kunden werden als Mittel zum Zweck gesehen.«
»Je mehr man aufsteigt, desto mehr konzentriert man sich auf GF statt auf die Kunden.«
»Man wird dafür belohnt, wenn man sich auf interne Angelegenheiten konzentriert.«
»Wir verschwenden viel zuviel Zeit mit irgendwelchem Quatsch (das heißt, mit interner Verwaltung).«
»Das ständige Schielen auf Interna zeugt eigentlich von einem starken Ungleichgewicht.«
»Das Verstehen von Kundenproblemen ist nicht gerade unsere Stärke.«

»Selbst unsere Verkaufstechniken sind darauf ausgelegt, daß wir uns nur mit den kurzfristigen Angelegenheiten von Kunden befassen.«

»Wir sind nicht gerade berühmt dafür, die Bedürfnisse unserer Kunden zu erkennen.«

»Unsere Kunden wollen, daß wir langfristig denken, aber wer tut es?«

»Wie soll man den Kundenkontakt pflegen, wenn man ständig versetzt wird?«

»Der schnelle Stellenwechsel hat zu einem mangelhaften Kundendienst geführt.«

»Wir brauchen viel mehr Kontinuität in unseren Kundenbeziehungen; auf die kommt es nämlich an.«

»Die Kunden wollen die gleichen Gesichter sehen, aber bei uns wechseln sie laufend.«

»Das ist unser Grundfehler, eine kundenspezifische Technik läßt sich in einem halben Jahr erlernen, aber Beziehungen kann man nicht vererben.«

»Heutzutage erwarten Kunden mehr.«

»Früher hat es doch auch gereicht.«

»Die Zeiten sind vorbei, als die Kunden vor unserer Tür Schlange standen.«

»Die Kunden haben allmählich die Nase voll – und das kann man auch verstehen.«

»Wir können nicht mehr lange so weitermachen.«

»Unsere Hauptkonkurrenten reagieren viel schneller und bauen viel bessere Beziehungen auf.«

»Wir zehren nur noch von unserem Ruf.«

»Wir müssen etwas unternehmen.«

Regeln und Nebeneffekte mit Belegzitaten:
Machtausübende Kräfte

Zeit: Jetzt
Rang: Mittelmanagement
Kategorie: New Yorker Zentrale

N. B. Heimliche Spielregeln können grundsätzlich alle vorteilhaft sein, auch wenn Nebeneffekte und Konflikte zu Leistungshemmnissen führen.

Machtausübende Kräfte

Ma1   *Die Familie Ghee und Ressortleiter (für Kündigung)*
»Wenn einen die Ghees nicht mögen, dann ist man erledigt.«
»Hier gilt letzten Endes das Gesetz der Familie Ghee.«
»Ich gebe mich da keinen Illusionen hin – wir sind hier alle nur die Diener der Familie Ghee, die nach ihrem Gutdünken über uns verfügt.«
»Sie sind wie wohlwollende Diktatoren mit der Macht über Leben und Tod.«
»Die Ressortleiter bestimmen im Alltag darüber, ob man geht oder bleibt.«
»Die Ghees hören normalerweise auf den Rat der Ressortleiter, wenn es um eine Kündigung geht.«

Ma2   *Die Familie Ghee (für schnellen Aufstieg)*
»Wer sehr schnell sehr weit kommen will, der braucht einen Förderer in der Familie.«
»Was die Familie angeht, so heißt es bei GF: Die Jobs sind für die ›Jungs‹.«
»*Wer* hier zählt, das wissen Sie ja.«
»Die Postenvergabe ist ein Witz, das wird alles hinter den Kulissen abgemacht.«

»Wenn es heißt: ›bevorzugter Kandidat‹, dann braucht man seine Zeit gar nicht mit einer Bewerbung verschwenden.«

»Das ist wie ein Hundertmeterrennen bergauf.«

»Mir hat man gesagt, daß ich gut im Knüpfen von Verbindungen bin, daß ich aber noch bessere Kontakte zu den Ghees brauche.«

»Familienkonferenzen sind immer rappelvoll, im Gegensatz zu anderen Sitzungen.«

»Die aufstrebende Elite hört es gern, wenn sich ihre Stimme mit der der Ghees vermischt.«

Ma3   *Kollegen (für Achtung)*
»Um Respekt zu gewinnen, muß man seinen Ruf bei den Kollegen wahren.«

»Die Leute sind nachtragend, wenn man sich einen Fehler erlaubt.«

»Am Ende schwindet das Vertrauen.«

»Die Gerüchteküche brodelt wie eh und je; auch beim Management zählt das mehr als Fakten.«

»Die Kollegen sehen es nicht als *echte* Arbeit an, wenn man zu Hause arbeitet.«

»Der Druck durch Kollegen ist sehr stark.«

Ma4   *Ressortleiter (für interessante Arbeit)*
»Letzten Endes bestimmt der Ressortleiter, was man zu tun hat.«

»Solange der Ressortleiter von mir nicht beeindruckt ist, darf ich mich zu Tode langweilen.«

»X ist eigentlich ein guter Arbeiter, aber er kommt mit seinem Ressortchef nicht klar, also muß er eintönige Technikerarbeiten ausführen.«

»Als Favorit des Ressortleiters bekommt man auch brillante Arbeit.«

»Wer sich mit dem Ressort gut stellt, der arbeitet

an der vordersten Front des technologischen Fortschritts.«

Ma5   *Der Linienchef und sein Vorgesetzter (für Einzelprämien)*

»Nach zwei Monaten im Unternehmen glaube ich, die wichtigsten zwei Leute für meine Prämien sind A (Chef) und B (Chef des Chefs) – das hat mir niemand gesagt, aber so kommt es mir vor.«

»Der eigene Boß reicht nicht.«

»Was mein Chef meint, zählt letztlich nicht, wenn ich seinen Chef in der Tasche habe.«

»Um eine fette Prämie zu bekommen, muß man seinen Boß und dessen Boß überreden.«

»In puncto Prämien ist die Hauptperson der Chef vom Chef.«

»Eindruck muß man immer zwei Ebenen höher machen.«

»Das ergibt sich aus unserer Organisationsstruktur, man muß sich bei denen profilieren, die zählen.«

»Unsere Hierarchie ist zumindest so flach, daß man nicht weiter gehen muß als bis zum Chef vom Chef.«

»Ich könnte ja den Job von meinem Chef kriegen – also muß ich mich vor allem um seinen Chef kümmern.«

Zugehörige heimliche Spielregeln

Ma01   *Man darf sich niemals bei Fehlschlägen ertappen lassen*

»Man kann es sich nicht leisten, bei Fehlern Zuschauer zu haben, weil sie sich ja Gedanken machen könnten.«

»Eine Verbindung zu Fehlschlägen kann man sich nicht erlauben.«

»Man darf die Leute nicht überraschen.«

»Wenn man bei einem einzigen Fehler beobachtet wird, dann ist die Sache gelaufen.«

»Wenn man heute einen Fehler macht, dann wird einem das nicht verziehen.«

»Bei uns geht's zu wie in Hollywood. Wir lieben den Erfolg, aber Leuten auf dem absteigenden Ast kehren wir den Rücken zu.«

»Das hat was mit der Einstellung der Leute zu tun.«

»Das ist nicht logisch, sondern psycho-logisch.«

»Massendynamik. Aus einem fröhlichen Kreis wird ein Lynchmob.«

»X war ganz oben in der Hackordnung, dann ein Fehlschlag, und er war total abgemeldet.«

»Wenn man etwas vermasselt, dann muß man es wirklich kaschieren.«

»Wenn die Leute hören, was schiefgegangen ist, dann kann das völlig unverhältnismäßige Auswirkungen haben.«

»Man darf sich nicht bei Fehlern erwischen lassen.«

»Der Chef darf nicht von Fehlern erfahren.«

»Die Kollegen dürfen nicht mitkriegen, daß man Murks gemacht hat.«

»Jeder Lapsus muß den Ressortleitern verborgen bleiben.«

»Die Familie Ghee darf niemals auch nur den Hauch eines Verdachts hegen, daß man unter Umständen vielleicht einmal eine Sekunde lang die Möglichkeit eines Fehlschlags in Erwägung gezogen haben könnte.«

Ma11   *Sich immer gut mit der Familie Ghee stellen*
»Irren ist menschlich, vergeben ist das Vorrecht der Familie.«

»Es steht nicht dafür, den Ghees ins Gehege zu

kommen. X hat es probiert, und man sieht ja, was mit ihm passiert ist.«

»Was die Familie angeht, darf man sich nie in eine Ecke hineinmanövrieren, aus der man nicht mehr herauskommt. Man muß sich immer einen Ausweg freihalten.«

»Was sie auch verlangen, eine Absage kommt nicht in Frage.«

»Das ist wie bei einem launischen Despoten.«

»Auch wenn man innerlich schäumt – man muß lächeln.«

»Und wenn man auch noch so sehr anderer Meinung ist, ein Streit lohnt sich einfach nicht.«

Ma12   *Nie die Ressortleiter verstimmen*
»In den Ressorts gibt es noch einige Manager der alten Schule.«

»Wenn man sie wie die Macht hinter dem Thron behandelt, dann kann man nicht so arg falschliegen.«

»Niemand, den einer der Chefs mochte, ist je gefeuert worden – nur übergangen.«

»Einige haben rebelliert, aber damit kamen sie nicht durch.«

»Man darf sich ihr Wohlwollen nicht verscherzen.«

»Ein armer Hund ist man, wenn einem keine andere Wahl bleibt, als entweder die Familie oder einen Ressortchef zu verärgern. Man würde wahrscheinlich lieber Harakiri begehen als vor dieser Wahl stehen.«

Ma21   *Alles tun, um zu den Insidern zu gehören*
»Gute Jobs gibt man nur an Freunde weiter.«

»Es wird unheimlich viel gekungelt.«

»Die besten Tips kriegt man, wenn man hoch in der Gunst steht.«

»Wer nicht zum inneren Kreis gehört, dem bleiben nur die Brosamen.«

»Oft muß man 5–10% seines Verdienstes an einem Verkauf abtreten, um jemanden zu besänftigen, der eigentlich gar nicht daran beteiligt war.«

Ma22   *Nichts ist wichtiger als das Wohlwollen der Familie Ghee*

»Dazu braucht es keinen Grips.«

»Das weiß jeder.«

»Das wird einem auf die Brust tätowiert, wenn man in das Unternehmen eintritt.«

»Wahrscheinlich kommen die Leute manchmal noch aus dem Grab heraus, um sich bei ihnen einzuschmeicheln.«

»Die Ghees haben wahrscheinlich den trockensten Mund in New York wegen der vielen Speichellecker.«

Ma31   *Die Mitgliedschaft im ›Club‹ muß man sich durch Loyalität verdienen*

»Man muß sich dem Club gegenüber loyal zeigen.«

»Was die Kollegen angeht, muß man ein guter Bürger im Unternehmen sein.«

»Loyalität beweist man dem Club durch Opfer.«

»Man muß Überstunden machen wie die Kollegen.«

»Es hängt stark von der Abteilung ab, aber die meisten Leute arbeiten länger.«

»Man muß regelmäßig Überstunden machen.«

»In diesem Unternehmen könnte man sich leicht zu Tode arbeiten.«

»Ich will auch noch ein Leben außerhalb von GF.«

»Wer nicht bereit ist, wenig zu Hause zu sein, der kann sich seine Karriere abschminken.«

»Man muß zeigen, daß einem die Arbeit wichtiger ist als die Familie.«

»Das Privatleben opfern.«

»Ich habe Gewissensbisse, wenn ich um sieben gehe, um meine Kinder zu sehen.«

»Wir sollten mehr an die Familie denken, aber keiner tut es.«

»Mutter werden kann ich erst, wenn ich schon große Erfolge verbucht habe.«

Ma32   *Gemeinsame Aktivitäten mit Kollegen außerhalb der Arbeitszeit sind wichtig*
»Es steht für alle fest, daß man sich auch außerhalb der Arbeit trifft.«

»Mit privaten Kontakten kann man einige Räder ins Laufen bringen.«

»Die Leute gehen am ehesten mit gleichrangigen Kollegen aus, mit Vorgesetzten oder Untergebenen eigentlich weniger.«

»In dieser Hinsicht sind wir ziemlich japanisch.«

»Wenn sich jemand in seiner Freizeit partout nicht mit uns treffen will, dann hätten wir wohl das Gefühl, er gehört nicht zum Team, und würden uns entsprechend verhalten.«

»Es ist wie ein Club – wir arbeiten miteinander, und wir spielen miteinander.«

Ma41   *Ständig auf Tuchfühlung mit dem eigenen Funktionsbereich bleiben*
»Man muß sich bei seinem technischen Funktionsbereich immer wieder in Erinnerung bringen.«

»Wir haben alle noch die technische Einstellung drauf, daß uns die anderen nur aufhalten.«

»Einmal Techniker, immer Techniker, es ist einfach eine Arbeit für sich.«

»Wenn man nicht ständigen Kontakt zum eigenen Funktionsbereich hält, dann wird man unter Umständen beim nächsten aufregenden Projekt glatt vergessen.«

»Man muß sich ständig in Erinnerung bringen.«

»Man muß dafür sorgen, daß sie einen nicht aus dem Blick verlieren.«

Ma51   *Den Linienchef und seinen Vorgesetzten zufriedenstellen*

»Überall das gleiche in der Forschung und Entwicklung: zwei oder drei Ebenen muß man nach oben schauen.«

»Jetzt heißt es nicht mehr den Kunden zufriedenstellen, sondern den Boß.«

»Je höher man kommt, desto besser, aber dafür muß man auch den Chef mit der einen oder anderen Aufmerksamkeit besänftigen.«

»Es war schon immer so, aber jetzt zeigt es sich viel offener.«

»Belohnt wird man, wenn man den Chef und dessen Chef und dessen Chef zufriedenstellt; das ist nicht professionell, sondern taktisch, aber auch praktisch.«

»Wir haben alle Angst davor, an dem Syndrom ›Hauptsache zufriedener Chef‹ zu rütteln.«

»Manche Leute tun so, als gäbe es so was nicht.«

Ma53   *Sich von den anderen abheben, aber nicht zu sehr*

»Alles konzentriert sich auf den einzelnen, nicht auf das Team.«

»Man muß sich von den anderen abheben.«

»Wenn man sich unterordnet und zum echten Teamarbeiter wird, dann streichen die anderen die Prämien ein.«

»Für gesichtslose Typen gibt es keine Prämien.«

»Wer sich nicht abhebt, wird nicht bemerkt.«

»Man muß sich profilieren – wer kriegt denn sonst mit, wie wertvoll man ist?«

»Aber zu sehr sollte man sich auch wieder nicht abheben.«

»Alles im Rahmen, kein rücksichtsloses Gedrängel.«

»Niemand möchte sich abheben und dabei den Ast absägen, auf dem er sitzt.«

»Keiner möchte eine Extremposition einnehmen und dann feststellen, daß er der einzige ist.«

»Wenn man sich hervortut, dann ist das ein zweischneidiges Schwert: Man hat die Aufmerksamkeit aller, aber dafür sehen sie natürlich auch den kleinsten Ausrutscher.«

»Wir geben den Leuten genügend Seil, um zum nächsten Gipfel zu gelangen – oder sich zu erhängen.«

Daraus folgende potentiell positive Nebeneffekte für die Leistungen

Ma+1   *Konstruktives Umfeld gegenseitiger Unterstützung*
»Im allgemeinen unterstützt jeder jeden.«

»Weil jeder sich natürlich überlegen muß, was die anderen von ihm denken – eine sehr erfreuliche Folge.«

»Oft fühlt man sich in einem sehr konstruktiven Umfeld.«

»Wer wirklich Hilfe braucht, der bekommt sie auch.«

»Wenn man nicht alle Brücken hinter sich abgebrochen hat, dann helfen einem die Leute.«

»Wir brauchen einander.«

»Ich weiß nicht, ob es eine symbiotische oder eine wechselseitig parasitäre Beziehung ist – auf jeden Fall hängen wir alle in der einen oder anderen Form voneinander ab.«

Ma+2   *Wichtige Arbeiten können manchmal ›aus Gefäl-*
         ligkeit‹ extrem schnell erledigt werden
         »Ein Vorzug des Systems ist es, daß man etwas im
         Notfall sehr schnell fertigbringen kann.«
         »Das kann man sich nicht oft leisten – aber man
         kann alle dazu kriegen, den Turbo einzuschalten.«
         »Beim Projekt X haben *alle* mitgezogen – das war
         super.«
         »Bei Gelegenheit erweist jeder jedem die gleiche
         Gefälligkeit.«
         »In seltenen Fällen handeln wir wie eine große
         Verlängerung der Familie und machen, was nötig
         ist.«

Daraus folgende potentiell negative Nebeneffekte für die Leistungen

Ma–1   *Lange Vorlaufzeiten wegen mangelnder übergrei-*
         fender Kooperation
         »Durch eine allgemeine Arroganz wollen die Leu-
         te nicht glauben, daß jemand anderer eine gute
         Idee hatte, die nicht mehr verbessert werden
         muß.«
         »Die meisten sind ziemlich zynisch.«
         »Eine richtige Jammerkultur haben wir inzwi-
         schen.«
         »Erfinderstolz kämpft gegen übergreifende Ko-
         operation.«
         »›Not invented here‹ wurde hier in New York bei
         GF erfunden.«
         »Die Leute lehnen es ab, mit anderen Abteilun-
         gen der Forschung und Entwicklung zusammen
         zuarbeiten, weil sie nicht verstehen, weshalb ein
         Kunde das wollen sollte.«
         »Wir müssen die Leute irgendwie dazu bewegen,
         sich ohne negative Kritik mit den Ideen anderer
         auseinanderzusetzen.«

»Am schwersten überzeugt man die Kollegen.«
»Niemand möchte sich lächerlich machen.«
»Die Leute zieren sich, ›unausgegorene‹ Ideen mitzuteilen.«
»Weshalb sollte man die anderen überzeugen – man benutzt es einfach für eigene Zwecke.«
»Wir wollen immer die ›perfekte‹ Lösung.«
»Wir streben nach Perfektion.«
»Wenn wir vor einen Kunden treten, dann sagt unsere Unternehmenskultur, wir müssen die Antwort haben. Man kann nicht einfach zugeben, daß man noch nicht alles durchdacht hat.«
»Das Ganze summiert sich zu chronisch langen Vorlaufzeiten.«
»Es dauert immer alles so lang.«
»Wegen dieser Haltung dauert es immer ewig.«
»Wenn die Leute nur wirklich zusammenarbeiten würden, dann könnten wir die Vorlaufzeiten halbieren.«
»Alles dauert einfach viel zu lang.«
»Ein Trauerspiel.«

Ma–2   *Kunden finden Lösungen fachlich solide, aber wenig aufregend*
»Wer geht in solch einem Unternehmen ein persönliches Risiko ein?«
»Man muß einfach beharrlich professionelle Arbeit abliefern, ohne dabei überflüssige Risiken einzugehen.«
»Etwas Revolutionäres auszutüfteln lohnt sich einfach nicht.«
»Die Leute kapieren nicht, daß Fantasie ohne Wagnis unmöglich ist.«
»In puncto Qualität kann uns niemand was vormachen – aber es fehlt einfach das gewisse Etwas.«
»Heute würde man unser Zeug bestimmt nicht mehr als aufregend bezeichnen.«

»Wir sind zu spießigen alten Fachleuten geworden.«

»Aufregende Sachen sind den Leuten anscheinend nicht ganz geheuer.«

»Sie sprechen vom ›Schliff‹, als ob das der Kern wäre.«

»Wir müssen ganz besonders respektabel sein.«

»Die Leute setzen Langeweile mit Qualität gleich.«

»Eigentlich traurig. Ich glaube, Robert Ghee war irgendwie noch ein Straßenhändler. Er hatte Schwung. Einmal hat er das persönliche Rundfunkstudio, das wir für den König von Siam eingerichtet haben, mit vergoldeten Louis-quinze-Türgriffen ausgestattet. Er wäre bestimmt enttäuscht über die Sachen, die wir heute ausliefern.«

Ma–3   *Unfähigkeit zur Weitergabe von Führungskenntnissen*

»Niemand will irgend etwas delegieren.«

»Die Leute wollen das Heft in der Hand haben, und zwar deutlich sichtbar.«

»Niemand will die gleiche Sorte Arbeit zweimal machen, also muß immer der Erfahrenste den Laden schmeißen.«

»Alle sind immer so sehr damit beschäftigt, sich zu zeigen, daß sie gar keine Zeit haben, andere in die eigene Tätigkeit einzuweisen. Außerdem würden sie gar nicht wollen, daß andere das gleiche machen wie sie.«

»Man muß in diesem Unternehmen ständig so viele Leute zufriedenstellen, daß niemand Verantwortung an andere abgibt.«

»Man kann Verantwortung delegieren, aber wenn etwas schiefgeht, dann muß man trotzdem den eigenen Kopf hinhalten.«

»Wenn ich schon etwas ausbaden muß, dann möchte ich lieber selbst schuld sein, als dieses blöde Gefühl zu haben, daß nicht das geringste passiert wäre, wenn ich die Sache nur selbst in die Hand genommen hätte.«

»Weshalb sollten wir die Kenntnisse von Führungskräften weitergeben?«

Ma–4   *Voice-Mail-Überlastung für alle*
»Voice-Mail war ein Geschenk des Himmels für alle, die sich zeigen wollen.«

»Es ist hervorragend – in den Korridoren des Voice-Mail-Systems kann man in einer Minute zufällig zehn Leuten über den Weg laufen.«

»Man kann Leute erreichen, die man sonst nie treffen würde.«

»Damit kann man Informationen weitergeben, die man nie in ein Memo aufnehmen würde, weil sie dadurch viel zu offiziell wären.«

»Wenn man Zweifel hat, hinterläßt man eine Voice-Mail-Nachricht – so ist man geschützt.«

»Mit einer Voice-Mail-Nachricht kann man sich nach allen Seiten absichern.«

»Jeden Tag verschwende ich eine geschlagene Stunde mit dem Abhören von Voice-Mail-Nachrichten.«

»Nichts auf der Welt hasse ich so sehr wie Voice-Mail – außer Steuern.«

Regeln und Nebeneffekte mit Belegzitaten:
Handlungsauslösende Kräfte

Zeit: Jetzt
Rang: Mittelmanagement
Kategorie: New Yorker Zentrale
N. B. *Heimliche Spielregeln können grundsätzlich alle vorteilhaft sein, auch wenn Nebeneffekte und Konflikte zu Leistungshemmnissen führen.*

Handlungsauslösende Kräfte

Ha1   *Richtiges Profil (um nicht gekündigt zu werden)*
»Man paßt sich dem Profil des idealen GF-Angehörigen an, wenn man sicher sein will.«
»Man muß richtig ›aussehen‹, wenn man die Sense vermeiden möchte.«
»Paß dich an und gedeihe!«
»Niemand sagt etwas, aber auf einmal merkt man, daß die meisten Leute, die unbedingt aus der Reihe tanzen mußten, nicht mehr da sind.«
»Keine Kritik.«
»Wir hatten unsere Kulturrevolution wie in China.«
»Man muß sich einfügen, wenn man nicht unter die Räder kommen will.«
»Es gibt den idealen GF-Angehörigen – und genauso muß man sein.«

Ha2   *Wert für die Firma (für Familie Ghee)*
»Schlechte Leistungen sprechen sich schnell herum.«
»Gebranntes Kind scheut das Feuer – man wird nicht zweimal unterstützt «
»Sie reden von einem faulen Apfel, der hundert gesunde ansteckt.«

»Manche Leute kriegen drei Chancen, andere sind nach dem ersten Mal schon abgeschrieben.«

»Die Familie beurteilt jeden nach seinem Wert für die Firma.«

»Wenn die Ghees glauben, daß man keine Bereicherung für das Unternehmen ist, dann ist es auch so. Man dreht sich im Kreis.«

Ha3   *Ansehen (bei Kollegen)*
»Man muß sich den Kollegen im richtigen Licht zeigen.«

»Aufträge kommen meistens von anderen GF-Angehörigen. Wenn man gute Arbeit leistet, dann macht man sich einen Namen im Netzwerk.«

»Ein Großteil der Kommunikation läuft über Gerüchte.«

»Man muß bekannt sein – nicht unbedingt bei allen Kollegen – aber man muß bekannt sein, und zwar im positiven Sinne.«

»Die Kollegen möchten sehen, daß man genauso hart arbeitet wie sie.«

»Wenn man sich hier zwölf Stunden am Tag aufhält, das hilft.«

»Wenn man nur von 8.00 bis 17.30 da ist, dann macht man etwas falsch.«

»Der Respekt vor Überstunden ist viel zu groß.«

»Wenn man in vierzig Stunden über die Runden kommt, dann gilt man als unterbeschäftigt.«

Ha4   *Technische Kompetenz (für Ressortleiter)*
»Man muß den Ressortleitern wertvoll erscheinen – und sie legen besonderen Wert auf technische Kompetenz.«

»Es geht eigentlich nur um den eigenen Marktwert, ob bei GF oder anderswo.«

»Wenn man technisch nur Durchschnitt ist, dann ist man aus dem Rennen.«

»Wenn man als echter ›Techno‹ ankommt, hat man es geschafft.«

»Die Ressortleiter mögen Leute, die aussehen wie sie.«

Ha5   *Aktuelle finanzielle Erfolge der derzeitigen Gruppe (für Linienvorgesetzten)*
»Der Linienchef überwacht die persönlichen Finanzleistungen des einzelnen.«

»Es geht nur um Gewinn und Verlust.«

»Der Linienchef interessiert sich eigentlich nur für meine Gewinne und Verluste.«

»Der Boß will nur, daß man auf seine Quartalsabschlüsse achtet.«

»Die Linienchefs werden an den Gewinnen ihrer Gruppe gemessen – womit werden sie dann wohl uns piesacken?«

»Sie kriegen von oben Druck, um die bestmögliche Finanzleistung zu erzielen, und den Druck geben sie natürlich an uns weiter.«

Zugehörige heimliche Spielregeln

Ha01   *Bei allen wichtigen Machtinstanzen Kredit anhäufen*
»Eine Hand wäscht die andere.«

»Das läuft alles nach dem Motto Leistung – Gegenleistung.«

»Manche Leute kapieren nicht, daß man hier mit Chips spielen muß: Kredit anhäufen, den man zu gegebener Zeit einlösen kann.«

»Man muß den Leuten Gefälligkeiten erweisen, um später die Schulden einfordern zu können.«

»Für mich ist das wie der Austausch von Schuldscheinen.«

»Haben Sie schon mal *den Paten* gesehen?«

»Die Leute oben kann man glücklich machen,

248

wenn man ihnen einen symbolischen Teil am Verkaufserfolg überläßt – besonders wenn sie es gar nicht verdienen.«

»Vor allem muß man die Leute hofieren, die zählen.«

»Man braucht Kontakte zu den richtigen Leuten, um ihnen Gefälligkeiten erweisen zu können.«

»Man muß neben dem Chef und dessen Chef auch noch die anderen Schlüsselleute kennen.«

»Man muß sich gut verkaufen.«

»Die meisten Leute sehen Einfluß nur von oben und vergessen den von unten.«

»Wenn eine Sache von jemandem an der Unternehmensspitze beachtet wird, dann passiert sie wahrscheinlich auch.«

»Deswegen muß man sich an internen Initiativen beteiligen.«

»Man braucht die Unterstützung von X, also muß man erst einmal ihm aushelfen.«

»Wenn Y eine Idee nicht gutheißt, dann wird wahrscheinlich auch nichts daraus. Deshalb sind alle auch immer so hilfsbereit, wenn Y etwas braucht.«

»Alles ein Spiel taktischer Transaktionen.«

Ha02   *Auf Nummer Sicher gehen*
»Den Kopf einziehen.«

»Sich nicht zu weit aus dem Fenster lehnen.«

»Bei einer Sitzung einfach zu sagen, das ist alles Bockmist, ist nicht gerade sicher.«

»Wir sollen alle ›in Galaxien vordringen, die kein Mensch zuvor gesehen hat‹. Das ungeschriebene Ende des Satzes heißt jedoch: ›... aber wenn wir uns nur den kleinsten Fehler erlauben, dann ergeht es uns schlecht‹.«

»Die Devise heißt: Sicherheit nach allen Seiten.«

»Man versteckt sich hinter gemeinsamen Entscheidungen.«

»Man muß die Grenzen der eigenen Freiheit kennen.«

»Manche Leute vermeiden Entscheidungen und damit auch das Risiko von Fehlern.«

»Persönliche Risikobereitschaft gehört heute nicht mehr zu unserer Kultur – früher ja.«

»Man muß vermeiden, der Verantwortliche zu sein.«

»Die GF-Unternehmensphilosophie lautet: Auf Nummer Sicher gehen, auch wenn es teuer wird.«

»Wir haben noch nicht mal angefangen, zu einem lernenden Unternehmen zu werden.«

»Lernendes Unternehmen – daß ich nicht lache. Wie zum Teufel soll man etwas lernen, wenn man keine Fehler machen darf?«

»Seit einem Jahr ist die Rede davon, daß wir ein lernendes Unternehmen werden wollen – guter Witz.«

»Wir haben nur gelernt, wie man noch besser auf Nummer Sicher gehen kann.«

»Die Leute glauben nicht, daß sie ein Risiko eingehen können, auch wenn sie es schriftlich haben. Papier ist ja bekanntlich geduldig.«

Hall *Das eigene Land nicht verlassen*
»Das GF-Personal geht aus der New Yorker Zentrale nicht weg.«

»Aus den Augen, aus dem Sinn.«

»Man muß sichtbar bleiben im Unternehmen.«

»Man darf New York nicht für längere Zeit verlassen.«

»Mittelmanager und Nachwuchsleute müssen sich in New York blicken lassen.«

»Er ist nicht zum Direktor aufgestiegen, weil er allgemein nicht besonders bekannt war.«

»Es gibt nur wenige, die ins Ausland gegangen sind und dort Erfolg hatten.«

»Die Leute haben eine Heidenangst vor der Heimkehr.«

»Es ist wirklich nicht der günstigste Zeitpunkt, den Big Apple zu verlassen.«

»Man darf die Verbindung zu seinem Förderer nicht aufgeben.«

»Es entwickelt sich alles so schnell, da kann man nicht einfach weggehen.«

»Besser auf der mittleren Ebene bleiben, als in drei Jahren ein leitender Manager ohne Job zu sein.«

»Man kommt im Sarg zurück.«

»Die Leute haben Angst, im Leichensack heimzukommen.«

»Viele der neuen Positionen in Übersee sind sowieso nicht besonders attraktiv.«

»Ein schlimmes Dilemma: als relativ ehrgeiziger Mittelmanager einen Posten in Übersee angeboten zu bekommen!«

Ha12 *Ehrgeiz artikulieren*

»Man muß sich als mobil und bereit zum Einsatz in Übersee darstellen. Man hofft nur, nicht beim Wort genommen zu werden.«

»Sichtbares Engagement ist wichtig. Man muß die richtigen Töne anschlagen und Überstunden machen.«

»Das ganze System basiert auf der lächerlichen Voraussetzung, daß jeder in die Unternehmensspitze aufsteigen will.«

»Man kann nicht einfach zugeben, daß man nicht ehrgeizig ist, weil man sonst keine Chance hat, die gewünschte Ebene zu erreichen.«

»Viele Leute streben bestimmt nicht den Druck eines Führungsjobs an.«

»Ist man erst über die mittlere Stufe hinausgelangt, steht man im Rampenlicht, und das sollte man vielleicht besser vermeiden.«

»Viele möchten einfach nicht mehr alle zwei Jahre in eine andere Abteilung versetzt werden.«

»Das System ist nicht auf Leute eingerichtet, die zwar sehr kompetent sind und stets auf höchstem Niveau arbeiten, aber ihren Ehrgeiz nicht offen zur Schau stellen.«

Ha13 *Für Teamorientierung eintreten*

»Nachwuchsleute nehmen nicht an unseren Sitzungen teil.«

»In einem Memo, das man selbst unterzeichnet, werden Beiträge anderer nicht erwähnt.«

»Statussymbole sind wichtig.«

»Der Gruppenleiter heimst die Lorbeeren ein.«

»Es heißt immer: Ich habe dies gemacht, meine Gruppe hat das gemacht, aber nie: Wir.«

»Prämien für Einzelleistungen sind schädlich und schaffen Uneinigkeit.«

»Man muß sich sichtbar vernetzen.«

»Wer mit sichtbarem Erfolg im Netzwerk arbeitet, der kann und wird es zu etwas bringen.«

»Die Arbeit in einem Team ist in Ordnung, wenn man der Leiter ist.«

Ha14 *Niemals gegenüber der Familie Ghee etwas ›Alkoholisches‹ befürworten*

»Seit den Tagen von Robert sen. hat sich die Lage verändert. Als wären sie nicht besonders stolz auf ihre Wurzeln.«

»Ich weiß nicht, was an dem Wort Alkohol so schlimm ist, aber ich weiß, daß man sich damit gewaltig in die Nesseln setzt.«

»X hat nur erwähnt, daß das neue Reinigungssystem für Komponenten auf Alkohol basiert, und auf einmal wurde es totenstill im Raum.«

»Es heißt, daß sie alle Abstinenzler sind.«

»Eine Zeitlang sind alle auf den chemischen Begriff Äthanol ausgewichen, um das bewußte Wort zu vermeiden. Aber dann sind uns die Ghees auf die Schliche gekommen.«

»Ich mußte einmal vor der Familie eine halbstündige Präsentation über unser schottisches Werk zur Alkoholrückgewinnung abhalten. Ich habe mich so aus der Affäre gezogen, daß ich nur von C_2H_5OH gesprochen habe.«

Ha15   *Vor Ressortleitern nicht zu loyal gegenüber Linienchefs erscheinen*
»Das kann ziemlich schwierig sein – man muß den Linienchef zufriedenstellen, aber eigentlich ist es noch wichtiger, daß der Ressortleiter glücklich ist. Am besten setzt man sich auf den Zaun dazwischen.«

»Man kann sich vor dem Ressortleiter nicht zu loyal gegenüber dem Linienchef zeigen, weil man sich sonst isoliert.«

»Wenn es hart auf hart geht, muß man sich auf die Seite des Funktionsbereichs schlagen.«

»Am besten stellt man sich öffentlich auf die Seite des Linienchefs, läßt aber den Funktionsbereich vorher schon wissen, daß man das nur tut, um den Linienchef zufriedenzustellen. Der Ressortleiter versteht das schon.«

»Das sind eben die Spielchen, die die Leute spielen.«

»Die Funktionsbereiche wissen, wo es langgeht.«

»Manchmal muß man einer Sache zustimmen und dann etwas anderes machen.«

»Es ist naiv; wenn jemand eine Sitzung mit dem Linienchef und dem Ressortleiter anberaumt – zu einer wirklichen Entscheidung kann es da gar nicht kommen. So etwas sollte man am besten vermeiden.«

Ha21 *An den Lieblingsprojekten der Familie Ghee teilnehmen*
»Die Familie hat immer ihr Lieblingsprojekt, und da muß man mitmischen.«
»Erst hieß es Vorlaufzeit, dann Qualität, dann Visionen, jetzt heißt es Reengineering – sprich Rationalisierung –, und wenn ihr euch durchsetzt, dann heißt es demnächst: heimliche Spielregeln.«
»Nichts bringt einen so weit wie die Teilnahme an einem der Familienprojekte.«
»Man schlägt viele Fliegen mit einer Klappe.«
»Man setzt alles daran, um mitmachen zu können.«

Ha22 *Sich über Präsentationen und Berichte profilieren*
»Früher war das Präsentationsgeschick entscheidend; eine Zeitlang hat sich das gebessert, aber jetzt fängt es wieder an.«
»Im Zweifelsfalle muß man eine glanzvolle Präsentation geben.«
»Die meisten Manager sehen nicht weiter als bis zu den Graphen auf den Schaubildern.«
»Je reißerischer, desto besser.«
»Es geht um Profilierung.«
»Die beste Gelegenheit ist eine Präsentation im Hauptkonferenzraum. Dort gibt es einen elektronischen Rückprojektor, mit dem man langsame Auflösungen und alle möglichen Spezialeffekte realisieren kann.«
»Egal, bei welchem Projekt man mitmacht – man muß zusehen, daß einem die Präsentation der Ergebnisse anvertraut wird.«

»Je wichtiger das Publikum, desto besser.«

»Man kann ihnen eine Kopie des Berichts anbieten; dafür braucht man ein paar Sekunden. Oder man kann ihnen eine Neuauflage der Präsentation anbieten; darauf muß man sich mindestens ein paar Stunden lang vorbereiten. Und wofür entscheidet man sich wohl jedesmal?«

Ha23   *Der Familie Ghee unerbetene Gefälligkeiten erweisen*

»Wir halten immer Ausschau nach Gelegenheiten, um der Familie einen Gefallen zu tun.«

»Wenn man etwas für die Ghees macht, worum sie nicht gebeten haben, und es gefällt ihnen – dann ist man ein Star.«

»X ist nach ganz oben gekommen, weil er die zukünftigen Wünsche der Ghees vorhergesehen hat. Als sie fragten, stand er schon bereit. Ziemlich schlau.«

»Sie *sind* dieses Unternehmen, und wenn man ihnen hilft, dann hilft man allen und nicht zuletzt sich selbst.«

»Sie können sehr großzügig sein zu Leuten, die ihnen gefallen.«

»Sie haben ihre Favoriten, die sich bei ihnen einschmeicheln, als hinge ihr Leben davon ab. Aber eigentlich hängt es ja wohl auch davon ab.«

Ha31   *Nicht egoistisch erscheinen*

»Mit zuviel Selbstsucht kommt man nicht durch.«

»Man muß sich von anderen zum Star küren lassen – wenn die Leute meinen, daß man es zu sehr will, dann werden sie neidisch und wollen einen aufhalten.«

»Wir schätzen unsere kollegiale Atmosphäre, also hat niemand das Recht, über den anderen zu stehen.«

»Man kann es schaffen, wenn niemand glaubt, daß man es will.«

»X hatte nach Auffassung der anderen ein zu starkes Ego und wurde geächtet.«

»Das ist einfach menschlich.«

»Man kann höchstens darauf abzielen, Erster unter Gleichen zu sein.«

Ha32 *Immer hilfsbereit zu den Kollegen sein*
»Man muß nett zu seinen Kollegen sein.«

»Leutselig sein.«

»Nach Konsens streben.«

»Man muß mit den anderen auskommen.«

»Konstruktiv kritisieren.«

»Auch ein Mistkerl kann sich behaupten, aber nur ein sehr erfolgreicher Mistkerl.«

Ha41 *Sich als Experte zeigen*
»Die Funktionsbereiche wollen, daß man in ihren Augen ein Experte ist.«

»Man muß für höchsten Sachverstand bekannt sein.«

»Die Leute werden immer bezeichnet als Experten für Soundso.«

»Man muß ein Experte sein.«

»Experten hier, Experten da.«

»Die Leute sind gern Experten.«

»Wir wollen uns alle als Experten zeigen.«

»Wenn man jemandem schmeicheln will, nennt man ihn einen Experten.«

»Wenn man jemanden vorstellt, dann als Experten auf seinem Gebiet.«

»Zusagen an die Funktionsbereiche muß man unbedingt einhalten.«

»Man muß sich als Fachmann zeigen.«

»Man muß im Ruf eincs Fachmanns stehen.«

»Auf seinem Gebiet muß man als Experte gelten.«

Ha51   *Das eigene Revier schützen*
»Es kommt darauf an, das eigene Revier abzu-
stecken.«
»Einige Gruppen haben einen starken Revierin-
stinkt.«
»Alle schützen ihr Gehege.«
»Man muß sich ein Gebiet unter den Nagel rei-
ßen und einen Besitzanspruch darauf anmel-
den.«
»Andere Leute mit hineinziehen und ein erfolg-
reiches Imperium aufbauen.«
»Die Leute verteidigen ihre engen Expertenberei-
che mit Zähnen und Klauen.«
»Es gibt viele Revierkämpfe zwischen den Abtei-
lungen und sogar in den Abteilungen.«
»Die Revierkämpfe toben weiterhin.«
»Das Revierbewußtsein hat zwar allgemein etwas
abgenommen, aber dafür bekriegen sich die Manager.«
»Die Aufteilung finanzieller Ressourcen ist immer noch unbefriedigend.«
»Machtkämpfe zwischen Managern geben zu Sorgen Anlaß.«
»Alle wollen in die beste Startposition.«

Ha52   *Auf die eigenen Quartalsergebnisse achten*
»Man muß unbedingt dafür sorgen, daß die Quar-
talsergebnisse das Soll erfüllen.«
»Ist doch nur vernünftig.«
»Alle Signale deuten darauf, daß man sich auf die
Quartalsergebnisse konzentrieren muß.«
»Die Leute treiben alle möglichen Spielchen, um
das Soll einzuhalten.«
»Wenn man ein gutes Quartal hat, verbucht man
die neue Arbeit erst im nächsten Vierteljahr.«
»Man muß sich wie ein Eichhörnchen einen Ge-
heimvorrat anlegen, von dem niemand weiß.«

»Wer seine Quartalsergebnisse auf Kurs hält, der wird im allgemeinen in Ruhe gelassen.«

Ha53 *Der eigenen Gruppe JETZT Verträge sichern*
»Wir bekommen von oben enorm Druck, damit wir Verträge sichern.«

»Das Schlimme ist, daß man nicht dafür belohnt wird, einen Kunden einige Zeit ›brachliegen‹ zu lassen, auch wenn es die vernünftigste Entscheidung ist.«

»Mir hat man gesagt, daß ich Fehlschläge nicht einplanen darf.«

»Man muß den Macho-Geschäftsmann spielen.«

»Man muß in großen Dimensionen denken, wenn man ehrgeizig ist.«

»Die Zukunft für die Gegenwart opfern.«

»Weshalb sollte man sich um zukünftige Verträge kümmern, wenn man dann schon längst weg ist?«

»Belohnungen gibt es nur für das Hier und Jetzt.«

»Für Versprechungen hat noch keiner eine Prämie bekommen.«

»Wenn ich etwas mache, was in drei, vier Jahren zu einem fetten Vertrag führt, dann profitiert nur mein Nachfolger oder sogar dessen Nachfolger von meiner harten Arbeit. Und dabei hätte ich in der gleichen Zeit Ergebnisse erzielen können, die mir selbst zugute gekommen wären. Es wäre einfach dumm, und ich kenne niemanden, der so handelt.«

Daraus folgende potentiell positive Nebeneffekte für die Leistungen

Keine.

Daraus folgende potentiell negative Nebeneffekte
für die Leistungen

Ha–1   *Die Teamarbeit klappt nicht*
»Man darf seine Zeit nicht mit übergreifenden Aktivitäten zwischen verschiedenen Abteilungen der Forschung und Entwicklung vergeuden.«
»Es gibt keinen Grund, sich mit übergreifenden Fragen zu befassen. Und außerdem wird man für Arbeiten für mehr als eine Abteilungsleitung nur bestraft.«
»Alles spricht gegen Teamwork.«
»Wenn wir es irgendwie in unserer eigenen Gruppe schaffen können, dann arbeiten wir nicht mit anderen zusammen.«
»Immer wieder wird die Klage laut, daß einige ihrer Aktivitäten eigentlich in unseren Bereich gehören.«
»Wir bleiben ziemlich unter uns.«
»Wir sind stolz darauf, daß wir uns durch unsere internationale Orientierung von unseren Konkurrenten unterscheiden, aber wir führen uns auf wie getrennte Unternehmen.«
»Da darf man sich nichts vormachen, mit echter Teamarbeit kommt man in diesem Unternehmen nicht sehr weit.«
»Daß GF nicht zu ›einem‹ Unternehmen zusammenwachsen kann, klingt nach einer reichlich pathetischen Anklage.«

Ha–2   *Nur die Besten, die Schlechtesten oder die über vierzig sind bereit, ins Ausland zu gehen*
»Wenn man es sowieso nicht mehr lange bei GF macht, dann kann man die letzten drei Jahre im Ausland genießen.«
»Nur die Stars und die Leistungsschwächeren gehen ins Ausland.«

»Die Elite ist sich ihrer Rückkehr sicher, aber einige sind doch verlorengegangen.«

»Ins Ausland zu gehen ist heute einfach weniger akzeptabel.«

»Wenn man seinen Abgang geplant hat, dann spielt es keine Rolle, ob man ins Ausland geht.«

»Wenn man sowieso aufhören will, geht man ins Ausland, weil man dann mit Glück eine Entlassungsentschädigung bekommt, die man bei einer eigenen Kündigung natürlich nie kriegen würde.«

»Es ist zu einer Art Euthanasie geworden.«

»Das Schlimme ist, daß es dadurch fast unmöglich geworden ist, die richtigen Leute zu Auslandsaufenthalten zu bewegen.«

»Wie sollen wir da noch gute Leute für die Projekte X, Y und Z finden? «

Ha–3 *Fehlende Vielfalt im Personalbereich*

»Anderssein wird kaum toleriert. Frauen haben es sehr schwer, und dasselbe gilt für Angehörige ethnischer Minderheiten, für Leute mit dem falschen Profil, für Einzelgänger und für alle, die spät in das Unternehmen eingetreten sind oder sich spät entwickelt haben.«

»Das ungeschriebene Gesetz heißt, daß man weiß und männlich sein muß.«

»Meine Frau schaut uns an und meint, daß wir alle genau gleich aussehen.«

»Man umgibt sich mit gleichgesinnten (früheren) Kollegen.«

»Manager suchen sich ihre Freunde in der Vergangenheit.«

»Da kennt man seine Leutchen wenigstens.«

»Nicht Führungsqualitäten, sondern technische und verkäuferische Fähigkeiten werden belohnt.«

»Es herrscht die Überzeugung, daß ein guter

Techniker auch ein guter Manager ist, aber das haut nicht hin!«

»Um Manager zu werden, muß man seine technische Kompetenz unter Beweis stellen.«

»Wir suchen nach einem Absolventen vom MIT, ein ausländischer akademischer Grad wäre schlechter als überhaupt keiner!«

»Der GF-Mann: intellektuell, Mitte Dreißig, dunkelhaarig und intensiv.«

»Wir hielten die Internationalisierung alle für eine gute Idee, aber es stellte sich heraus, daß damit nur gemeint war, daß Amerikaner im Flugzeug durch die Gegend düsen.«

»Den Einwohnern einer Region zu vertrauen bedeutet ein Geschäftsrisiko.«

»Bei uns heißt es: Ausländische Uniabschlüsse sind nicht gut genug. Aber wie viele ethnische Minderheiten *von amerikanischen Universitäten* haben Sie bei GF gesehen?«

»Man stellt Leute ein, die dazu passen.«

»Am schlimmsten ist die Personalabteilung. Sie wahrt den Status quo, weil sie jedes Risiko vermeiden will.«

»Männer fürchten die Chancengleichheit. Sie haben Angst, daß eine Frau schneller aufsteigt als sie.«

»Wir verpassen wirklich eine große Chance, wenn wir die Vielfalt im Personal nicht fördern.«

»Gute Teamarbeit soll doch von der Verschiedenheit der Leute profitieren, und wir sind hoffnungslos bei Teamarbeit.«

»Wir sollten größere Vielfalt anerkennen und fördern.«

»Der Gedanke, daß jeder alles beherrschen sollte, ist doch einfach unvernünftig.«

»Wir müssen alle dasselbe Profil zeigen.«

»Unterschiede werden kaum noch toleriert.«

»Wir sollen alle gleich sein.«

»Wenn man anders ist, schafft man sich dadurch keine Freunde.«

»Nicht jeder kann alles – wir müssen verschiedene Bedürfnisse und Fähigkeiten anerkennen.«

»Wir brauchen unbedingt mehr Vielfalt im Personalbereich.«

»Wir holen niemanden, wenn er nicht den Eindruck macht, alles zu können. So pflanzt sich das Ganze immer weiter fort.«

»Bei uns herrscht eine Schema-F-Mentalität.«

»Bei der Auswahl von Leuten gehen wir einfach nach Schema F vor.«

»Für die Einstellung des Personals dürfen wir nicht immer auf unser Schema F zurückgreifen.«

»Vielleicht holen wir nicht die richtige Sorte kreativer Leute.«

»Vielleicht holen oder halten wir nicht genügend Einzelgänger. Wir hätten sie bitter nötig.«

»Das Dumme ist: Ich sehe bei uns keine Veränderungen.«

Ha–4   *Standards, Disziplin und Unternehmensbewußtsein haben nachgelassen*

»Wieso sollte man in einem Fünfjahresrahmen denken? Da verlieren wir doch den Anschluß!«

»Der offensichtliche Zwang zu raschem Stellenwechsel ruiniert die Geduld, die wir eigentlich brauchen.«

»Es herrscht eine starke Neigung, *jetzt* zu handeln, aber wir brauchen heute einen viel umsichtigeren Ansatz.«

»Information ist Macht, also blockiert man sie.«

»Es wird viel plagiiert.«

»O ja, die Kommunikation hat sich enorm verbessert, aber das heißt nicht, daß die Leute keine Informationen mehr zurückhalten.«

»Man behält einen Bericht, bis er den letzten Schliff hat; man bittet nicht um vorzeitige Meinungsäußerungen.«

»Manchmal findet man etwas Entscheidendes zu spät heraus und wundert sich, weshalb es niemand erwähnt hat.«

»Wenn die Leute Informationen zurückhalten, dann nicht aus geschäftlichen, sondern aus taktischen Gründen. Sie wollen sicher sein, daß sie selbst damit brillieren.«

»Die Leute klammern sich an Informationen, um ihre Position zu schützen.«

»Bei dem immensen Leistungsdruck halten die Leute mit ihren Entdeckungen hinter dem Berg, damit ihnen niemand die Schau stiehlt.«

»Sie haben den Durchbruch verschwiegen und uns nicht hinzugezogen, als es nötig war.«

»Eigensüchtigkeit veranlaßt manche Gruppen, nicht um Hilfe zu bitten.«

»Einige sind der Meinung, sie brauchen keinen Rat.«

»Wir gaben die Presseveröffentlichung heraus und mußten dann zusehen, daß das Patent damit übereinstimmte.«

»Intelligente, junge Ideen sind zu einer Gefahr geworden.«

»Verträge werden von Leuten gemacht, die nicht einmal die grundlegenden Geschäftsgrundsätze verstehen.«

»Die Disziplin hat deutlich nachgelassen.«

»Es gibt viele Aktivitäten, die keine klare Zielrichtung haben und deren Ergebnisse nicht gemessen werden.«

»Es herrscht ein großer Druck, einen Durchbruch zu schaffen.«

»Unter Druck werden die Leute nachlässig.«

»Durch Überarbeitung kommt es zu Fehlern. Ist mir selbst so ergangen.«

»Überstunden sind bereits normal, daher hat man keinen Spielraum mehr zur Bewältigung von echten Krisen.«

»Wir schaffen uns wirklich einen Vorrat von Problemen für die Zukunft.«

Epilog

Lieber Ketzer,

*Sie sind am Ende des Leitfadens angelangt und haben fest-
gestellt, daß Ketzerei keine Hexerei ist. Jetzt sind Sie am
Zuge.*

*Doch ehe ich zum Ende komme, seien mir noch einige
Anmerkungen zum Bericht über Ghee Formulates erlaubt.
Erstens ist zwar der Name fiktiv, aber der Bericht selbst setzt
sich aus Teilen authentischer Auswertungen zusammen. Bestimmte Aspekte der Analyse besitzen eine verblüffende
Ähnlichkeit mit real existierenden Unternehmen. Zweitens
sind alle zitierbaren Belegzitate ECHT. Diese Aussagen sind
tatsächlich irgendwo von irgendwem im Laufe einer Untersuchung heimlicher Spielregeln gemacht worden, um die hier
aufgeführten Regeln und Nebeneffekte zu untermauern. Ich
war selbst dabei. Drittens sollten Sie sich keine Sorgen
wegen der Länge des Berichts machen. Zwar muß man
manchmal wirklich sehr ins Detail gehen, aber oft reicht
auch ein halb so langer Report.*

*Viertens und letztens dürfen Sie nie vergessen, daß der Be-
richt nur ein Mittel zum Zweck für das leitende Management
ist, um die Zusammenhänge zu verstehen und entsprechende
Maßnahmen für einen Durchbruch zum Wandel in die Wege
zu leiten. Schöpfen Sie Mut aus der Tatsache, daß alle Unternehmen, auf denen der Bericht über Ghee Formulates
fußt, etwas gegen ihre Probleme ausrichten konnten. Sie
haben sich aus dem Würgegriff ihrer ungeschriebenen Gesetze befreit. Und das ist es, was ein Ketzer erreichen muß.*

*Damit möchte ich schließen und wünsche allen Ketzern
beim Durchbrechen der Spielregeln viel Erfolg!*

Danksagung

Die Erfahrung von fünf Jahren und die Hilfe Hunderter von Menschen waren nötig, damit ich dieses Buch an fünf Wochenenden niederschreiben konnte.

Ich schätze mich glücklich, die letzten Jahre für eines der konstruktivsten internationalen Beratungsunternehmen tätig gewesen zu sein – die Arthur D. Little, Inc. Frei von allen Zwängen, die man mir anderswo auferlegt hätte, konnte ich meine Ideen entwickeln, obwohl die Geschäftswelt Hürden auf dem Weg zu Veränderungen noch gar nicht zur Kenntnis genommen hatte. Meine mit Arbeit überladenen Kollegen hätten mich mit meinen Vorstellungen einfach im Regen stehenlassen können. Statt dessen machten sie mir immer wieder Mut und bestärkten mich in meiner Überzeugung, daß uns allen daran gelegen sein mußte, die ›weichen‹ Aspekte des Geschäftslebens auf pragmatische Weise in den Griff zu kriegen.

Viele Kollegen und noch mehr Klienten gingen im Lauf dieser Zeit kritisch auf meine Ideen ein. Ihre unnachgiebigen Fragen, die das Aufkommen von Nachlässigkeiten und Ungereimtheiten gar nicht erst zuließen, führten zu einer enormen Verfeinerung des Konzepts. Und in den frühen neunziger Jahren, als die Unternehmen allmählich erkannten, daß ihre Veränderungsbemühungen auf verborgene Hürden stießen, wartete die Methodik für den Umgang mit heimlichen Spielregeln bereits auf ihren Einsatz. Und urplötzlich befanden wir uns mit unseren Vorstellungen zu diesem Thema in vorderster Front.

Eigens erwähnen möchte ich Isobel und Kathleen, bei denen ich schreiben lernte; Jane, Victoria und Jeff nahmen mir die Cowboystiefel weg; Celia und Pat lenkten die Aufmerksamkeit auf mich; Elaine nimmt mir die unangenehmen Arbeiten ab und hat dabei immer ein Lächeln auf den Lippen; bei Bruce, Simon und Jean-Philippe erlernte ich meinen Beruf als Berater; Michael, Tim und Martijn schützten mich, obwohl sie nicht mußten; Larry, Tony und die HPB-Crew haben die Gesamtstrategie entworfen; Jan, Serge, Kenneth, David und Chris, die Pioniere; Al C., Bob T., Tom C. und Pat McG. sparten nicht mit Kritik; Beth und Walter machten detaillierte Anmerkungen *und* ein köstliches Sherryhuhn; Francis fand die besten Kapitelüberschriften und hatte auch noch andere Gedankenblitze; Glenda leitete meine 93er Tournee; If hat mich mit Systemdynamik und weniger bekannten Malt-Whiskeys vertraut gemacht; Patty O'Leary formte aus meinen komplizierten Beschreibungen einfache und schöne Schaubilder; Phil Ruppel brachte großes Verständnis für meinen Schriftstellerstolz auf; Al Wechsler zeigte schon früh Interesse; Bob Curtice später in Caracas nicht weniger; Scott Stricoff schließlich setzte eine erste Studie in Acorn Park durch; Ran Nayak erzwang ein Umdenken statt einer schrittweisen Veränderung; Dave Shanks machte unzählige Präsentationen in allen möglichen Betrieben mit; Tom Sommerlatte unterstützte mich in Europa; Harland Riker vertrat mich in den USA; George Sacerdote stellte mir selbstlos ein Haus zur Verfügung; Tammy Erickson (Geschäftsführerin und meines Wissens die höchstrangige weibliche Unternehmensberaterin der Welt) gab mir volle Rückendeckung; und Charlie LaMantia schließlich (einer der wenigen Vorstandsvorsitzenden, die sich in ihrer Praxis konsequent an eigene Lehren halten) hat ein Umfeld geschaffen, das mein Projekt erst möglich machte.

Ihnen allen und meinen anderen Kollegen, Klienten, Freunden sowie meiner Familie: ein herzliches Dankeschön.

Der Schlüssel zum Erfolg

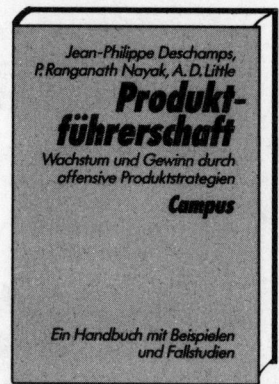

Jean-Philippe Deschamps,
P. Ranganath Nayak,
A. D. Little
Produktführerschaft
Wachstum und Gewinn durch offensive
Produktstrategien
1996. 450 Seiten. Gebunden
ISBN 3-593-35454-3

Das Buch stützt sich auf die jahrelangen praktischen Erfahrungen der Autoren in der Unternehmensberatung und beschreibt Beispiele der besten Produktschöpfer der Welt, unter anderem von Canon, Ford, Honda, Philips, Rubbermaid und Toshiba. Anhand von Fallstudien, unterstützt von Checklisten für spezifisches Handeln des Management, zeigt es erfolgreichen Unternehmen, was sie tun müssen, um eine Neuausrichtung der Organisation, eine Mobilisierung für ständige Verbesserungen und ein kontinuierlich hohes Leistungsniveau zu erreichen.

Dieses praktische und originelle Buch wird unsere Anschauungen zur Produktentwicklung verändern.

»Deschamps und Nayak haben ein riesiges Panoptikum von Industriepraktiken zusammengetragen. Auch das für den Erfolg so wichtige ›wie‹ ist gebührend berücksichtigt.«
Alfred M. Zelen,
Vorstandsvorsitzender Gilette

Campus Verlag · Frankfurt/New York

Griffbereites Wirtschaftswissen

Unentbehrliche Nachschlagewerke für jedes Büro

22/1003

Außerdem erschienen:

Uwe Schreiber
Handlexikon Wirtschaft
22/319

Jakob Wolf
Lexikon Betriebswirtschaft
22/344

Wilhelm Heyne Verlag
München

HEYNE
BÜCHER

Stichwort

*»Die Taschenbuch-
Reihe gibt knappe,
übersichtliche und
aktuelle Auskünfte
zu den jeweiligen
Themen.«*

Westfälische Rundschau

Eine Auswahl:

Angst
19/4062

Autismus
19/4019

Börse
19/4008

Dalei Lama
19/4046

Drogen
19/4046

Geheimbünde
19/4004

GUS: Völker und Staaten
19/4002

Intelligenz
19/4028

Judentum
19/4055

Kelten
19/4072

Konjunktur und Krise
19/4032

Nationalitätenkonflikte
19/4073

Neue Medien
19/4075

Nostradamus
19/4063

Ozonloch
19/4014

Palästinenser
19/4045

Philosophie
19/4071

Psychotherapien
19/4006

Scientology
19/4068

Seuchen
19/4080

Viren
19/4082

Heyne - Taschenbücher

Wirtschaft

*Praxisnah vermitteln
renomierte Autoren
Wissenswertes und
Informatives zu
aktuellen
Wirtschaftsthemen
unserer Zeit.*

Harvey Mackay
**Schwimmen mit den Haien,
ohne gefressen zu werden**
19/171

Harvey Mackay
**Hüte dich vor dem nackten Mann,
der dir sein Hemd verkaufen will**
22/1009

Anthony Sampson
Globalmacht Geld
*Der neue Reichtum oder Warum
Geld die Welt regiert*
22/1005

André Kostolany
Kostolanys Börsenseminar
Für Kapitalanleger und Spekulanten
22/1010

Ricardo Semler
Das Semco System
22/1008

John Mole
Der Euro-Knigge für Manager
*Gemeinsamer Markt,
verschiedene Sitten*
22/2009

Jay Conrad Levinson
Guerilla Marketing
*Offensives Werben und Verkaufen
für kleinere Unternehmen*
22/2014

Jeswald W. Salacuse
**International erfolgreich
verhandeln**
22/2015

19/28